Toolbox 精 益 管 理 工 具 箱 系 列

销售管理

实用制度与表格范例

图解版

马驰 主编 付玮琼 副主编

化学工业出版社
·北 京·

内容简介

《销售管理实用制度与表格范例（图解版）》一书从销售管理实用制度与表格入手，第1部分详细讲解了销售管理体系的建立，具体包括销售管理体系概述、销售管理业务要点、销售部部门架构和销售部岗位说明；第2部分对如何制定销售管理实用制度进行了讲解，并提供了8项销售事务管理制度的模板和示例供读者参考使用；第3部分对如何设置管理表格进行了讲解，并提供了8项销售事务管理实用表格的模板和示例供读者参考使用。

本书采用模块化设置，实用性强，着重突出可操作性。本书另一大特色是在书中设置了二维码，读者可以通过手机扫描二维码获取表格范例模板，量身定做修改为自己公司的实用表格，提升工作效率。

本书可以作为企业销售人员、营销管理人员进行管理的参照范本和工具书，也可供高校教师和专家学者做实务类参考指南。

图书在版编目（CIP）数据

销售管理实用制度与表格范例：图解版/马驰主编. —北京：化学工业出版社，2021.4
（精益管理工具箱系列）
ISBN 978-7-122-38580-2

Ⅰ.①销… Ⅱ.①马… Ⅲ.①销售管理 Ⅳ.①F713.3

中国版本图书馆CIP数据核字（2021）第032938号

责任编辑：陈　蕾　　装帧设计：尹琳琳
责任校对：赵懿桐

出版发行：化学工业出版社（北京市东城区青年湖南街13号　邮政编码100011）
印　　装：大厂聚鑫印刷有限责任公司
787mm×1092mm　1/16　印张23¾　字数482千字　2021年7月北京第1版第1次印刷

购书咨询：010-64518888　　售后服务：010-64518899
网　　址：http://www.cip.com.cn
凡购买本书，如有缺损质量问题，本社销售中心负责调换。

定　　价：98.00元

前言

企业规范化操作是提高管理运营效率和使业务化繁为简的有效工具，它针对经营管理中的每一个环节、每一个部门、每一个岗位，以业务为核心，制定细致化、科学化、数量化的标准，并严格按照标准实施管理。这极大地提高了工作效率，使企业的经营管理模式在扩张中不变样、不走味，让企业以很少的投入获得较大的产出。

企业除了以全新的意识创造条件来适应全新的竞争环境外，还必须从企业内部进行梳理，从内部挖潜力，实施精益化管理，且辅以过程控制，才能在激烈的竞争中立于不败之地，并获得持续发展。一个长期发展的企业，就要实施规范化管理，制度是所有管理模式的基础，没有制度的约束，任何管理都难以向前推进，进行制度化建设和管理可以促进企业向规范化方向发展。

依据制度办事，便于企业员工掌握本岗位的工作技能，利于部门与部门之间、员工与员工之间及上下级之间的沟通，使员工最大限度地减少工作失误。同时，实施规范化管理更加便于企业对员工的工作进行监控和考核，从而促进员工不断改善和提高工作效率。

依据表格管理，可以提高企业管理水平，尤其是提高企业管理效率，做到“事有所知，物有所管。人尽其职，物尽其用”。以表格为载体，用表格化工作语言固化职能、优化流程、提高工作效率，实现管理创新。

企业一旦形成规范化的管理运作体系，对于规范企业和员工的行为，树立企业的形象，实现企业的正常运营，促进企业的长远发展具有重大的意义。这样使得企业的决策更加程序化和规范化，一些没有科学论证依据的决策将被排除在外，从而大大减少决策风险。

《销售管理实用制度与表格范例（图解版）》一书分三大部分，第1部分详细讲解了销售管理体系的建立，具体包括销售管理体系概述、销售管理业务要点、销售部部门架构和销售部岗位说明，共4章；第2部分对如何制定销售管理实用制度进行了讲解，并提供了8项销售事务管理制度的模板和示例供读者参考使用，共

9章；第3部分对如何设置管理表格进行了讲解，并提供了8项销售事务管理实用表格的模板和示例供读者参考使用，共9章。

本书由马驰主编，付玮琼副主编，参与编写的还有匡仲潇、刘艳玲。其中，马驰编写第1～4章，第14～20章；付玮琼编写第5～13章；匡仲潇编写第21章；刘艳玲编写第22章。本书采用模块化设置，实用性强，着重突出可操作性。本书另一特色就是在书中设置了二维码，读者可以通过扫码获取表格范例模板，略加修改为自己公司量身定做个性化的管理表格，从而提升工作效率。

本书可以作为企业销售人员、营销管理人员进行管理的参照范本和工具书，也可供高校教师和专家学者做实务类参考指南。

由于笔者水平有限，书中难免出现疏漏，敬请读者批评指正。

编者

第3部分
170张表格
请扫码下载使用

目录

第1部分　销售管理体系的建立

第3部分　销售管理表格

第1部分

销售管理体系的建立

销售管理是指通过销售报价、获取订单、销售发货、退货、销售发票处理、客户管理、价格管理等功能，对销售全过程进行有效的控制和跟踪。销售管理是企业管理中非常重要的一个工作环节。销售工作必须与企业的产品开发、生产、销售、财务等工作环节协调。销售管理体系的建立，则有助于企业的整体经营目标得以达成，企业的总体经营策略得以有效的贯彻落实。

本部分共分为4章，如下所示：

· 销售管理体系概述
· 销售管理业务要点
· 销售部部门架构
· 销售部岗位说明

第1章　销售管理体系概述

本章阅读索引：

- 销售管理的过程
- 建立销售管理体系的必要性
- 销售管理体系的组成
- 销售管理体系的建设效果

市场销售管理，是企业为了实现组织目标，对旨在创造、建立和保持与目标顾客之间有益的交换关系的方案进行分析、计划、实施和控制的过程。健全市场销售管理体系对于充分发挥人的积极因素，做好销售核算以使企业获得最大利润具有重要的作用。俗话说“胜人先胜己”，企业只要能够战胜自己，练好内功，打好基础，就一定能够提升市场竞争力。

1-01　销售管理的过程

销售管理的过程大致如下。

（1）根据公司的战略规划，确定销售目标及预算。

（2）根据销售目标和预算制订销售计划及相应的销售策略。

（3）根据销售计划和策略配备相关的资源（包括建立销售部门并对销售人员进行培训）等。

（4）把公司整体的销售目标和预算进行分解进而制定销售人员的个人销售指标。

（5）销售人员根据自己的目标、预算以及公司的销售策略制订自己的销售计划。

（6）对销售计划的成效及销售人员的工作表现进行评估。

1-02　建立销售管理体系的必要性

许多企业在经过创业期以后，已经完成了原始积累，不再为生存担忧，员工数量、销售收入和规模都快速增长。这样的快速成长型企业往往都面临着发展带来的烦恼，烦恼来源于管理层级、管理幅度、管理机制、团队建设等要素的不匹配而产生的管理难题，尤其在销售方面表现更为突出，对此，很多企业家会感觉非常困惑。对于大部分快速成长型企业而言，过去的辉煌和经验不一定能够形成对企业未来的支撑，有时反而可能会成为阻力或障碍。由于发展迅速，企业内部的各项管理明显滞后，尤其是销售体系的建立。大多企业销售体系存在的主要问题一般可归纳为三个方面。

（一）销售缺乏规划，大多处于“被动销售”状态

“做销售而不是做市场”的观念，导致对市场不是精耕细作，而是“打猎式的跑马圈地”，多处于盲目或是“救火”状态。没有有效规划市场，多处于“等、靠、要”的状态，无法准确预测市场开发进度，无法预测任务的完成情况。

（二）销售基础管理薄弱、运营效率偏低

初步建立了现代企业制度，但大部分销售基础管理工作正处于完善和建设阶段，如岗位明晰、绩效考核、目标管理、流程规范、客户管理等。部门之间、岗位之间的流程需要优化和规范，相关的规定和制度需要完善，整体运营的效率有很大提升空间。

（三）销售团队建设没有形成梯队，由个人向组织化运作的转变

新老业务人员分层，老业务人员依托老客户资源，缺乏开拓新客户的激情；新业务人员一方面开发新客户的技能不足，另一方面缺乏有组织的指导和协助。客户集中在个别业务人员身上而不是公司，导致公司市场风险很大。同时，对新业务人员的培训不系统，也没有相关激励机制，无法真正形成团队作战，不利于销售人才的梯队培养。所以，以打造销售竞争力为手段，以市场突破为目标，全力推进销售体系基础管理建设与销售团队建设势在必行！

1-03　销售管理体系的组成

销售体系基础管理建设围绕六大销售基础管理体系建设展开，如图1-1所示。

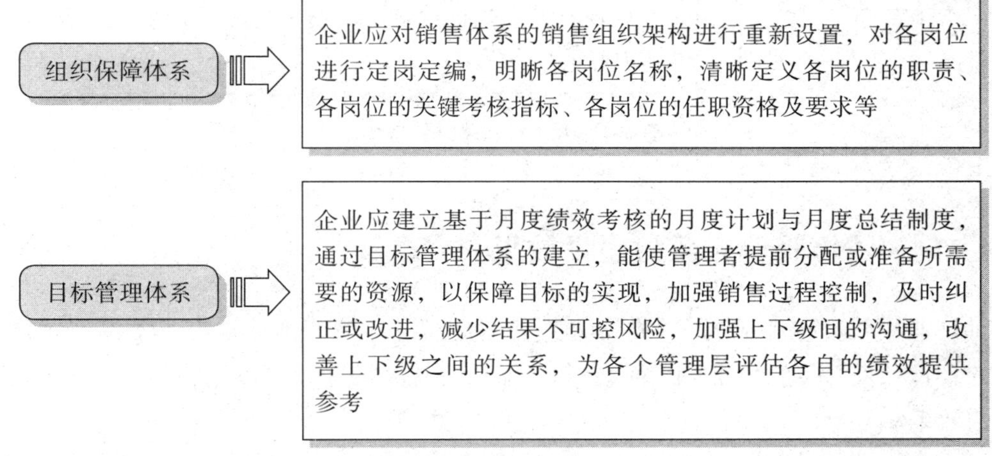

图1-1

薪酬体系建设是管理，更是艺术，尤其体现于快速成长型企业。薪酬设计过程是企业推动变革的一个非常良好的时机，以薪酬为切入点，最终落实在推动企业整体业绩这个大目标，这样的薪酬项目才会更具成效。企业应重建工资比例，增加绩效工资，明晰月度、季度和年度绩效考核的方法与应用，以“多劳多得”的公开、公正、公平为导向，在确定员工薪酬时兼顾到岗位职务、个人能力、工作过程、工作成果等因素

财务预算体系

企业应通过编制公司及各事业部销售费用预算，达到细化年度经营计划，保障各事业部销售计划的有效完成，并对其执行情况进行有效监控的目的；通过预算与绩效管理相结合，为公司与各事业部设立一定的行为标准，明确工作努力的方向，促使各事业部各项工作推进符合公司总体目标及预算的要求；通过强化内部控制，降低日常的经营风险，加强对费用支出的控制，以有效降低营运成本

客户管理体系

企业应建立客户信息管理以及客户信息报备制度。客户信息档案是公司重要的商业秘密，公司有必要根据客户的具体情况设专人管理，同时设置客户开放的权限（比如对所有人开放或者仅对管理层以上级别人员开放等），要求相关人员及时与客户取得有效沟通，并将相关信息补充进客户档案

流程制度体系

企业应梳理销售体系的相关流程并加以规范。从单纯的业务流程升级为管理流程是提升企业水平的重要一步，管理流程的制定水平成为影响成长型企业生存的关键要素。流程解决不了管理问题，但规范的流程是提升管理水平的有效工具，好的流程在于好的执行

图 1-1　六大销售基础管理体系

1-04　销售管理体系的建设效果

对快速成长型企业来说，“成长的关键不是经济环境，也不是市场条件，而是企业自身的管理条件”，通过对以上六大销售基础管理体系的建设可以达到如图 1-2 所示四个方面的效果。

企业通过销售体系组织架构的梳理及各岗位职责的描述，在经过创业阶段的快速发展过程中，可以形成组织与阶段性核心能力相匹配的能力保障，有利于短板能力的发展以及管理效率的提升

企业通过月度计划、月度总结、月度述职、例会制度、销售预算制度以及绩效考核的推行，可以在管理层面建立起计划管理、目标管理、绩效管理、预算管理的内部管控体系

企业通过对薪酬体系优化、客户开发与管理、推广策略等销售策略的建议以及销售体系工作流程的规范，在思想上传递强化以销售为“龙头”，本着“产品突破、区域突破、集中推广、滚动开发”的方针，在深耕传统优势领域的基础上，加快新领域的市场拓展速度，形成销售拉动整个体系运转的理念

企业在销售团队的能力上，强化业务人员能力的提升，重视新销售团队的梯度培养，形成公平竞争的机制，通过系统的培训和在区域市场的实习，提升销售团队综合能力，从而快速提升企业业绩

图 1-2　销售管理体系的建设效果

第2章　销售管理业务要点

本章阅读索引：

- 市场调研管理
- 产品策划管理
- 促销管理
- 广告策划管理
- 销售渠道管理
- 客户管理
- 销售业务过程管理
- 销售团队管理

2-01　市场调研管理

（一）市场调研的内容

一般来说，市场调研主要包括市场需求调查、消费者调查、竞争者调查等，具体细化可分为以下几个方面。

1.销售活动调查

对销售活动的调查，主要包括以下事项。

（1）对本公司在同行业中的地位进行调查。

（2）测定推销能力与效率。

（3）测定各地区的市场潜力。

（4）计算各商品的销售量。

（5）计算或测算目标市场与结构容量。

2.流通渠道调查

对销售机构，包括零售、批发部门进行详细调查，研究流通渠道以及本公司在流通渠道上的障碍，进而确定本公司流通渠道的长度与覆盖面。

3.消费者调查

对消费者的调查主要包括以下事项。

（1）消费者地域的人口分布。

（2）消费者的受教育程度。

（3）消费者的购买力情况（收入阶层情况）。

（4）消费者的价值倾向。

4.商标地位调查

对商标地位的调查主要包括以下事项。

（1）对同行或同类商品商标的变化情况、变化地点以及变化时间进行系统调查。

（2）调查经销单位对商标的意见。

（3）倾听消费者对商标的意见。

5.产品与包装调查

产品与包装的调查，主要包括以下事项。

（1）寻找或发现商品的新需求或新用途。

（2）对消费者所喜欢的外观包装进行调查。

（3）对新产品开发方向和内涵进行研究及探索。

（4）寻找流通中不良品产生的原因。

（5）对消费者的质量评价进行调查。

6.舆论调查

调查的目的是为了弄清公司内外的舆论倾向，主要包括以下事项。

（1）对公司经营的评价进行调查。

（2）测评公司的公关工作的效果。

（3）对公司商品销售地域的舆论进行调查。

（4）测评公司与交易伙伴的公关效果。

7.价格调查

在新产品定价时，企业事先应进行价格方面的调查，主要包括以下事项。

（1）一般物价的涨落趋势。

（2）与代用商品的价格关系。

（3）竞争商品的价格调整趋势。

（二）市场调研的实施步骤

一般来说，企业的市场调研应按照以下步骤实施。

1.制订市场调研计划

市场调研计划的内容一般包括调研目标、调研对象、调研区域、调研方法以及调研预算五项内容，并且要编制调研计划表，交于销售主管审核。

2.设计调查问卷

设计调研问卷是为了更好地收集调研者所需要的信息。因此，企业在设计调研问卷的过程中首先要把握调研的目的和要求，同时要争取被调研者的充分配合，以保证最终问卷能提供准确、有效的信息资料。一般调研问卷必须通过认真仔细的设计、测试和调整，然后才可以大规模地使用。

3.实施调研

调研一般分为两种方法，如图2-1所示。

文案调查

文案调查是指以已存在的各种数据文件，以归纳及演绎方式，进行市场调查。各种已存在的数据文件，又称次级资料。一般来说，二手资料比较容易得到，相对来说比较便宜，并能很快地获取

实地调查

实地调查是指由调查人员携带或邮寄调查表格到调查地点，或电话访问被调查者以搜集市场第一手资料。具体可以用观察、询问的方法来获得

图2-1　调研的方法

4.分析、整理数据

当市场调查全部工作结束后，市场调查人员无疑将会搜集到大量的资料，包括有关谈话记录、统计数字、影印图片、文章剪辑等。此时应首先对这些资料进行一系列的加工整理，以便为下一步的资料分析和制作调查报告做好必要的准备。

5.编制市场调研报告

调研报告是对某项工作、某个事件、某个问题，经过深入细致的调查后，将调查中搜集到的材料加以系统整理，分析研究，以书面形式向组织和领导汇报调查情况的一种文书。

阅读市场调研报告的人，一般都是繁忙的企业经营管理者或有关机构负责人。因此，撰写市场调研报告时，要力求条理清楚、言简意赅、易读好懂。

2-02　产品策划管理

产品策划也可称为商品企划，是为了让产品可以很好地销售出去，而在产品开发、上市、销售至报废的全过程中进行活动及方案的筹划。

（一）产品策划管理的内容

产品策划管理主要涉及如表2-1所示的几个方面内容。

表2-1　产品策划管理的内容

序号	内容项目	说明
1	产品定位	产品定位是企业根据所选定的目标市场的竞争情况和本企业的条件，在国内外市场经营中使其产品在目标市场上确立一定位置的一种策略。目的是要在目标顾客的心目中为本企业产品创造一定的特色，赋予一定的形象，以适应顾客一定的需要和偏好

续表

序号	内容项目	说明
2	产品定价	产品定价即决定产品的价格。企业常用的方法是成本导向定价法，即指单位产品成本加上规定的利润比例所制定的价格，其中价格与成本之间的差额，就是加成率。有的企业采用售价加成定价法，此方法是以售价为基础，加成率为预测利润占售价的比例，其具体公式为单位产品价格=单位产品总成本/（1-加成率）
3	市场推广策划	一般而言，市场推广工具有五种：人员推销、广告、销售促进、直复营销、公关。对于任何企业来讲，上述五种方法都不能单独运用，而应该配合起来灵活运用，以达到整体互补，从而获得最大的推广效果
4	新产品开发	新产品开发是一个技术问题，但是在开发前，营销部门还必须将产品的创意融入产品开发中，方便产品推广
5	新产品上市	很多企业有了新产品，就盲目地推向市场，然后经过层层打击，最终以失败而告终。其实，产品上市是一个很复杂的过程。一般来说，产品上市一定要从产品推销进入产品营销阶段，先解决消费者愿意购买及冲动购买的问题，再解决终端喜欢购买的问题，解决了终端问题再解决配送商问题，给代理商一个零风险及少风险方案，从而进行产品上市工作

（二）产品开发上市的步骤

产品开发上市分为六个步骤，如图2-2所示。

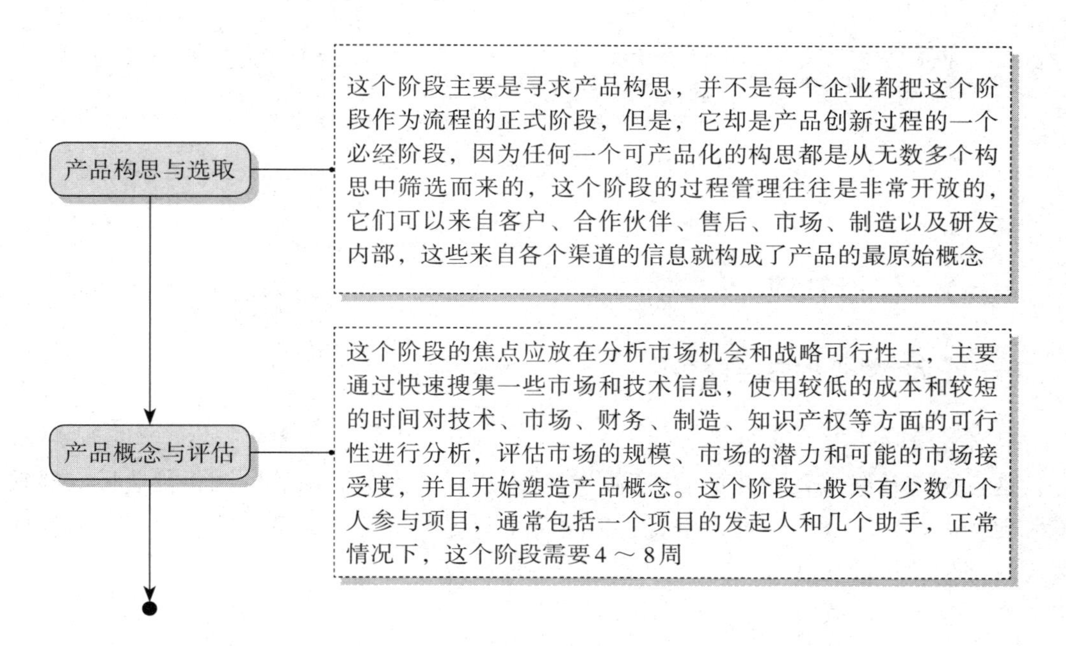

图2-2

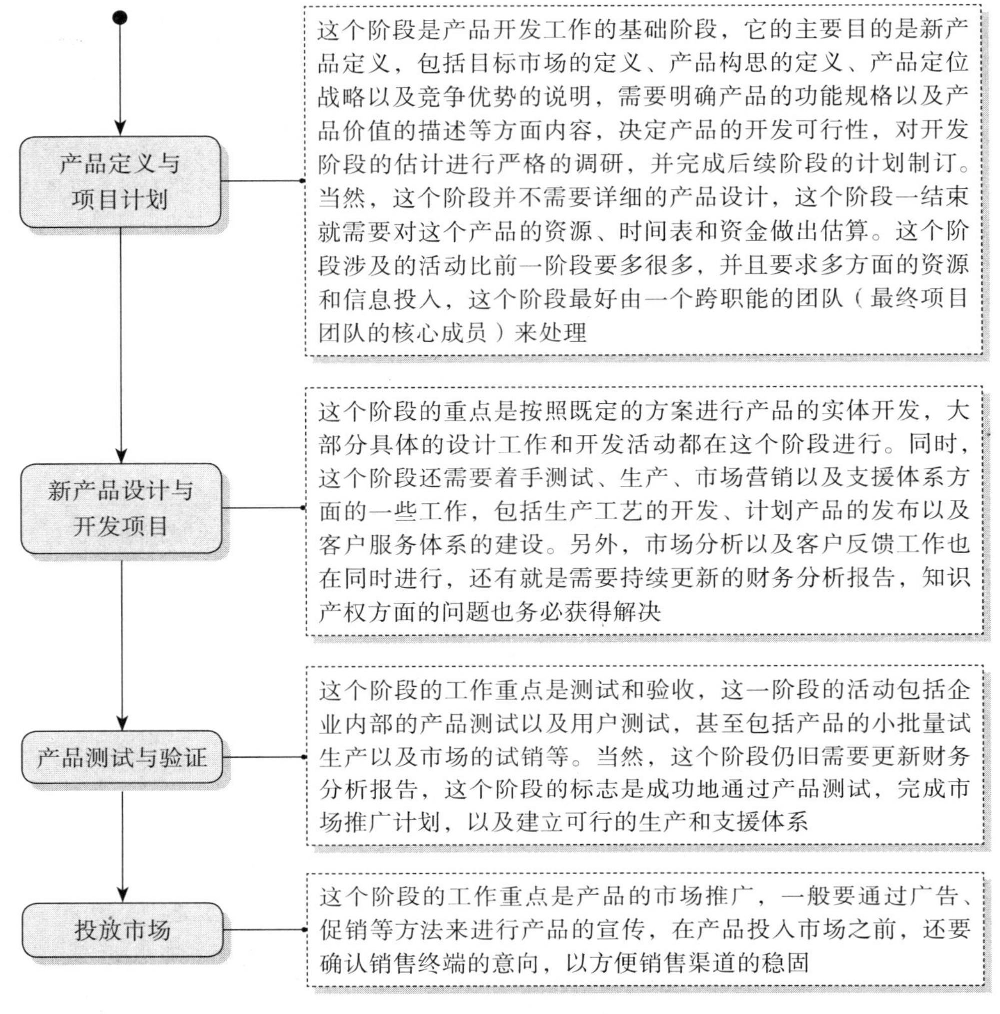

图 2-2　产品开发上市的步骤

2-03　促销管理

（一）促销管理的主要内容

1. 要解决好“人”的问题

这方面包括终端管理人员的协调；终端周边相关人员关系的协调；营造最好的软环境，促销人员的招聘、培训、安置，以及每个与促销有关的人员的岗位责任等，保证促销人员到位、促销品到位。

2. 了解竞争对手的信息

即在促销过程中要及时了解竞争对手的信息，如竞争品牌的现状、有无促销活动、对我方的促销反应等，并据此制定灵活的应对措施。

3. 要加强物料管理

（1）宣传物料管理。促销过程管理要加强宣传物料管理，要有明确的管理规定，让每个人都明确宣传物料的作用是什么，如何利用宣传物料，并制定合理的配备和管理原则。

（2）赠品管理。赠品方面，企业要确定专人负责，明确发放原则并有效管理，该发的一个也不能少，不该发的一个也不多发，做到既要充分宣传，又要节省物料，达到最佳效果。

（二）促销管理的实施步骤

1. 促销策划

促销策划是在对各种促销方式进行组合运用时，具有创造性的谋划与设计，是在市场目标的导向下使促销与多种市场工具实现良好交互作用的策略设计、策略评价和策略控制过程。整个过程分为促销准备、目标策划与制定、目标的量化、促销市场的定位、促销工具的选择、促销预算等若干环节。

2. 促销实施

促销实施是通过对促销方案的审定，寻找一定的媒介，设计出促销活动，并借助媒介进行活动宣传。在活动的过程中，企业要注意控制其实施过程。

3. 效果测评

在促销活动结束后，企业应对活动进行测评，常见的测评方法有如图2-3所示的三种。

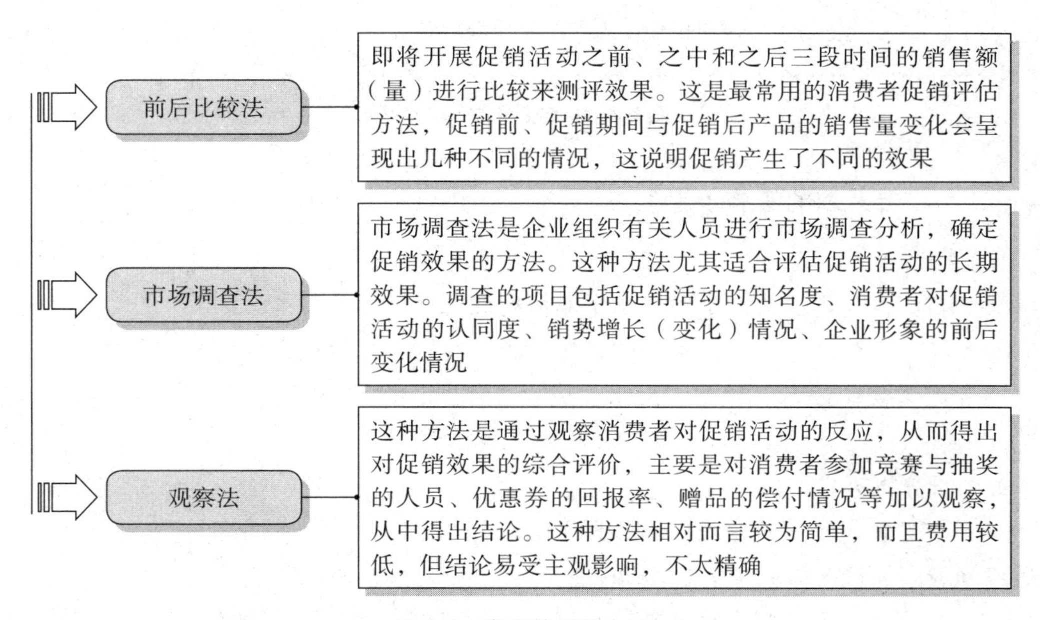

图 2-3　常见的测评方法

测评结束后，测评者应写出效果测评报告，以便为下次的促销活动提供借鉴。

2-04 广告策划管理

（一）广告策划的进行阶段

广告策划主要分为分析调研阶段、战略规划阶段、制订实施计划阶段、执行实施阶段、监控调整阶段。每个阶段的内容与侧重点都不同，具体可参考图2-4。

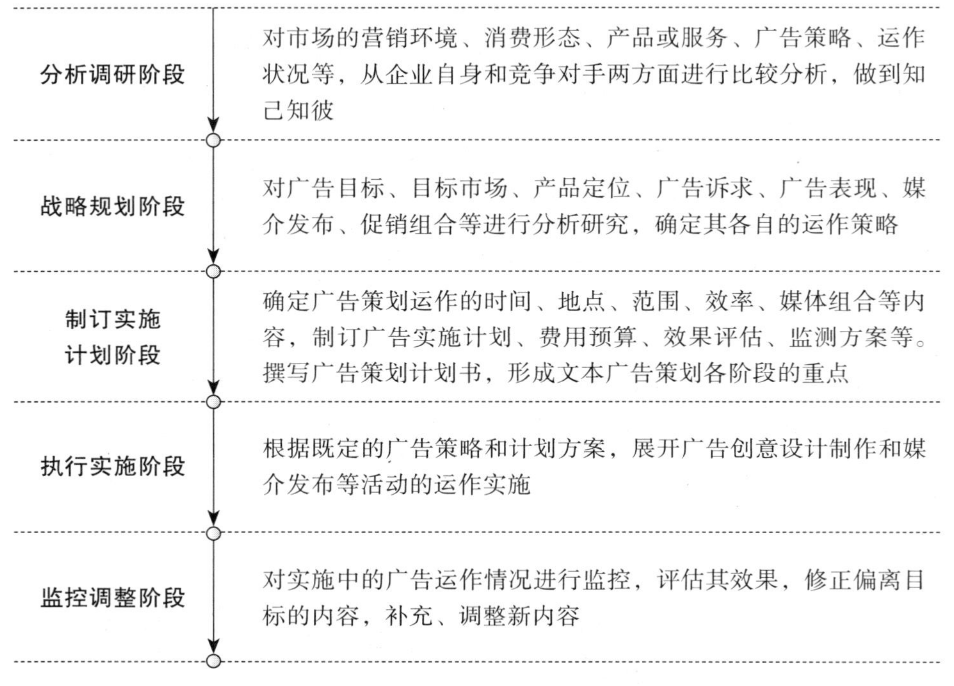

图 2-4 广告策划的进行阶段

（二）广告策划的实施步骤

1.前期准备

（1）与广告公司洽谈，全面介绍企业情况和要求。

（2）经双方探讨确定广告策划的合作内容，签署合作协议。

（3）广告公司进行工作组织准备，成立工作组，初步分析、掌握企业和市场的基本情况。

2.调研分析

（1）广告公司研究拟定市场调查的内容、目标、方法等，并报企业广告经理审核通过后以问卷、访谈等方式展开市场调查。

（2）企业广告部对调研过程进行监控，参加客户座谈会等重要的调研活动。

（3）广告公司对调查内容进行归纳整理分析，对企业的营销环境以及经济、产业政策、政治、法律、文化等方面进行定性、定量分析，找出对企业营销的干扰影响因素和企业亟待解决的问题点，提出解决方案思路和结论性意见，书写调研报告。

3.产品分析

（1）向广告公司提供广告产品的特点、市场表现、同类产品的状况等详细的资讯。

（2）与广告公司一起研究，找出该产品在市场上存在的问题与机会点，消费者购买的理由、利益点，以及与竞争产品比较的优缺点等。

4.广告受众分析

根据前期的市场和产品分析，寻找出现在的和潜在的目标消费者，进行有针对性的广告宣传活动。受众分析的具体内容包括消费群体的行为特征、态度等。可用直观形象的语言来“写真”描述，如抽什么烟、喝什么酒、业余生活的安排、购物习惯等。

5.竞争分析

对现有的和潜在的竞争对手，从企业发展、产品特征和营销广告策略等方面进行研究分析，找出自身企业的优势与差距点。

6.广告目标确定

在以上研究分析的前提下，确定具体的广告目标。如提高知名度、抑制对手、品牌价值宣传、劝服消费者、改变消费者观念、短期的销量提升等。

7.确立目标市场和产品定位

选择确定和细分目标市场，确定产品进入策略。结合市场和广告的定位，寻找出产品在市场中的位置，进行不同的市场产品定位。

8.广告诉求与创意策略

（1）广告诉求。诉求点是企业产品广告的“卖点”，“卖点”要能给消费者带来实际利益。“卖点”和利益点非常重要，否则无法打动消费者。广告信息表述中，诉求“卖点”较易表达，而更重要的利益点往往被忽略，必须找准，区分清楚。根据确定的诉求点展开广告创意，广告创意的角度和手法很多。

（2）创意策略。一般情况下，广告公司都会主动地提供多套创意比较方案供企业选择。

9.广告表现执行策略确定

基于以上分析，需要将广告诉求和创意策略付诸实施。确定广告的创意方案、媒体的发布策略、促销组合策略等。最后以最具冲击力的表现，在适当的时机以整体的媒体组合运作传播给目标受众。

10.制订实施广告计划

将已确定的各广告策略具体化，制订出实施的方法步骤等计划方案。计划方案应包括简要的背景介绍、市场、产品分析说明，广告运作的目标、内容、时间、媒介计划、创意表现方案与公关等手段的配合方法等。

11.确定广告预算分配

广告预算是在企业广告目标确定之后必须考虑的重要内容。广告预算分配方案一般由广告合作公司制定提出。企业的市场广告专员应及时把企业的广告资金状况与广告公司沟通，使广告公司能切实地按资金现状制定符合实际的广告预算方案。没有足够的资金保障，广告目标很难实现。

12.广告计划实施的效果评估

为确保广告计划的有效实施，企业广告部应在事前的广告策略定位、事中的广告创意表现策略以及事后的广告实际目标达成上，对广告效果进行评估监控，及时反馈各信息，修正、调整不合理的内容。

13.广告工作总结

在广告计划实施结束后，对整个广告的运作做出总结评价。尤其对工作中存在的问题做出客观的分析总结，提出可操作的改进方案。对其中成功的典型案例可在企业内外进行宣传，形成二次传播，以扩大影响力。

2-05　销售渠道管理

销售渠道就是商品和服务从生产者向消费者转移过程的具体通道或路径。渠道管理是指制造商为实现公司分销的目标而对现有渠道进行管理，以确保渠道成员间，公司和渠道成员间相互协调及通力合作的一切活动，其意义在于共同谋求最大化的长远利益。渠道管理分为选择渠道成员、激励渠道、评估渠道、修改渠道决策、退出渠道。生产厂家可以对其分销渠道实行两种不同程度的控制，即高度控制和低度控制。

（一）渠道管理的方法

1.高度控制

生产企业能够选择负责其产品销售的营销中介类型、数目和地理分布，并且能够支配这些营销中介的销售政策和价格政策，这样的控制称为高度控制。

2.低度控制

如果生产企业无力或不需要对整个渠道进行高度控制，企业往往可以通过对中间商提供具体支持协助来影响营销中介，这种控制的程度是较低的，大多数企业的控制属于这种方式。

低度控制又可称为影响控制，这种控制包括如下一些内容。

（1）向中间商派驻代表。大型企业一般都派驻代表到经营其产品的营销中介中去亲自监督商品销售。生产企业也会给渠道成员提供一些具体帮助，如帮助中间商训练销售人员、组织销售活动和设计广告等，通过这些活动来掌握他们的销售动态。生产企业也可以直接派人支援中间商，比如目前流行的厂家专柜销售、店中店等形式，多数是由企业派人开设的。

（2）与中间商多方式合作。生产企业可以利用多种方法激励营销中间商宣传商品，如与中间商联合进行广告宣传，并由生产企业负担部分费用；支持中间商开展营业推广、公关活动；对业绩突出的中间商给予价格、交易条件上的优惠，对中间商传授推销、存货销售管理知识，提高其经营水平。通过这些办法，调动营销中间商推销产品的积极性，达到控制网络的目的。

（二）渠道管理的内容

渠道管理工作包括以下内容。

（1）对经销商的供货管理，保证供货及时，在此基础上帮助经销商建立并理顺销售子网，分散销售及库存压力，加快商品的流通速度。

（2）加强对经销商广告、促销的支持，减少商品流通阻力；提高商品的销售力，促进销售；提高资金利用率，使之成为经销商的重要利润源。

（3）对经销商负责，在保证供应的基础上，对经销商提供产品服务支持。妥善处理销售过程中出现的产品损坏变质、顾客投诉、顾客退货等问题，切实保障经销商的利益不受无谓的损害。

（4）加强对经销商的订货处理管理，减少因订货处理环节中出现的失误而引起发货不畅。

（5）加强对经销商订货的结算管理，规避结算风险，保障制造商的利益。同时避免经销商利用结算便利制造市场混乱。

（6）其他管理工作，包括对经销商进行培训，增强经销商对公司理念、价值观的认同，以及对产品知识的认识。还要负责协调制造商与经销商之间、经销商与经销商之间的关系，尤其对于一些突发事件，如价格涨落、产品竞争、产品滞销以及周边市场冲击或低价倾销等扰乱市场的问题，要以协作、协商的方式为主，以理服人，及时帮助经销商消除顾虑，平衡心态，引导和支持经销商向有利于产品营销的方向转变。

2-06　客户管理

（一）建立客户管理资源系统

客户作为企业的一项重要资源是可以管理的。企业只有对客户资源加以有效的管理，才能充分地实现客户资源价值。客户管理的核心是对企业相对独立的市场管理、销售管理与售后服务等业务进行集成，提供统一的运作平台，对各种数据进行加工、处理与分析，为各种决策提供可以参考的报告。

1.客户信息系统

客户信息系统是客户资源管理系统中重要的组成部分，它为客户管理提供最基础的信息数据，为企业的经营决策提供原始数据。客户信息主要包括客户的基本资料、客户购买行为特征、客户服务记录、客户维修记录、客户订单记录、客户对企业及竞争对手的产品服务评价、客户建议与意见等。

2. 销售服务支持平台

销售服务支持平台是客户资源管理系统中最关键的部分。它应包括市场管理平台、销售支持平台、订单录入与跟踪、产品服务价格的设计与组合、客户服务等部分，如图2-5所示。

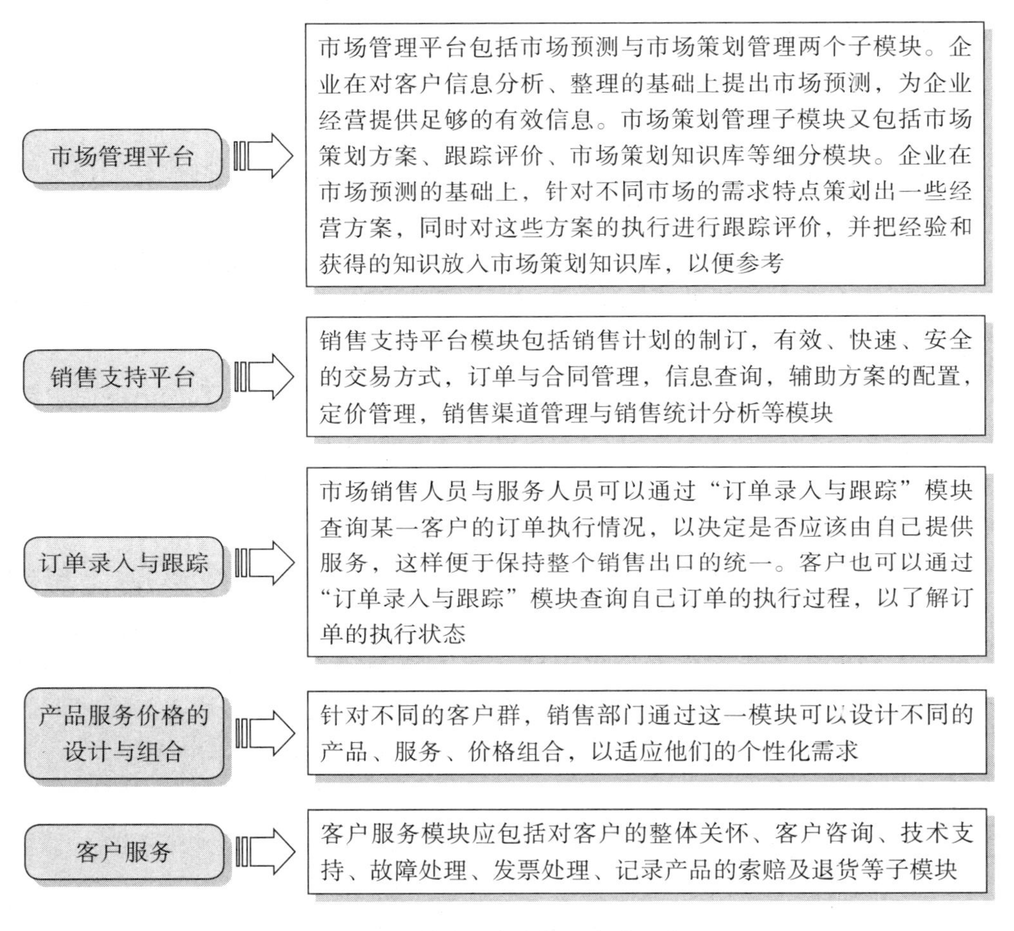

图2-5　销售服务支持平台的组成

（二）导入CRM管理系统

CRM是Customer Relationship Management的简写，即客户关系管理。CRM的主要含义就是通过对客户详细资料的深入分析，来提高客户满意程度，从而提高企业竞争力的一种手段。

通常人们所指的CRM，是指通过计算机来实现上述流程自动化的软件系统。CRM系统可以有效地把各个渠道传来的客户信息都集中在一个数据库里，公司各个部门之间可以共享这个客户资料数据库，这样发生在这个客户上的各种接触，无论是他曾经索要过公司简介，还是他曾经购买过产品都会记录在案，每个与这一客户打交道的部门经手人就可以很轻易地查询到这些数据，让这个客户得到整体的关怀。

（三）对客户进行ABC分类管理

客户管理的一个重要原则就是要做好对重要客户的管理，为此，企业要进行客户类型分析，也就是在成交额和发展潜力的基础上对现有客户进行分类，这就是ABC分析法。

1.客户金字塔

任何企业的资源都是有限的，所以企业的各项投资与支出都应该花在“刀刃”上。客户金字塔（图2-6）是以销售收入或利润等重要客户指标为基准确定的，它把客户群分为VIP（Very Important Person）客户（A类客户）、主要客户（B类客户）、普通客户（C类客户）与小客户（D类客户）四个类别。

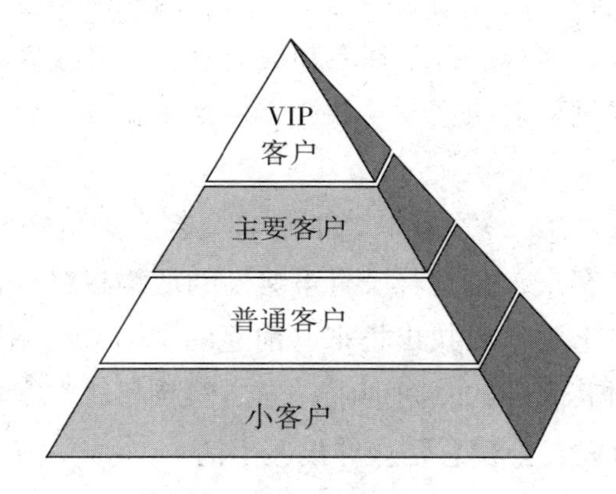

图2-6　客户金字塔

（1）VIP客户（A类客户）。处于金字塔中最上层的金牌客户，是在过去特定的时间内，购买金额最多的前1%客户。若客户总数为500位，则VIP客户一般多指的是花钱最多的前5位客户。

（2）主要客户（B类客户）。客户金字塔中，特定时间内，消费金额最多的前5%客户中，扣除VIP客户后的客户。若所有客户为500位，则主要客户多是指扣除VIP客户外，花钱最多的20位客户。

（3）普通客户（C类客户）。购买金额最多的20%客户中，扣除VIP客户与主要客户之外的客户。若所有客户数为500位，则普通客户是指扣除VIP客户与主要客户之外，花钱最多的75位客户。

（4）小客户（D类客户）。除了上述三种客户外，剩下的80%客户。

2.ABC管理法

在划分了不同等级的客户后，企业可对其分别采取不同的管理方法。

（1）VIP客户（A类客户）的管理方法。A类客户是非常有利可图并值得花费大量的时间来服务的。他们往往订单数量大，信誉较好，并且能很快付款，管理这类客户时应注意以下几点。

①A类客户进货额占总销售额的70%～80%，影响相当大，应加强注意。

②密切注意其经营状况、财务状况、人事状况的异常动向等，以避免倒账的风险。

③要指派专门的销售人员经常去拜访这类客户，定期派人走访，提供销售折扣，并且熟悉客户的经营动态，业务主管也应定期去拜访他们。

④应优先处理A类客户的投诉案件。

（2）主要客户（B类客户）的管理方法。B类客户的进货额只占销售总额的10%～20%，略具影响力，平常由业务员拜访即可。

这类客户往往比较容易变为企业的忠诚客户，因此，是值得企业花些时间和金钱来建立忠诚度的。如果这类客户的订单频率和数量没有上升或者如果他们向竞争对手订更多货，那就要给他们提供更多的服务。在放弃一个主要客户之前，要找出他们从竞争对手那里订更多货的原因。

（3）普通客户（C类客户）的管理方法。C类客户进货额只占10%以下，每个客户的进货额很少。对此类客户，企业若没有策略性的促销战略，在人员、财力、物力等限制条件下，可减少推销努力，或找出将来有前途的“明日之星”，培养其成为B类客户。对这类客户，企业将对其服务的时间削减一半，但应和这类客户保持联系，并让他们知道当他们需要帮助的时候，公司总是会伸出援手的。

（4）小客户（D类客户）的管理方法。这类客户往往锱铢必较，忠诚度很低，不及时付款，订单不多却要求很多。企业对这类客户应提供很少的服务。

2-07 销售业务过程管理

（一）销售业务的流程

企业强化销售业务管理，应当对现行销售业务流程进行全面梳理，查找管理漏洞，及时采取切实措施加以改正；与此同时，还应当注重健全相关管理制度，明确以风险为导向的、符合成本效益原则的销售管控措施，实现与生产、资产、资金等方面管理的衔接，落实责任制，有效防范和化解经营风险。

以下综合不同类型企业形成的销售业务流程（图2-7），具有普适性。企业在实际操作中，应当充分结合自身业务特点和管理要求，构建和优化销售业务流程。

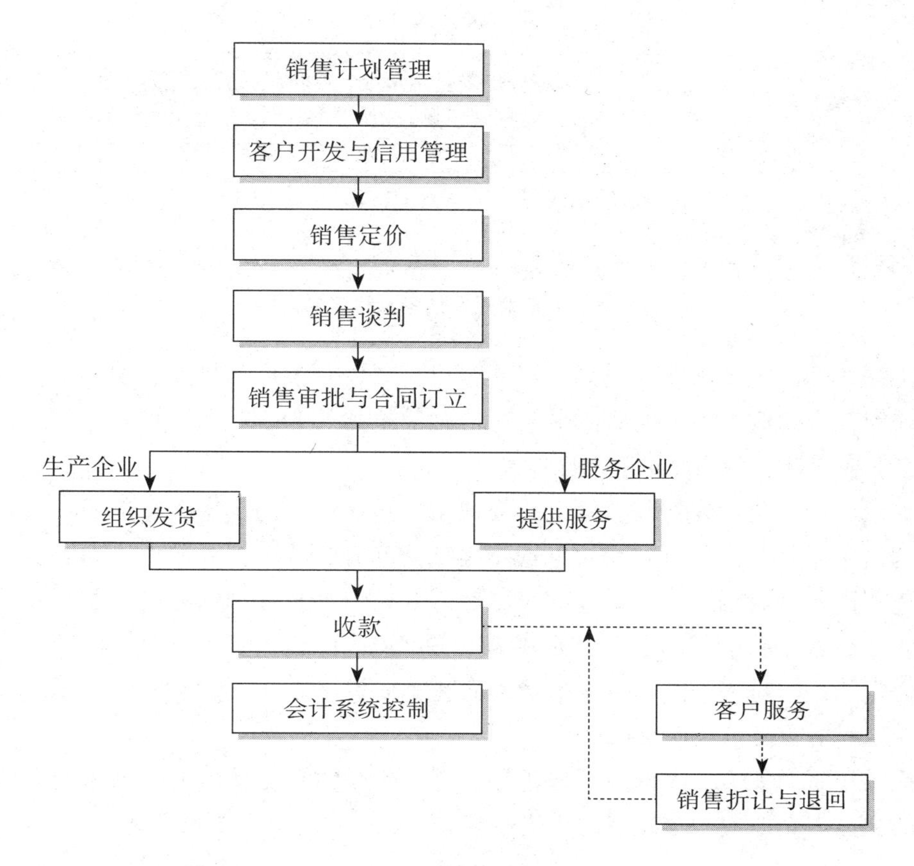

图 2-7 销售业务流程

（二）销售和收款业务风险控制

1.建立客户信用评估和控制机制

在签订销售合同以及办理销售发货的业务环节中，一个非常重要的控制环节就是客户信用评估。过去由于企业对客户信用评估不重视，为了占领市场盲目扩大客户源，为日后销售收款埋下了巨大的隐患。一些销售业务人员更是利用企业信用管理的漏洞，冒险向不该发货的“特殊客户”大量发货，导致企业出现巨额的坏账损失。这就是业务人员舞弊活动的后果。为此，规模到了一定程度的成熟企业纷纷建立了独立于销售部门的信用管理部，并制定客户信用评估控制程序，其内容如图2–8所示。

当销售人员和客户谈判，签订销售合同前，必须事先经过信用管理部门的调查和风险评估

销售部门提出的赊销额度，事先也必须获得信用管理部门的审核并经过主管副总经理或总经理的批准

图 2-8

内容三

当销售人员向物流部提出发货申请前，必须经过信用管理部的核查，确保发货额度控制在已经批准的赊销限额之内

内容四

信用管理部门有权根据客户的资信情况和过去的付款情况拒绝或批准销售发货申请

图 2-8 客户信用评估控制程序的内容

信用评估部门须了解客户信息，建立客户档案，对客户资料实行动态管理，及时更新，为评定客户的信用等级提供依据，依此确定采用不同的销售方式。

2. 建立客户访问和应收账款对账制度

作为控制和预防销售舞弊风险的重要政策，企业可以制定内控和内审人员对客户进行访问的制度。企业高层领导可定期或不定期访问客户，内控人员也应当对被审计单位的客户进行随机抽查访问，可以直接了解客户对被审计企业销售业务人员的看法，以及对公司客户服务水平的反馈意见；企业的财务部应收账款主管人员以及信用部人员也应当对客户定期进行对账，对本企业销售人员遵守企业规定起到监督作用。

3. 制定严格的销售收款政策

保证销售货款安全、及时、足额返回企业是一项重要工作。财务部是应收账款和收款业务的主体。企业应制定严格的销售收款政策，其内容如图 2–9 所示。

企业应当明确规定禁止销售人员收取现金货款，同时尽可能要求客户直接向公司指定账户汇款以支付销售货款

对于一些临时需要支付现金或承兑汇票的客户，则应当制定程序要求客户或销售人员提前向公司财务部主管和其销售主管报告具体的付款时间、付款数额、付款方式以及携带转账的安全措施，以预防相关业务人员内外勾结，实施贪污、挪用、截留等舞弊行为

企业内控人员、财务主管以及销售主管应当定期对销售回款进行监督检查，抽查核对与客户的往来账务，预防舞弊行为的发生

图 2-9 严格的销售收款政策的内容

4. 建立应收账款分析、催收和预警制度

企业要建立应收账款账龄分析制度和逾期应收账款催收制度。

销售部门负责应收账款的催收，财务部门有权督促销售部门加紧催收。应收账款超过 2 年会失去诉讼时效，企业应按季度分析账龄，建立风险预警程序，向货款清收部门预警接近诉讼时效的应收账款，以及时采取财产保全、法律诉讼等措施，对催收无效的

逾期应收账款通过法律程序予以解决，最低限度降低应收账款形成坏账的风险。

5.建立确认制度与设置销售台账

（1）建立确认制度。企业应要求销售人员做到，及时取得客户的收货确认函和收到发票确认函，销售部门负责专门整理和保存，避免对方恶意拖欠或货物丢失，造成公司损失。

（2）设置销售台账。台账应及时反映各种商品销售的开单、发货、收款情况。销售台账应当附有客户订单、销售合同、客户签收回执等相关购货单据，如果客户恶意拖欠，产生了法律纠纷，这些资料和单据将是企业以后维权的有力证据。

6.控制销售渠道

有些企业放弃对销售人员的控制，只要完成预订的销售目标和费用指标后，销售人员干什么企业也不管。这种做法的弊端显而易见，销售人员容易和客户或竞争对手勾结，做出损害公司利益的事情。

有些企业或者干脆将销售业务包括售后维修服务都委托第三方贸易公司和专业维修公司去做，大多数家电行业即是例子。这样做的好处是充分利用第三方的专业营销能力和维修技术力量，便于集中精力做好产品质量和提高生产效率。但是，其缺陷也非常明显，这些第三方将控制企业的整个销售渠道和商业秘密。

7.建立舞弊案件举报制度

为了预防各种舞弊行为产生，企业也会建立特别的舞弊案件举报处理规定。企业的内部审计、内部控制、纪检监察等有关部门设立一个舞弊案件举报中心，设置公开的电子邮箱，接受来自企业员工或外部相关单位及人员的举报。这里包括来自客户甚至竞争对手的举报。

8.严格执行退货和“三包”政策

产品销售后的“三包”政策也是销售-收款循环中的一个分支环节。执行“三包”政策的关键是要对退货商品进行严格的鉴定，原则上只有质量部门才能对客户退货进行质量鉴定，见到质量部门的鉴定报告后，属于退赔范围的，销售部门才能执行退赔，要预防销售人员利用“三包”政策从事舞弊活动。

9.销售人员自律声明

销售人员作为敏感岗位职工应当签署员工自律声明。此外，企业还应当制定销售人员保证书。该保证书主要针对销售人员特别设计。这里包括承诺遵守公司内控管理政策，遵守与客户、销售代理商和经销商的交往原则，遵守信息发布规矩，填写销售人员工作日志等。

销售人员特别要对违反声明承诺后的公司处罚事先做出接受承诺，以保证企业发现销售人员违反职业道德后能够及时做出有效的处罚。销售人员保证书对销售-收款业务中的各业务环节都具有预防舞弊风险的作用。

2-08　销售团队管理

（一）营销人员招聘

企业在招聘营销人员时，如果仅仅只是凭感觉，而不是根据企业特定的需求设定销售特质的话，招来的人员往往不能给企业的销售带来大的起色。因此，招聘应以本行业成功营销人员的素质为标准，建立起一套真正适合本企业的招聘测评系统。

鉴于营销人员招聘中比较强调工作经验，因此为了防止应聘者在学历或者工作经历中作假，应该重点关注以下几个问题。

（1）离职原因：必须深入了解原因，以便防止出现再次跳槽。如可以询问：哪些因素使你产生离职意向？你如何提出离职申请的？你当时提出的离职理由是什么？你觉得你想应聘的这个职位与以前的职位有什么最大不同？

（2）要注意工作时间上的连续性：不可以有空缺和间断，否则很有可能是造假。

（3）要关注他求职过的单位及岗位、职位，有可能的话应该求证对方单位的意见。

（二）营销人员培训

营销人员培训的内容如表2-2所示。

表2-2　营销人员培训的内容

序号	项目	内容
1	企业知识	（1）企业历史及成就 （2）企业文化、价值及目标 （3）企业的组织结构和管理流程 （4）企业的主要领导人 （5）企业的发展战略 （6）企业在所属行业的地位 （7）企业的各项政策 （8）企业对新营销人员的期望及要求
2	产品知识	（1）产品的类型与组成 （2）产品的品质与特征 （3）产品的优点与利益点 （4）产品的制造方法 （5）产品的用途及限制 （6）产品包装与产品价格 （7）竞争产品的相关情况及优缺点 （8）相关产品和替代品的相关情况及发展趋势 （9）典型顾客的使用后评价 （10）产品的获奖信息及当前的市场反应
3	市场知识	（1）市场环境及企业所处行业的情况 （2）竞争对手的情况，如政策、优势与劣势 （3）顾客情况，如顾客的需求、购买习惯、购买决策影响因素等

续表

序号	项目	内容
4	销售技巧	（1）信息收集方法 （2）顾客辨识技巧 （3）接近潜在顾客的方法，包括面访技巧和销售开启的技巧 （4）分析顾客需求技巧 （5）销售展示技巧 （6）达成交易的时机把握技巧 （7）销售术语 （8）销售计划与拜访计划制订技巧等
5	顾客激励	（1）顾客需求分析技巧 （2）顾客心理分析技巧 （3）有效沟通技巧 （4）激励方式选择等
6	行政管理	（1）如何撰写销售报告和处理文书档案 （2）如何控制销售费用 （3）如何实施自我管理 （4）如何进行时间管理 （5）经济法律知识等

（三）营销人员薪酬设计

营销人员薪酬问题是营销管理中又一个重要课题。在诸多激励手段中，薪酬对营销人员的激励作用是无可替代的，甚至在有些情况下激励效果是最好的。事实上，在现今销售人才特别是高级销售人才流失率不断上升的情况下，建立一套有效、合理的营销人员薪酬体系以留任和引进销售人才更显得尤为重要。

1.营销人员薪酬类型

企业可以根据所处不同阶段的特点及不同的目标为营销人员制定不同的薪酬组合，如图2-10所示。

纯粹薪水制度 ⇨ 纯粹薪水制度就是无论营销人员的销售额多少，均可于一定的工作时间之内获得定额的薪酬，即一般所谓的计时制。固定薪酬的调整，主要依照评价营销人员的表现及成果。这样不仅易于了解且计算简单，而且营销人员的收入可获得保障，营销人员有安全感，适用于若干集体努力的销售工作。但是缺乏激励作用，不易激发营销人员的创新性。不适于亟待快速扩张业务的企业。因为，付出与收获可能会不成正比，工作优良者与工作恶劣者就没有区别了

图 2-10

制度	说明
纯粹佣金制度	纯粹佣金制度是指其薪酬与一定的销售工作成果或销售数量直接相关，即按一定比例的销售额给予佣金。佣金可根据销售量的金额或单位（毛额或净额）计算，其计算可以是基于总销量，也可以是基于超过配额的销售量，或配额的若干比例。佣金也可以根据营销人员的销售对企业利润的贡献来定。佣金比例可以是固定的，即第一个单位的佣金比例与第八十个单位的佣金比例都一样；也可以是累积的，即销售量（或利润贡献等基准）越高，其佣金比例越高。比例也可以是递减的，即销售量越高，其比例越低。纯粹佣金制度富有激励作用，营销人员可获得较高的薪酬，较容易控制销售成本。但是，在销售波动的情况下不易适应，营销人员的收入欠稳定，营销人员的心态不稳，这样就人为增加了管理方面的困难
纯粹奖金制度	纯粹奖金制度是向营销人员付酬的一项重要手段，主要是对有突出业绩的营销人员给予奖励，也有对特殊事件给予奖励的。奖金可能按月发，也可能按季或按年发。但是，奖金一般作为薪酬方式的一种，很少有企业把纯粹奖金制度作为营销人员薪酬制度的基础。纯粹奖金制度灵活，由营销主管或企业所掌握，可与企业的绩效直接挂钩，有直接明了的指向作用。但是，若奖金发放不及时则会影响激励的效果，团体奖金容易让一些营销人员“搭便车”，往往带有主观色彩
薪水加佣金制度	薪水加佣金制度是以单位销售或总售货金额的较少比例作佣金，每月连同薪水支付，或年终时累积来支付。纯粹薪水制度缺乏弹性，对营销人员的激励作用不够，而且纯粹佣金制度令营销人员的收入波动较大，营销人员缺乏安全感。薪水加佣金的混合制度则调和了这两个方面的不足。薪水加佣金制度与奖金制度相类似，收入比较稳定，并有较强的刺激作用。但是，佣金太少，则激励作用效果不大，企业销售成本较高
薪水加奖金制度	奖金是为酬劳营销人员完成对企业有贡献的工作而支出的，比如宣传工作、推销新产品、增加新客户、降低推销费用等。运用此项制度，营销人员除了可以按时收到一定薪水外，还可获得更多奖金。薪水加奖金制度可鼓励营销人员兼做一些涉及销售管理的工作，便于调整营销人员的努力方向。但是，它不重视销售额的多少，易造成不公平现象
薪水加佣金再加奖金制度	此项报酬制度兼顾了纯薪水制度、纯佣金制度、薪水加佣金制度三种方法，利用佣金及奖金以促进工作的成效。营销人员每月可获得稳定的收入及另发的佣金与奖金，而在管理方面也能有效地控制销售人力资本。实行薪水加佣金再加奖金制度，需要较多有关记录及报告，因此提高了管理费用

特别奖励制度

特别奖励就是规定报酬以外的奖励，即额外给予的奖励。这种额外奖励分为钱财奖励及非钱财奖励两种。钱财奖励包括直接增加薪水或佣金，或间接的福利，如带薪假期、保险制度、退休金制度等。非钱财奖励的方式很多，如通过推销竞赛给予营销人员一定的荣誉，像记功、颁发奖章及纪念品等。额外奖励可根据营销人员超出指标的程度、控制推销费用的效果或所获得新客户的数量等来确定。特别奖励制度鼓励作用更为广泛有力，常常可以促进滞销产品的销售。但是，奖励标准或基础不够可靠，可能会引起营销人员之间的不公平感以及管理方面的困扰

股票期权

为了留住高素质营销人员，有时可通过提供股票期权的方式来解决，享有股票期权，营销人员就有了将来可按低于市场价格的现行价格来购买企业股票的权利。如果股票价格上涨，营销人员可通过股票价格的增幅获得收益。如果股票价格没有上涨，也就不存在未来的激励价值。股票期权可以令企业的未来发展与营销人员的长远利益很好地结合起来，还可以令企业不支付现金而实现激励营销人员的目标

图 2-10　薪酬制度类型

2. 薪酬制度的实施及评价

（1）薪酬制度的实施。通常，一旦选定了某一薪酬制度，便应向所有营销人员详细说明，并确保他们明了，以避免误解。凡薪酬中不固定的部分，则必须先行规定各营销人员的薪酬高低，其标准应尽量依据企业所制定的一般薪酬制度，不可有歧视或欠公平的地方。

（2）薪酬制度的评价。薪酬制度评价的目的是检验经过试行的制度或现有的制度是否有效。任何新订或修正的薪酬制度经过一年或一定支付期间试用后，对此制度所产生的结果必须详加分析与考察，以确定是否可以正式实施或有无修正或调整的必要。评价的依据如下。

① 营销人员的成绩如何。

② 薪酬制度不同，营销人员的成效自然有显著的差异。

③ 预算、推销费用比例及毛利情况。

（四）营销人员考核

1. 考核类型

营销人员的考核可以分为以下几类。

（1）定量指标。定量指标相对较客观，也容易理解和管理应用。

（2）定性指标。定性指标是一些行为分析指标。定性指标相对比较主观，如评估营销人员的态度、产品知识、团队精神与合作能力等，定性指标更强调营销人员销售活动的质量而不是数量，但是应用起来却很不好把握与界定。定性指标是定量指标的补充，也是营销人员业绩评估当中不可缺少的一大类指标。

2. 考核要点

（1）销售业绩考核指标。销售业绩考核指标主要评估营销人员的产出与销售成果。其具体包括销售额、销售量、销售指标完成率、销售毛利润、利润、新客户开发数、销售费用与费用率、订单数量、区域市场份额、货款回收率等。

评估的标准一般是年度销售额与上一年度销售额增长的比较，也可以是实际销售额对销售指标的完成率，或是新客户增加的数目或原有客户的流失等。

（2）销售工作技巧考核。销售工作技巧考核的主要内容是评估营销人员寻找目标顾客的能力和数量；取得客户推荐目标顾客的数量。考核要点为依靠评估人员或营销主管与营销人员共同访问客户时对营销人员的表现以及运用各项销售技巧处理客户问题能力的观察，也可通过培训、客户的反馈等来进行评估。

（3）专业知识考核。专业知识考核的主要内容是评估营销人员对本企业、行业和客户、市场竞争情况的了解及认识，对产品性能和产品应用等知识的掌握程度。其考核要点属于专业知识层面，比较容易通过问卷的形式进行考核，如分为产品知识、市场知识、客户需求知识、竞争对手知识等进行考查。

（4）客户服务和客户关系考核。客户服务和客户关系考核的主要内容是评估营销人员是否能够为客户提供优质的服务，是否能维持和发展与客户的良好关系。如是否有客户投诉，营销人员是否能够及时回应客户的抱怨和投诉，是否能够及时处理客户的订单或合同，使合同能够按期执行，营销人员的访问工作与客户维系工作能否有利于建立长久合作的关系。其要点为，具体可设计如客户维系比例指标、原有客户销售量增长率、客户投诉处理时间指标、客户满意程度指标等。

（5）营销人员自我管理考核。营销人员自我管理考核的主要内容是评估营销人员在时间管理、工作效率方面的表现，这包括以下内容。

①营销人员如何有效地运用时间在自己所负责区域内安排差旅，开展销售活动，为客户提供服务。

②合理安排用于不同客户之间的时间。销售主管可以通过营销人员的工作计划、工作总结来获得相关信息。不过，营销人员自我管理方面不易量化。

③清楚合理地保存客户的信息档案。

④做好每日、每周、每月的工作计划，从而提高工作效率，取得更好的销售业绩。

（6）费用控制考核。费用控制考核评估的不仅是营销人员对差旅费用的控制，还应该包括营销人员执行企业的产品价格和折扣政策的成效，是否能够在销售产品的同时争取到有利于企业的付款条件。如果营销人员的费用超出预算，或者营销人员所给出的销售折扣超过其权限，那么评估得分自然较低。

（7）个人行为考核。个人行为考核的主要内容是评估营销人员与本部门同事、其他部门同事的关系，以及在工作中所表现出来的团队合作精神等。其要点是，应该注意营销人员平时的工作态度、工作作风等个人特点方面的评估。

第3章 销售部部门架构

本章阅读索引：

- ·销售部的设置
- ·销售部的位置
- ·大型企业销售部常见架构
- ·中、小型企业销售部常见架构

企业是由不同部门组建的，每个部门都是企业的重要组成部分。但是如果部门架构设计不当，很容易造成各种问题，例如人浮于事或者人手紧缺等。因此，每个企业都应当根据自己的具体情况，来选择最合适的部门架构。销售部是企业的销售管理部门，设置合适的架构才能使部门始终保持高效运转，为企业销售更多的产品，创造更多利润。

3-01 销售部的设置

生产制造企业在进行销售部的设计时，除了要考虑企业自身的主导业务流程外，还要考虑企业自身的特点及外部条件，要使销售部内部人员在具有较大独立性的同时，保持较高的凝聚度。但无论如何设置，都必须遵循一些基本要求，其具体设置要求如表3-1所示。

表3-1 销售部设置要求

序号	设置要求	详细说明
1	目标任务明确	销售组织的建立是为了完成企业的销售任务，因此必须有明确的工作目标和任务，只有明确了目标和任务，才能使销售部的组织架构处于核心地位
2	分工明确	销售工作是一个整体运作系统，部门中的每一位成员都为这个系统的目标尽自己的责任。因此，在建立企业销售部门时，应将总体任务分解，根据任务的性质、范围、数量确定分工，明确各自的工作内容和范围
3	责、权、利相结合	销售人员在履行销售职能时，必须明确自己的职责和任务，同时企业也应给予销售部门和销售人员相应的权利，以便于他们能按企业政策去更好地完成任务。责任与权利是对等的，权利越大，销售人员所承担的责任也就越大；同样，销售人员承担的责任越大，企业所赋予销售人员的权利也应相应增加

续表

序号	设置要求	详细说明
4	精干、高效	企业在建立销售部时，应根据实际情况，包括目标市场、企业规模、客户类型、分销方式等，结合销售人员完成任务的能力，确定合理规模和结构，使销售人员始终处于有效工作状态，各尽其责。同时应注意，精干不等于精简，要保证企业有充分的销售能力，以占领市场，满足销售，增加企业经济效益

3–02 销售部的位置

在生产制造企业中，虽然因为产业不同，导致各企业架构有所不同，但是一些基本的部门，如研发部、生产部、销售部等，是必须配备的，销售部所处的位置如图3–1所示。

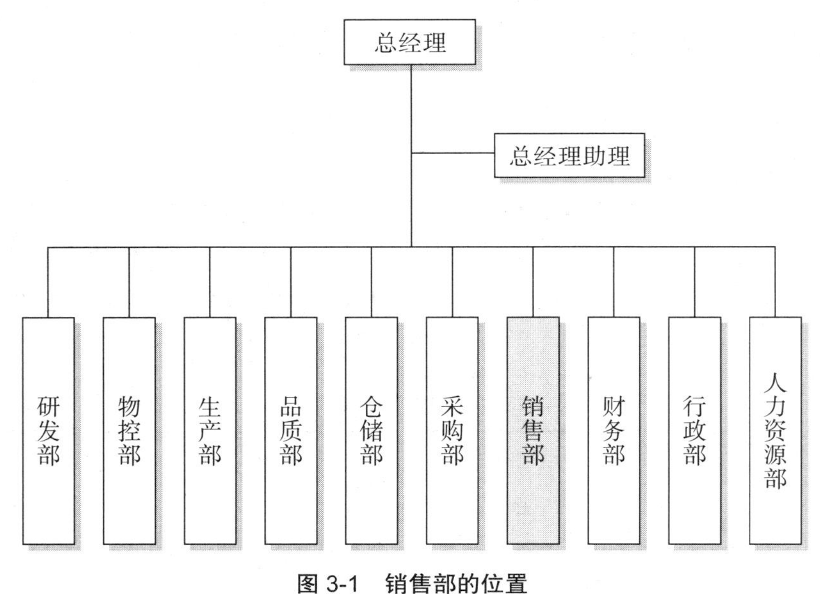

图 3-1 销售部的位置

①销售部是企业的销售部门，其工作效率直接决定着企业的最终收入，因此，对企业具有极为重要的意义

②生产部生产的产品最终要通过销售部各级人员的努力销售出去，整个生产任务才算真正完成，同时客户的退货品也需要生产部进行返工或返修处理，因此，两个部门必须互相配合

3–03 大型企业销售部常见架构

大型企业销售部常见架构如图3–2所示。

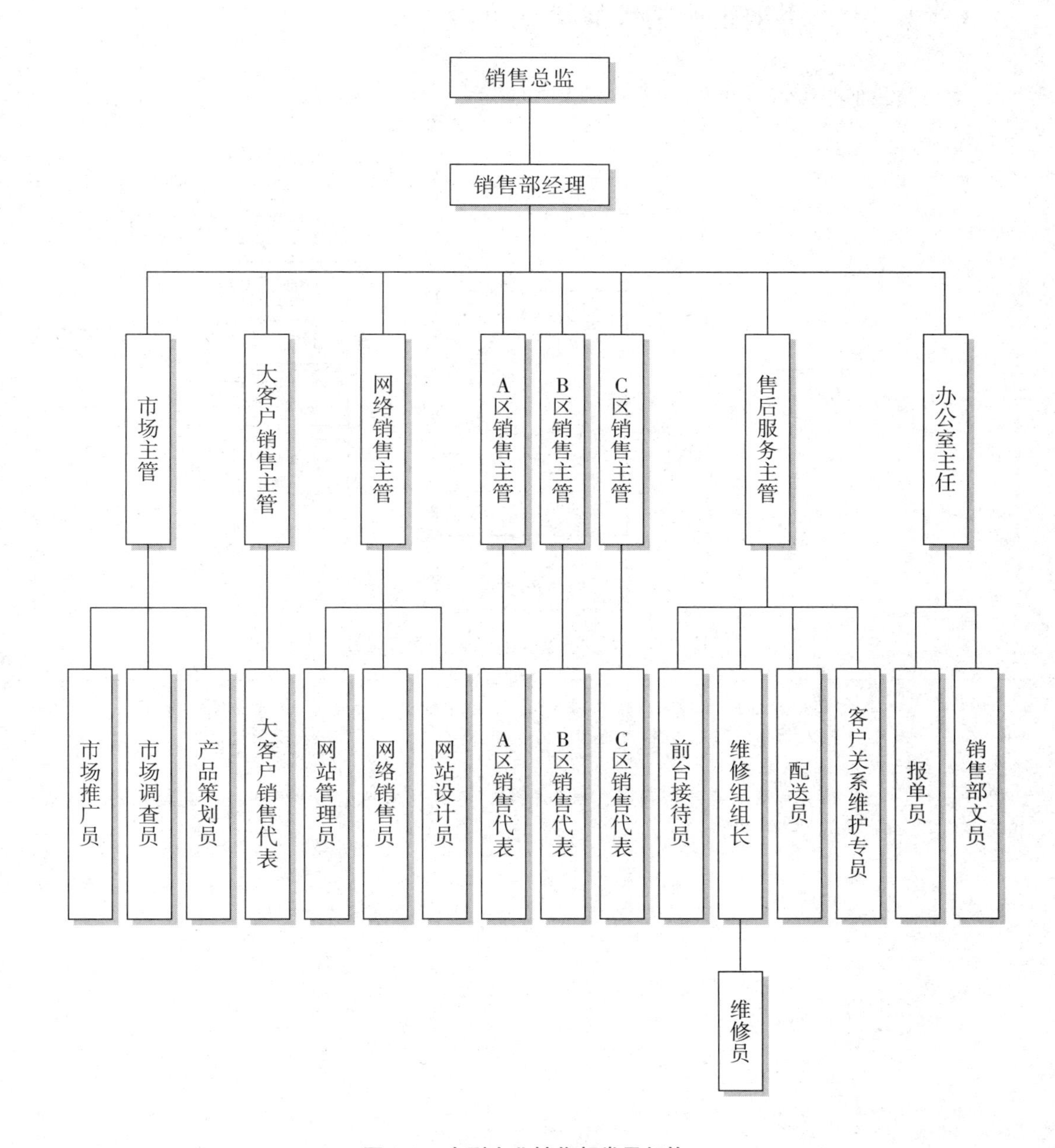

图 3-2　大型企业销售部常见架构

①大型企业规模非常庞大，涉及的销售事务往往也较为复杂，因此，其架构也会较为复杂，往往在销售部经理之上再设一个销售总监，全面负责所有生产事务的协调处理

②大型企业岗位划分较细，往往会设立单独的大客户部负责大客户的管理，以及网络销售部，负责网络销售管理

③由于大型企业业务量大，往往辐射全国，因此会将销售区域进行划分，如A区、B区、C区等，然后在每个区域设置主管和销售代表，以充分覆盖该区域

3-04　中、小型企业销售部常见架构

中、小型企业销售部常见架构如图3-3所示。

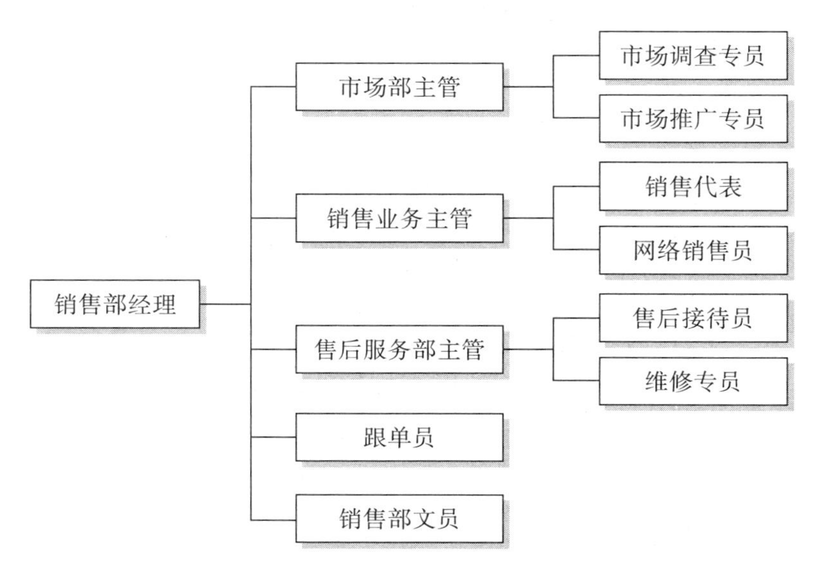

图 3-3　中、小型企业销售部常见架构

①根据《中小企业划型标准规定》，以工业企业为例，对中、小企业的划型规定如下：从业人员1000人以下或营业收入40000万元以下的为中、小、微型企业，也就是通常所说的中、小型企业。本书内容主要针对中、小型企业

②中、小型企业销售部的架构比较简单，层级较少，各级员工职责也比较明确，互相之间，以及与相关部门之间的沟通比较简单

第4章 销售部岗位说明

本章阅读索引：

- 销售部经理岗位说明
- 市场部主管岗位说明
- 市场调查专员岗位说明
- 市场推广专员岗位说明
- 销售业务主管岗位说明
- 销售代表岗位说明
- 网络销售员岗位说明
- 售后服务主管岗位说明
- 售后接待员岗位说明
- 维修专员岗位说明
- 跟单员岗位说明
- 销售部文员岗位说明

对企业来说，每个岗位都代表着一份工作。只有对岗位进行最准确的说明才能为招聘人员提供最佳的参考意见，也才能使在该岗位任职的员工充分了解并圆满完成该岗位的工作内容。不同行业的销售部门岗位设置可能有所不同，但一些核心岗位是必须配备的，如销售部经理、销售代表等，本章对他们的岗位进行详细说明。

4-01 销售部经理岗位说明

销售部经理岗位说明可使用以下说明书。

销售部经理岗位说明书

岗位名称	销售部经理	岗位代码		所属部门	销售部
职系		职等职级		直属上级	总经理
1.岗位设置目的 全面负责销售部的日常运营管理，处理各项销售事务，保障公司产品能够顺利销售出去，并按时获得回款					
2.岗位职责 （1）负责组建和管理销售及组织架构体系，并负责对销售部的人员进行招聘、培训、指导、提升、管理和监控，确保所辖销售部或销售队伍的数量和质量，并对直属下级进行考核、激励，为公司业务发展培养和储备人才 （2）制定并完善销售部管理制度，使其适用性和操作性更强，并对其执行效果负全责					

续表

（3）依据公司销售网络发展计划，加强市场的建设，确保本部门零售网络建设的数量和质量，并对本部门零售网络的建设、维护和发展负全责 （4）定期召开销售部经理会议，确保有效及时地开展工作，宣传新计划，寻求新机会，培训具有现代销售意识的销售队伍，树立团队精神 （5）负责销售费用预算及销售合同的审定与监控，并对销售的货款回收负责 （6）负责销售市场一线信息的及时收集、分析与反馈，并根据分析结果及推广计划制定出销售的若干月滚动销售预测，对此销售预测的真实、准确、及时、有效负全责 （7）依据销售部整体推广计划及促销计划，执行全国统一的市场推广计划 （8）负责本部门的公共关系，维护好与当地政府、金融机构、新闻机构及社区等的关系，树立良好的公司形象 （9）对各项售后服务工作负责，对销售人员及服务质量进行考评，同时要定期对公司的售后服务政策提供建设性的意见，以便从整体上提高售后服务水平 （10）完成上级交办的其他事项
3.工作关系 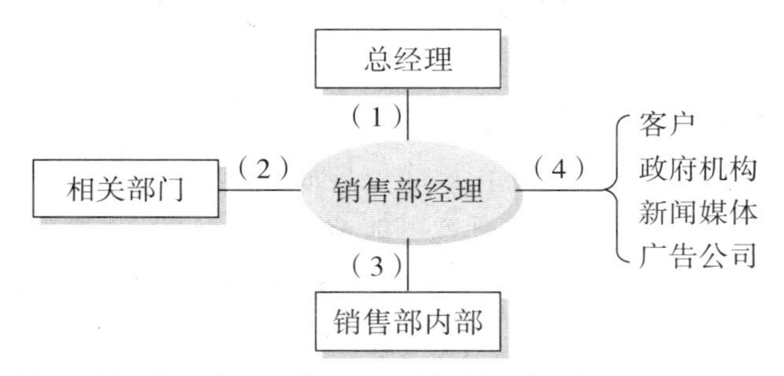 （1）协助总经理做好销售部的管理工作，向其提供各项销售信息，提出改善建议，并落实其工作安排 （2）与生产部、仓储部、采购部等部门就销售工作的进展情况进行沟通协调 （3）领导采购部内部员工完成工作目标 （4）与客户、政府机构、新闻媒体、广告公司等外部机构做好沟通协调工作
4.任职要求 （1）教育背景：本科以上学历，管理、统计、销售相关专业 （2）经验：5年以上同行业销售管理经验 （3）专业知识：熟悉公司的作业与运作流程，对本公司生产的所有产品有全面的认识 （4）能力与技能：良好的沟通能力与领导能力，善于解决部门运营中出现的问题，有发现问题并解决问题的能力
5.工作条件 （1）工作场所：销售部办公室 （2）工作时间：固定（五天八小时工作制） （3）使用设备：计算机、电话、计算器等

4-02　市场部主管岗位说明

市场部主管岗位说明可使用以下说明书。

市场部主管岗位说明书

<table>
<tr><td>岗位名称</td><td>市场部主管</td><td>岗位代码</td><td></td><td>所属部门</td><td>销售部</td></tr>
<tr><td>职系</td><td></td><td>职等职级</td><td></td><td>直属上级</td><td>销售部经理</td></tr>
<tr><td colspan="6">1.岗位设置目的
全面负责公司市场调查及推广工作，为产品的顺利销售打开通道，使公司产品顺利推向市场</td></tr>
<tr><td colspan="6">2.岗位职责
（1）制订年度市场推广策略和计划
（2）拟订并监督执行公关及促销活动计划，安排年、季、月及专项市场推广策划
（3）制定广告策略，制订年、季、月及特定活动的广告计划
（4）对市场进行科学的预测和分析，并为产品的开发、生产及投放市场做好准备
（5）制定月度、年度市场推广方案，并严格贯彻执行和监控，并对本部门的执行效果负全责
（6）拟订并监督执行市场调查计划
（7）拟订并监督执行新产品上市计划和预算
（8）制定各项推广费用的申报及审核程序
（9）完成上级交办的其他事项</td></tr>
<tr><td colspan="6">3.工作关系
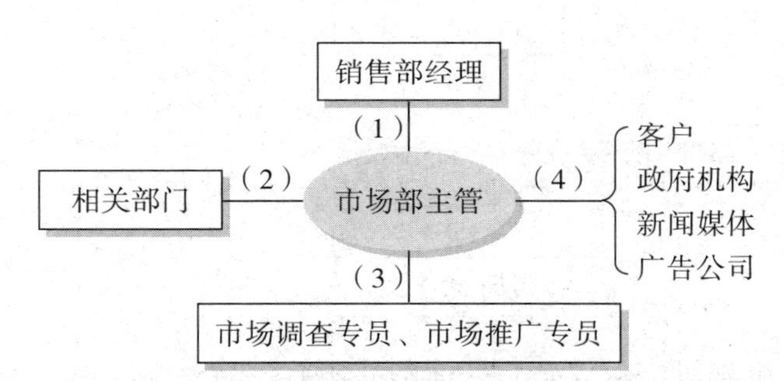

（1）接受销售部经理的直接领导，做好产品的市场推广工作
（2）与相关部门就市场推广所需的各类信息进行沟通协调，并向其提供市场调查信息
（3）指导市场调查专员、市场推广专员开展工作，并听取其汇报
（4）就市场推广工作与客户、政府机构、新闻媒体、广告公司等机构进行沟通协调</td></tr>
<tr><td colspan="6">4.任职要求
（1）教育背景：大专以上学历
（2）经验：3年以上同行业销售管理经验
（3）专业知识：熟悉市场调查与推广作业流程，对本公司生产的所有产品有全面的认识
（4）能力与技能：良好的沟通能力与领导能力，有发现问题并解决问题的能力</td></tr>
<tr><td colspan="6">5.工作条件
（1）工作场所：销售部办公室
（2）工作时间：固定（五天八小时工作制）
（3）使用设备：计算机、电话、计算器等</td></tr>
</table>

4-03 市场调查专员岗位说明

市场调查专员岗位说明可使用以下说明书。

市场调查专员岗位说明书

<table>
<tr><td>岗位名称</td><td>市场调查专员</td><td>岗位代码</td><td></td><td>所属部门</td><td>销售部</td></tr>
<tr><td>职系</td><td></td><td>职等职级</td><td></td><td>直属上级</td><td>市场部主管</td></tr>
<tr><td colspan="6">1.岗位设置目的
根据公司要求，开展各项市场调查工作，出具市场调查报告，使公司获得准确的市场信息</td></tr>
<tr><td colspan="6">2.岗位职责
（1）对区域、国内乃至国际范围内的市场环境进行调查，分析某种产品或服务的潜在市场
（2）确定调查方法，制作调查数据统计表格
（3）收集客户需求信息以及购买习惯等方面的信息
（4）收集竞争对手的相关信息，分析其价格、销量、销售手段等
（5）审核、分析相关数据，预测市场趋势和市场潜力
（6）制作调查报告
（7）根据调查报告，向管理层提出建议
（8）完成上级交办的其他事项</td></tr>
<tr><td colspan="6">3.工作关系
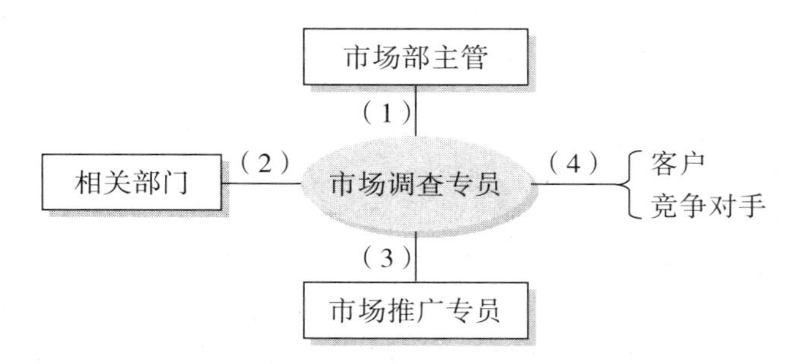

（1）接受市场部主管的直接指导，做好各类产品的市场调查工作
（2）向生产部、研发部、采购部等相关部门提供其所需的市场信息
（3）向市场推广专员提供相关市场信息
（4）从客户、竞争对手那里获取市场调查数据</td></tr>
<tr><td colspan="6">4.任职要求
（1）教育背景：中专以上学历
（2）经验：2年以上同行业市场调查经验
（3）专业知识：熟悉市场调查作业流程，了解公司各类产品知识
（4）能力与技能：良好的沟通能力与表达能力，出色的思维分析能力，有发现问题并解决问题的能力，应变能力，团队精神，较强的计算机办公软件使用技能</td></tr>
<tr><td colspan="6">5.工作条件
（1）工作场所：不固定
（2）工作时间：固定（五天八小时工作制）
（3）使用设备：计算机、电话、计算器等</td></tr>
</table>

4-04　市场推广专员岗位说明

市场推广专员岗位说明可使用以下说明书。

市场推广专员岗位说明书

<table>
<tr><td>岗位名称</td><td>市场推广专员</td><td>岗位代码</td><td></td><td>所属部门</td><td>销售部</td></tr>
<tr><td>职系</td><td></td><td>职等职级</td><td></td><td>直属上级</td><td>市场部主管</td></tr>
<tr><td colspan="6">1.岗位设置目的
全面负责公司各类产品的市场推广工作，保障产品能够被客户和消费者认知，提高公司产品美誉度</td></tr>
<tr><td colspan="6">2.岗位职责
（1）负责公司市场策划及广告业务的规划、组织、实施与协调
（2）把握市场动态，制订产品阶段市场拓展计划及整体策略
（3）不断进行市场拓展业务体系的建立、优化、培训和监控
（4）制订市场运作的年度、月度计划，并组织实施
（5）定期提交市场拓展情况的报告和市场分析报告
（6）进行与市场活动相关的关系网络的建立、管理和发展
（7）制订市场销售促进规划及渠道助销计划
（8）完成上级交办的其他事项</td></tr>
<tr><td colspan="6">3.工作关系
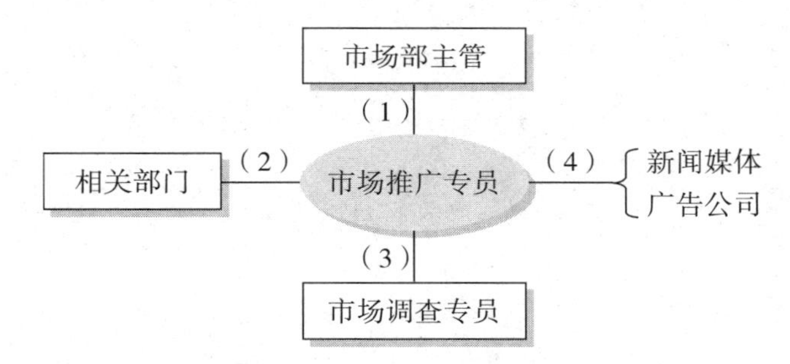

（1）接受市场部主管的直接指导，做好各类产品的市场推广管理工作
（2）与研发部就产品的功能、特征、结构等信息进行沟通交流，向其他部门索要制订推广计划所需的必要资料
（3）向市场调查专员获知产品的市场竞争状况等
（4）与新闻媒体、广告公司等做好广告业务的洽谈工作</td></tr>
<tr><td colspan="6">4.任职要求
（1）教育背景：中专以上学历
（2）经验：2年以上同行业市场推广管理经验
（3）专业知识：熟悉公司的市场推广流程，了解公司生产的所有产品，熟知广告业务操作要领
（4）能力与技能：良好的沟通能力与表达能力，有发现问题并解决问题的能力，团队精神，较强的计算机办公软件使用技能</td></tr>
<tr><td colspan="6">5.工作条件
（1）工作场所：不固定
（2）工作时间：固定（五天八小时工作制）
（3）使用设备：计算机、电话、计算器等</td></tr>
</table>

4–05 销售业务主管岗位说明

销售业务主管岗位说明可使用以下说明书。

销售业务主管岗位说明书

岗位名称	销售业务主管	岗位代码		所属部门	销售部
职系		职等职级		直属上级	销售部经理

1.岗位设置目的

全面负责各项销售任务的具体落实工作，确保销售任务按时完成，及时收回公司的销售回款

2.岗位职责

（1）全面主持所负责区域的销售业务

（2）进行成本核算，提供商务报表及部门销售业绩的统计、查询、管理资料

（3）依据统计整理的数据资料，向上级提交参考建议与方案，用于改善经营活动

（4）整理公司订单，合同的执行并归档管理

（5）组织部门内部员工的培训与考核工作

（6）内部收支、往来账核对等账目处理

（7）接待来访客户及综合协调日常行政事务

（8）完成上级交办的其他事项

3.工作关系

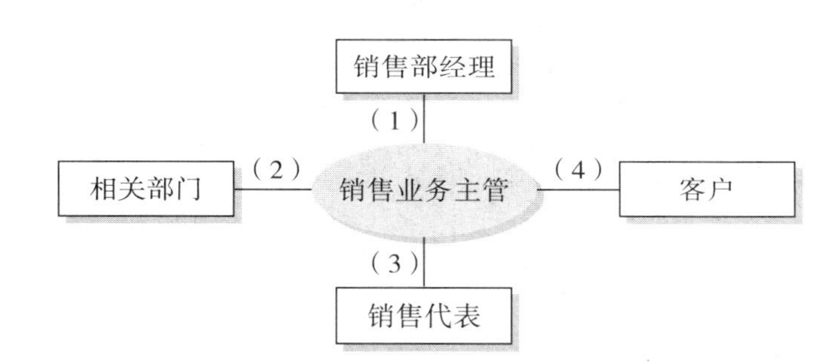

（1）接受销售部经理的直接领导，制订销售计划，并落实其工作安排

（2）与生产部、仓储部等相关部门做好日常沟通工作，共同参与客户订单的评审

（3）指导销售代表开展销售工作，并听取其汇报

（4）负责大客户的开发与关系维护

4.任职要求

（1）教育背景：大专以上学历

（2）经验：4年以上同行业销售管理经验

（3）专业知识：熟悉客户需求，有一定的销售技巧，熟知公司生产的所有产品

（4）能力与技能：良好的沟通能力与领导能力，善于与客户建立良好的人际关系，有发现问题并解决问题的能力，团队精神，较强的计算机办公软件使用技能

5.工作条件

（1）工作场所：销售部办公室

（2）工作时间：固定（五天八小时工作制）

（3）使用设备：计算机、电话、计算器等

4-06 销售代表岗位说明

销售代表岗位说明可使用以下说明书。

销售代表岗位说明书

<table>
<tr><td>岗位名称</td><td>销售代表</td><td>岗位代码</td><td></td><td>所属部门</td><td>销售部</td></tr>
<tr><td>职系</td><td></td><td>职等职级</td><td></td><td>直属上级</td><td>销售业务主管</td></tr>
<tr><td colspan="6">1.岗位设置目的
积极开发新客户，拓展公司产品销路，提高产品销量，为公司创造更多利润</td></tr>
<tr><td colspan="6">2.岗位职责
（1）依据公司制订所负责区域的产品销售计划，分解产品销售目标
（2）执行公司销售策略，完成市场开拓任务
（3）运用销售技巧，完成销售任务
（4）做好客户回访工作
（5）收集潜在客户资料和新客户资料，为销售工作做好准备
（6）建立与维护客户关系，对于重要客户要保持经常的联系
（7）及时了解客户需求，向公司反馈产品情况
（8）定期向客户了解产品的使用情况、对价格的反馈情况等
（9）协调、处理相关客户及业务之间的关系
（10）及时、有效地处理客户投诉，保证客户对公司的高满意度
（11）做好日常发货流水账
（12）账款的核算、催收
（13）对收回的账款要及时报账
（14）为公司提供市场趋势、需求变化、竞争对手和客户反馈等方面的准确信息
（15）定期向上级提交客户状况分析报告
（16）完成上级交办的其他事项</td></tr>
<tr><td colspan="6">3.工作关系
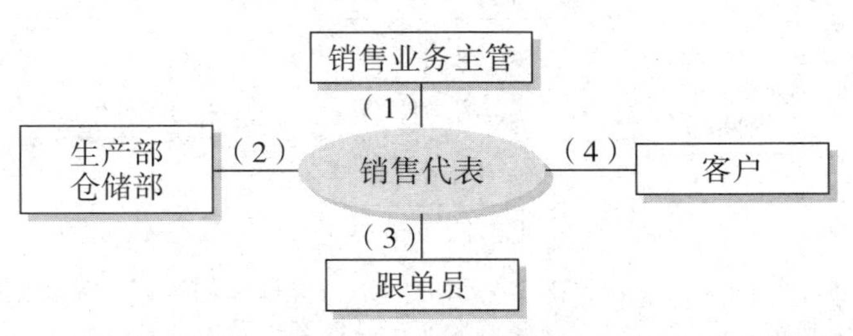

（1）接受销售业务主管的直接领导，落实公司的销售目标和计划，完成销售任务
（2）与生产部沟通产品生产状况，与仓储部沟通产品库存以及发货状况
（3）向跟单员提供销售订单，并接受其监督
（4）做好与客户的沟通工作，争取获得尽可能多的新客户，并建立客户信用等级档案</td></tr>
<tr><td colspan="6">4.任职要求
（1）教育背景：中专以上学历
（2）经验：2年以上同行业销售管理经验
（3）专业知识：熟悉客户需求，有一定的销售技巧，熟知公司生产的所有产品
（4）能力与技能：良好的沟通能力，善于与客户建立良好的人际关系，有发现问题并解决问题的能力，团队精神，较强的计算机办公软件使用技能</td></tr>
<tr><td colspan="6">5.工作条件
（1）工作场所：销售部办公室
（2）工作时间：固定（五天八小时工作制）
（3）使用设备：计算机、电话、计算器等</td></tr>
</table>

4-07 网络销售员岗位说明

网络销售员岗位说明可使用以下说明书。

网络销售员岗位说明书

岗位名称	网络销售员	岗位代码		所属部门	销售部
职系		职等职级		直属上级	销售业务主管

1.岗位设置目的

全面负责公司网络销售事务，提高公司知名度，扩大网络销售收入，为公司获取更多利润

2.岗位职责

（1）制订公司网站网络销售计划，制订网络宣传发展目标
（2）建立公司网站与其他相关网站的友好联系，以提升流量
（3）负责与搜索引擎有关的一切工作
（4）负责网络宣传相关工作目标、计划的制订与落实
（5）负责公司网站的日常维护及更新
（6）负责公司网站的优化
（7）负责相关竞争对手、相关行业的信息收集，按周制作信息通报
（8）收集客户资料，在网站上寻找资源为公司提供业务渠道
（9）处理各种网络业务，开拓新的网络销售途径及形式
（10）收集网络订单，安排送货
（11）分析搜索引擎数据，及时调整搜索引擎费用投放策略
（12）浏览并注册各大论坛、分类信息网、QQ群、新浪微博、微信等媒体，发布公司产品信息
（13）完成上级交办的其他事项

3.工作关系

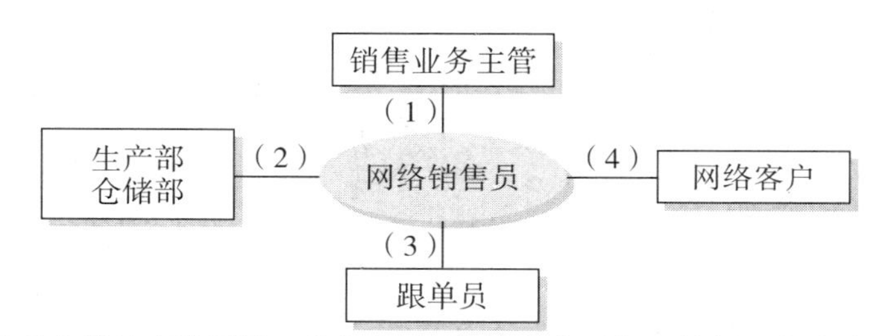

（1）接受销售业务主管的直接领导，落实公司的网络销售目标和计划，完成销售任务
（2）与生产部沟通产品生产状况，与仓储部沟通产品库存以及发货状况
（3）向跟单员提供网络销售订单，并接受其监督
（4）做好与网络客户的沟通工作，争取获得尽可能多的新客户，并建立客户信用等级档案

4.任职要求

（1）教育背景：中专以上学历
（2）经验：2年以上同行业网络销售管理经验
（3）专业知识：熟悉客户需求，有一定的销售技巧，熟知公司生产的所有产品
（4）能力与技能：良好的沟通能力，善于与客户建立良好的人际关系，有发现问题并解决问题的能力，团队精神，熟悉微博、微信等新媒体方式和网络销售技巧

5.工作条件

（1）工作场所：销售部办公室
（2）工作时间：固定（五天八小时工作制）
（3）使用设备：计算机、电话、计算器等

4-08　售后服务主管岗位说明

售后服务主管岗位说明可使用以下说明书。

售后服务主管岗位说明书

岗位名称	售后服务主管	岗位代码		所属部门	销售部
职系		职等职级		直属上级	销售部经理
1.岗位设置目的 全面负责售后服务事务的处理，向客户提供满意的售后服务					
2.岗位职责 （1）负责管理售后服务各服务项目的运作 （2）负责对客户服务、售后服务人员进行培训、激励、评价和考核 （3）负责对公司的客户资源进行统计分析 （4）负责按照分级管理规定定期对所服务的客户进行访问 （5）负责按销售部的有关要求对所服务的客户进行客户关系维护 （6）负责对客户关于产品或服务质量投诉与意见处理结果的反馈 （7）负责大客户的接待管理工作，维护与大客户长期的沟通和合作关系 （8）制定售后服务政策及员工的内部培训制度 （9）及时处理客户的重大投诉及索赔事宜，监督并确保售后服务质量和顾客的满意度 （10）参与制订售后服务部人员计划及奖励制度，充分调动员工的积极性 （11）完成上级交办的其他事项					
3.工作关系 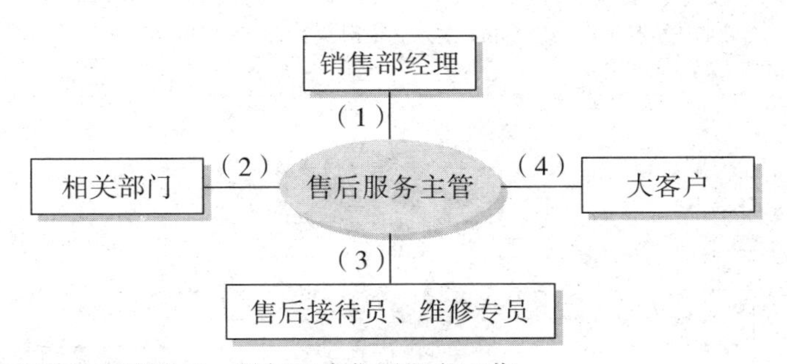 （1）接受销售部经理的直接指导，做好日常售后服务工作 （2）与生产部、采购部等部门做好沟通协调工作 （3）指导售后接待员、维修专员开展各自的工作，并听取其汇报 （4）亲自负责对大客户的接待工作，保证为大客户提供满意的服务					
4.任职要求 （1）教育背景：大专以上学历 （2）经验：3年以上同行业售后服务经验 （3）专业知识：熟悉客户需求，有一定的售后服务技巧，熟知公司生产的所有产品 （4）能力与技能：良好的沟通能力和领导能力，善于倾听，能够帮助客户解决产品质量问题，有发现问题并解决问题的能力，应变能力，团队精神，较强的计算机办公软件使用技能					
5.工作条件 （1）工作场所：售后维修场所 （2）工作时间：固定（五天八小时工作制） （3）使用设备：计算机、电话、计算器等					

4-09 售后接待员岗位说明

售后接待员岗位说明可使用以下说明书。

售后接待员岗位说明书

岗位名称	售后接待员	岗位代码		所属部门	销售部
职系		职等职级		直属上级	售后服务主管

1.岗位设置目的

负责对需要进行售后服务的客户进行接待，为其提供良好的接待服务

2.岗位职责

（1）以服务客户为根本，对工作尽职尽责

（2）热情接待客户，必须使用文明用语，了解客户的需求及期望，为客户提供满意的服务

（3）待客热情诚恳，谈吐自然大方，保持接待区整齐清洁

（4）熟练掌握产品知识，评估维修要求，及时准确地对维修产品进行报价，估计维修费用或征求有关人员（上级）意见，并得到客户确认后，开出维修工单，并耐心向客户说明收费项目及其依据

（5）认真接待客户，清楚仔细检查产品外观和内饰并认真登记

（6）掌握维修进度，确保完成客户交修项目，按时将维修完好的产品交付客户，对未能及时交付的产品应提前与客户沟通，讲清楚原因

（7）根据维修需要，在征求客户同意的前提下调整维修项目

（8）协助客户做好产品的结算工作，热情服务，提高客户的满意度

（9）协助做好客户的退货索赔工作

（10）处理好客户的投诉，根据实际情况认真耐心地做好解释，最大限度地减少客户的投诉次数

（11）宣传本公司，推销新技术、新产品，解答客户提出的相关问题

（12）完成上级交办的其他事项

3.工作关系

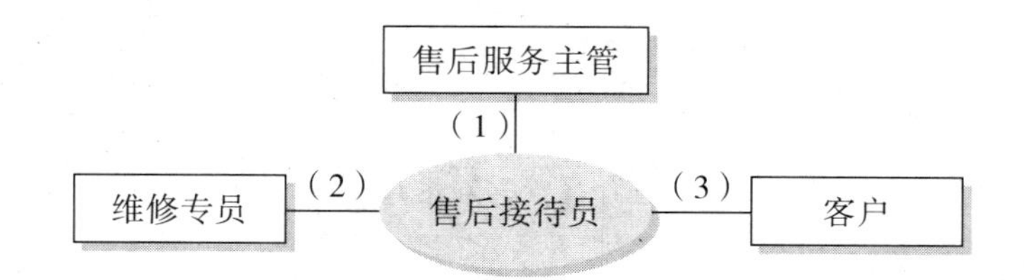

（1）接受售后服务主管的直接指导，做好日常售后处理的接待工作

（2）通知维修专员进行维修作业

（3）做好对客户的接待工作，并做好维修记录

4.任职要求

（1）教育背景：中专以上学历

（2）经验：2年以上同行业售后接待服务经验

（3）专业知识：熟悉客户需求，有一定的售后服务技巧，熟知公司生产的所有产品

（4）能力与技能：良好的沟通能力，善于倾听，能够帮助客户解决产品质量问题，有发现问题并解决问题的能力，应变能力，团队精神，较强的计算机办公软件使用技能

5.工作条件

（1）工作场所：售后维修场所

（2）工作时间：固定（五天八小时工作制）

（3）使用设备：计算机、电话、计算器等

4-10　维修专员岗位说明

维修专员岗位说明可使用以下说明书。

维修专员岗位说明书

<table>
<tr><td>岗位名称</td><td>维修专员</td><td>岗位代码</td><td></td><td>所属部门</td><td>销售部</td></tr>
<tr><td>职系</td><td></td><td>职等职级</td><td></td><td>直属上级</td><td>售后服务主管</td></tr>
<tr><td colspan="6">1.岗位设置目的
全面负责售后产品的维修管理，保障维修质量，使客户获得满意的答复</td></tr>
<tr><td colspan="6">2.岗位职责
（1）负责公司的售后技术服务管理与实施
（2）对客户的售后服务请求快速做出响应并及时解决问题
（3）负责组织有偿维修保障服务项目的承接
（4）负责维修技术资料的保存
（5）负责协助商务项目部组织客户考察
（6）总结维修维护技术经验，提高自身的技术水平和综合素质
（7）规范言谈举止，维护公司利益及公司形象
（8）完成上级交办的其他事项</td></tr>
<tr><td colspan="6">3.工作关系
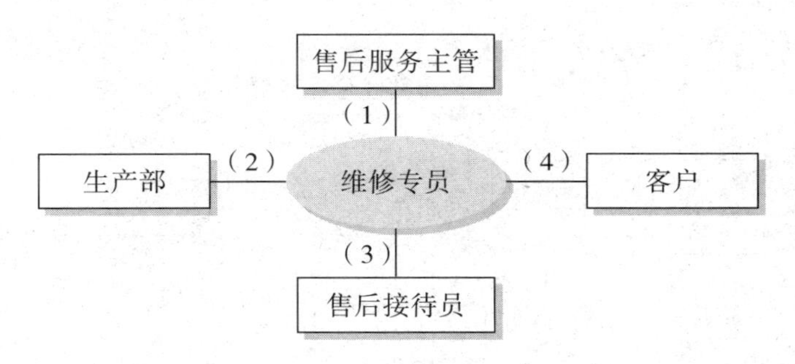
（1）接受售后服务主管的直接指导，做好日常维修处理工作
（2）对于出现问题的批量产品，与生产部沟通是否做返工处理
（3）接受售后接待员的维修任务安排，及时向其反馈维修成果
（4）与客户就产品的质量问题进行沟通协调</td></tr>
<tr><td colspan="6">4.任职要求
（1）教育背景：大专以上学历，管理、统计、销售相关专业
（2）经验：2年以上同行业维修工作经验
（3）专业知识：熟知公司生产的所有产品，了解各项维修知识
（4）能力与技能：良好的沟通能力，善于倾听，能够帮助客户解决产品质量问题，保障维修质量，有发现问题并解决问题的能力，应变能力，团队精神，较强的计算机办公软件使用技能</td></tr>
<tr><td colspan="6">5.工作条件
（1）工作场所：售后维修场所
（2）工作时间：固定（五天八小时工作制）
（3）使用设备：计算机、电话、计算器等</td></tr>
</table>

4-11 跟单员岗位说明

跟单员岗位说明可使用以下说明书。

跟单员岗位说明书

<table>
<tr><td>岗位名称</td><td>跟单员</td><td>岗位代码</td><td></td><td>所属部门</td><td>销售部</td></tr>
<tr><td>职系</td><td></td><td>职等职级</td><td></td><td>直属上级</td><td>销售部经理</td></tr>
<tr><td colspan="6">1.岗位设置目的
全面负责销售订单的处理工作，跟踪订单，确保其准时交货</td></tr>
<tr><td colspan="6">2.岗位职责
（1）负责销售订单的审查与开具
（2）跟进每张订单的生产并将货品顺利地交给客户，负责收回应收回的款项
（3）同新、旧客户保持联系
（4）接收客户的投诉信息，并将相关信息传递到公司的相关部门
（5）根据客户订单要求交货时间、订单的紧急程度以及客户的信誉度，结合库存情况及在途物料等情况安排销售发货
（6）跟踪产品库存数
（7）掌握、了解市场信息，开发新的客源
（8）完成上级交办的其他事项</td></tr>
<tr><td colspan="6">3.工作关系
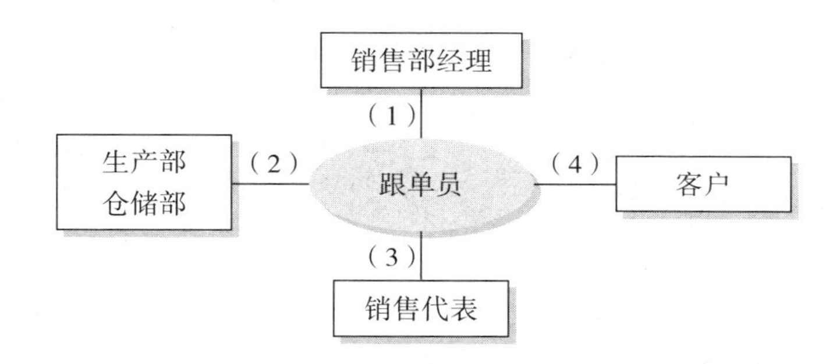

（1）接受销售部经理的直接指导，做好日常跟单工作
（2）与生产部沟通，让他们能更明确地了解客户订单状况，与仓储部沟通产品的库存状况
（3）收集销售代表获得的销售订单，与其就客户具体需求进行沟通
（4）与客户做好日常沟通工作</td></tr>
<tr><td colspan="6">4.任职要求
（1）教育背景：大专以上学历
（2）经验：2年以上同行业跟单工作经验
（3）专业知识：熟知公司生产的所有产品，了解各项跟单知识
（4）能力与技能：良好的沟通能力，能够帮助客户解决投诉问题，有发现问题并解决问题的能力，应变能力，团队精神，较强的计算机办公软件使用技能</td></tr>
<tr><td colspan="6">5.工作条件
（1）工作场所：销售部办公室
（2）工作时间：固定（五天八小时工作制）
（3）使用设备：计算机、电话、计算器等</td></tr>
</table>

4-12　销售部文员岗位说明

销售部文员岗位说明可使用以下说明书。

销售部文员岗位说明书

<table>
<tr><td>岗位名称</td><td>销售部文员</td><td>岗位代码</td><td></td><td>所属部门</td><td>销售部</td></tr>
<tr><td>职系</td><td></td><td>职等职级</td><td></td><td>直属上级</td><td>销售部经理</td></tr>
<tr><td colspan="6">1.岗位设置目的
全面负责销售部日常办公事务的处理，维持销售部办公室的日常运作，使办公室有序运转</td></tr>
<tr><td colspan="6">2.岗位职责
（1）按要求完成每日的销售部管理日报表
（2）部门报表、单据的收集、归档及上缴、下传应做到准确无误，新资料及时下传
（3）负责部门员工的考勤、统计工作
（4）按要求办理销售部人员请假、辞工手续
（5）按部门要求准备好日常销售会议，做好会议记录，会议记录要完整、客观
（6）跟进公司与各相关部门已确定的事务的进度
（7）接听日常业务电话，负责一般来访者的接待工作，并做好记录，有问题及时上报销售部经理
（8）做好客户的档案和管理工作，听取和记录客户提出的建议、意见和投诉，并及时向上级主管汇报
（9）完成上级交办的其他事项</td></tr>
<tr><td colspan="6">3.工作关系
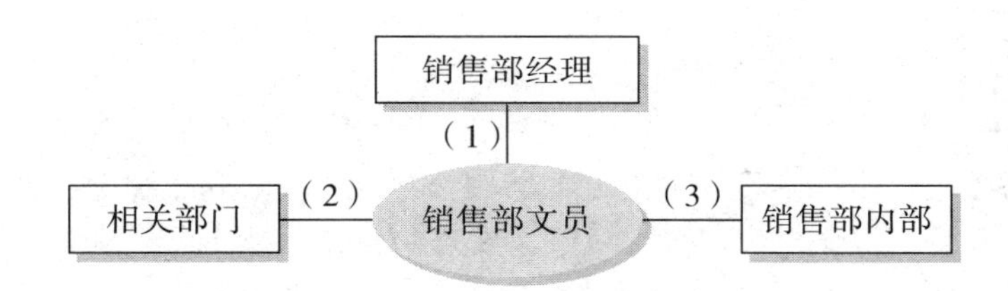
（1）接受销售部经理的直接指导，做好销售部办公室的日常管理工作
（2）与品质部、采购部、仓储部、财务部等相关部门做好日常文件、数据、电话等往来沟通工作
（3）与销售部内部员工做好沟通工作，为其发放日常办公用品等</td></tr>
<tr><td colspan="6">4.任职要求
（1）教育背景：大专以上学历
（2）经验：2年以上同行业办公经验
（3）专业知识：熟知公司生产的所有产品，了解各项文职工作要点
（4）能力与技能：良好的沟通能力，有发现问题并解决问题的能力，应变能力，团队精神，较强的计算机办公软件使用技能</td></tr>
<tr><td colspan="6">5.工作条件
（1）工作场所：销售部办公室
（2）工作时间：固定（五天八小时工作制）
（3）使用设备：计算机、电话、计算器等</td></tr>
</table>

第2部分

销售管理制度

没有规矩就不成方圆。一个企业要想进步，就必须有相应的制度来约束员工，管理企业。销售管理也如此，销售管理需要一定的规章制度，而这些要依靠销售管理者去实施，要通过制定相关的制度加以保证。

销售管理制度化是销售管理的基础。为确保销售管理制度化，企业就要制定一套高效、系统、完善的制度，使销售管理者与业务员有“法”可依，才能做到有“法”必依，违“法”必究，执“法”必严。销售管理制度化，才能保证企业适应市场环境而高效运转起来。

本部分共分为9章，如下所示：

· 销售管理制度概述
· 市场调查管理制度
· 产品策划管理制度
· 促销管理制度
· 广告宣传推广制度
· 渠道管理制度
· 客户管理制度
· 销售业务过程管理制度
· 销售团队管理制度

第5章 销售管理制度概述

本章阅读索引：

· 管理制度的内容组成
· 管理制度的文件样式
· 管理制度的实施
· 销售管理模块及制度概览

“一切按制度办事”是企业制度化管理的根本宗旨。企业通过制度规范员工的行为，员工依据制度处理各种事务，而不是以往的察言观色和见风使舵，使企业的运行逐步规范化和标准化。一个具体的、专业性的企业管理制度一般是由一些与此专业或职能相关的规范性的标准、流程或程序，以及规范性的控制、检查、奖惩等因素组合而成。在很多场合或环境里，制度即规范或工作程序。

5-01 管理制度的内容组成

从一个具体的企业管理制度的内涵及其表现形式来看，企业管理制度主要由以下内容组成。

（1）编制目的。

（2）适用范围。

（3）权责。

（4）定义。

（5）作业内容，包括作业流程图及用5W1H（Who——何人，When——何时，Where——何地，What——什么，Why——为什么，How——怎样做）对作业流程图的要项逐一说明。

（6）相关文件。

（7）使用表单。

一般来说，编写管理制度的内容时，应按照如表5-1所示的要领进行。

表5-1 管理制度内容编写要领

序号	项目	编写要求	备注
1	编制目的	简要叙述编制这份制度的目的	必备项目
2	适用范围	主要描述这份制度所包含的作业深度和广度	必备项目
3	权责	列举本制度和涉及的主要部门或人员的职责及权限	可有可无

续表

序号	项目	编写要求	备注
4	定义	列举本制度内容中提到的一些专业名称、英文缩写或非公认的特殊事项	可有可无
5	作业内容	这是整个制度的核心部分。用5W1H的方式依顺序详细说明每一步骤涉及的组织、人员及活动等的要求、措施、方法	必备项目
6	相关文件	将管理规定中提及的或引用的文件或资料一一列举	可有可无
7	使用表单	将管理规定中提及的或引用的记录一一列举，用以证明相关活动是否被有效实施	可有可无

5-02　管理制度的文件样式

严格来说，制度并没有标准、规范的格式，但大多数企业都采用目前比较流行的、便于企业进行质量审核的文件样式，如表5-2所示。

表5-2　制度样式

××公司标准文件		××有限公司 ×××管理制度/工作程序	文件编号××-××-××	
版次	A/0		页次	第×页

1.目的

2.适用范围

3.权责单位

　　3.1部门

　　　负责××

　　3.2部门

　　　负责××

　　　……

4.定义

5.管理规定/程序内容

　　5.1

　　5.1.1

　　5.1.2

　　5.2

　　…

续表

6. 相关文件 　　× × 文件 7. 使用表单 　　× × 表					
拟定		审核		审批	

5-03　管理制度的实施

企业管理制度的执行与企业管理制度既有联系又有区别：制度是文件，是命令；执行是落实，是实践；制度是执行的基础，执行是制度的实践，没有制度就没有执行；没有执行，制度也只是一个空壳。所以要想贯彻落实企业管理制度还需做到以下几个方面。

（一）需要加强企业管理制度和所执行内容在员工中的透明度

员工是企业管理制度落实到位的主要对象。如果员工连遵守什么、怎样遵守都不明白或不完全明白，就是没有目的或目的（目标）不明确，后果将导致公司制定的管理制度“流产”。企业管理制度是员工在工作中不可或缺的一部分，制度遵守得好坏，取决于员工的工作态度和责任心。如果员工把平时的工作表现和制度执行的程度分开来衡量自己是不恰当的。因为制度和工作在性质上不可分，是相互联系和依存的。制度遵守得好，工作起来就好，就顺心，没有压力；反过来，工作上的每一次过失和失误，大多是不遵守制度、遵守制度不彻底而引起的。因此，遵守企业管理制度虽然提倡自觉性，但同时不能忽略强制性，对少数员工实行罚款、辞退、开除等执行措施是很有必要的。

（二）企业管理人员在制度和执行上应做到“自扫门前雪”

企业管理人员有宣贯企业管理制度的义务和责任，制度的拟定者和执行者都应把心态放正，不要掺杂个人感情在制度中，同时要杜绝一问三不知。在企业管理制度的执行上对执行者要做到相互监督、落实。

企业管理制度执行本身就具有强制性的特征。没有过硬的强化手段，有些刚建立的企业管理制度就是一纸空文。一般地讲，制度的制定，来自基层，也适用于基层，为基层服务。因此，建立持久的强化执行方案是完成管理制度最有效的方法。当一种企业管理制度，经过一定阶段强化执行后，它就逐渐形成了一种习惯，甚至可以成为一种好的企业传统发扬下去。

企业管理人员有好的决心，才能有好的制度执行力。优秀的领导应从宏观角度去监督指导企业管理制度执行的程度，随时检查纠正，调整执行方案和执行方法，不断完善企业管理制度，推动公司制度的执行在管理人员、员工的行为中的深入度，坚持用诚实可信、勤恳踏实的务实敬业作风去感化和影响自己的下属，为自己的工作服务，为企业服务。

5-04　销售管理模块及制度概览

本书为企业的销售管理提供了一些实用的制度范本供参考，具体包括如表5-3所示的几个方面。

表5-3　销售管理模块及制度概览

序号	管理模块	制度名称
1	市场调查管理制度	市场调研控制程序
		销售现场调查实施办法
		零售企业门店市场调查管理制度
2	产品策划管理制度	产品营销策划管理办法
		新品上市推广策略控制程序
		新品宣传制度
		产品定价方案审批管理规定
		产品销售价格策划管理办法
3	促销管理制度	促销策划与管理制度
		促销活动管理办法
		促销品管理规定
		促销赠品发放办法
		促销员管理办法（生产企业）
		促销员管理办法（零售门店）
		临时促销员管理及培养办法
4	广告宣传推广制度	广告宣传管理办法
		广告宣传品制作管理办法
		公司广告宣传品管理规定
		广告宣传物料管理办法
		终端广告制作管理制度
5	渠道管理制度	营销渠道管理办法
		经销商分级管理制度
		代理商管理制度
		跨区冲货管理办法

续表

序号	管理模块	制度名称
6	客户管理制度	销售客户管理办法
		客户分级管理制度
		客户信用管理制度
		客户信用风险管理制度
		客户信用期限、信用等级和信用额度管理制度
		大客户管理制度
		客户拜访区域规划制度
		公司客户接待管理规定
7	销售业务过程管理制度	销售计划管理规定
		销售过程控制程序
		销售合同管理细则
		销售合同执行跟踪管理规定
		发货（发样）管理制度
		销售货款回收管理制度
		销售退货管理规定
		销售档案管理制度
8	销售团队管理制度	销售部薪资及绩效考核管理方案
		销售日常行为管理制度
		销售拜访作业计划查核细则
		销售工作日报表审核制度

第6章 市场调查管理制度

本章阅读索引：

- 市场调研控制程序
- 销售现场调查实施办法
- 零售企业门店市场调查管理制度

6-01 市场调研控制程序

××公司标准文件		××有限公司 市场调研控制程序	文件编号××-××-××	
版次	A/0		页次	第×页

1.目的

为统一规范公司市场调研自立项、方案制定、实施、调研报告编写、记录档案等各过程的管理程序及相应权责，以实现公司市场调研工作的规范化、程序化、标准化，为公司决策提供准确、真实、有效的信息，提高决策效率，提升公司竞争力，特制定本程序。

2.适用范围

适用于本公司营销部市场调研的管理。

3.职责

公司营销部职责如下。

（1）负责所在地区的例行调研。

（2）负责本部门工作需要的专项调研。

（3）负责被委托单位市场调研的控制及评估。

（4）负责本部门调研资料的存档。

4.市场调研释义及分类

4.1 市场调研

市场调研是指根据公司产品开发业务流程，以满足客户需求为中心，以实现产品和客户需求匹配为目标，运用科学的方法，有计划、系统地收集、整理、分析研究有关营销方面的信息，提出解决问题的方案，为企业营销管理者了解营销环境、发现机会与问题、制定正确的营销决策提供依据。

4.2 市场调研分类

4.2.1 专项调研：针对具体的营销要求，在特定时间段内进行的调研。

4.2.2 例行调研：针对公司长期发展、掌握市场动态需要而例行开展的调研活动。

5. 市场调研管理程序

5.1 立项

5.1.1 专项调研立项。

（1）营销部门根据有权指令人的指令，进行专项调研的立项。

（2）营销部门提出调研立项要求。自行调研填写“调研立项申请单（自行）”，委托调研填写“调研立项申请单（委托）”，营销部门所在公司职能分管领导审批同意后立项。

（3）需委托专业公司开展的市场调研须由公司总经理审批。

（4）专项市场调研立项后，公司职能分管领导指定该项市场调研的调研负责人，调研负责人全面负责该项市场调研的全面执行。

（5）调研负责人编制《市场调研任务书》;《市场调研任务书》由营销部门负责人初审，职能分管领导复审。

5.1.2 例行调研立项。

（1）例行调研立项由公司营销部门根据公司项目发展的需要在计划月度第一个星期提出，提交《月度例行调研方案》，经职能分管领导同意后立项。

（2）在调研内容、方式、人员上发生较大变化时，报所在公司职能分管领导审核。

5.2 任务下达

5.2.1 专项调研任务下达。

（1）自行开展的专项调研。

①营销部门负责人与调研负责人共同进行调研实施团队的组织。

②调研负责人依据《市场调研任务书》拟定《调研方案》。

③营销部门负责人审核《调研方案》，职能分管领导复审。

（2）委托专业市场调研单位的专项调研。

①须按《营销协作单位管理规定》进行协作单位的聘请。

②依据《市场调研任务书》向协作单位下达任务。

5.2.2 例行调研任务下达。

营销部门负责人指定专人进行。

5.3 实施

5.3.1 专项调研。

（1）自行开展的专项调研。

①调研负责人负责调研团队和调研实施过程的统筹协调。

②调研团队实施调研，调研资料整理，调研报告撰写。

③营销部门负责人对调研过程进行监控。

（2）委托专业协作单位的专项调研。

①须按《营销协作单位管理规定》进行协作单位的管理。

②《市场调研任务书》是协作单位实施调研的基本依据。

③调研负责人对市场调研实施过程进行严格监控。

5.3.2 例行调研。

营销部门负责人指定专人依据《月度例行调研方案》实施调研。

5.4 审核

5.4.1 专项自行调研由营销部门负责人进行《调研报告》的初审，初审通过后，职能分管领导组织营销部有关人员对《调研报告》进行专项审核，营销部门负责人负责填写“专项调研（自行）审核单”。

5.4.2 例行调研由营销部门负责人审核《调研报告》，例行调研在计划月度后一个月中旬前进行月度总体审核，由营销部门负责人和调研组成员共同审核，调研负责人填写“例行调研审核单”。

5.5 内部共享

5.5.1 专项调研成果需传阅至各所在公司相关职能部门，由职能分管领导根据专项调研的具体情况确定需传阅部门。

5.5.2 在营销部门负责人审核通过后，例行调研的相关数据由调研责任人录入营销部市场调研数据库。

5.6 评估

5.6.1 只有专项委托调研报告需要专项评估。

5.6.2 专项委托调研报告评估，由职能分管领导组织：公司总经理、副总经理、工程部、财务部、办公室、前期部、营销部等部门负责人共同评估，由营销部门负责人做评审会议纪要及填写“专项调研（委托）评估单”，职能分管领导初审，总经理最终审核后，由调研责任人传送给被调研公司对调研报告进行补充修改。

5.7 存档

营销部门应在调研报告完成后（经职能领导审批）在本部门即时存档。

5.8 专项调研工作程序及控制要点

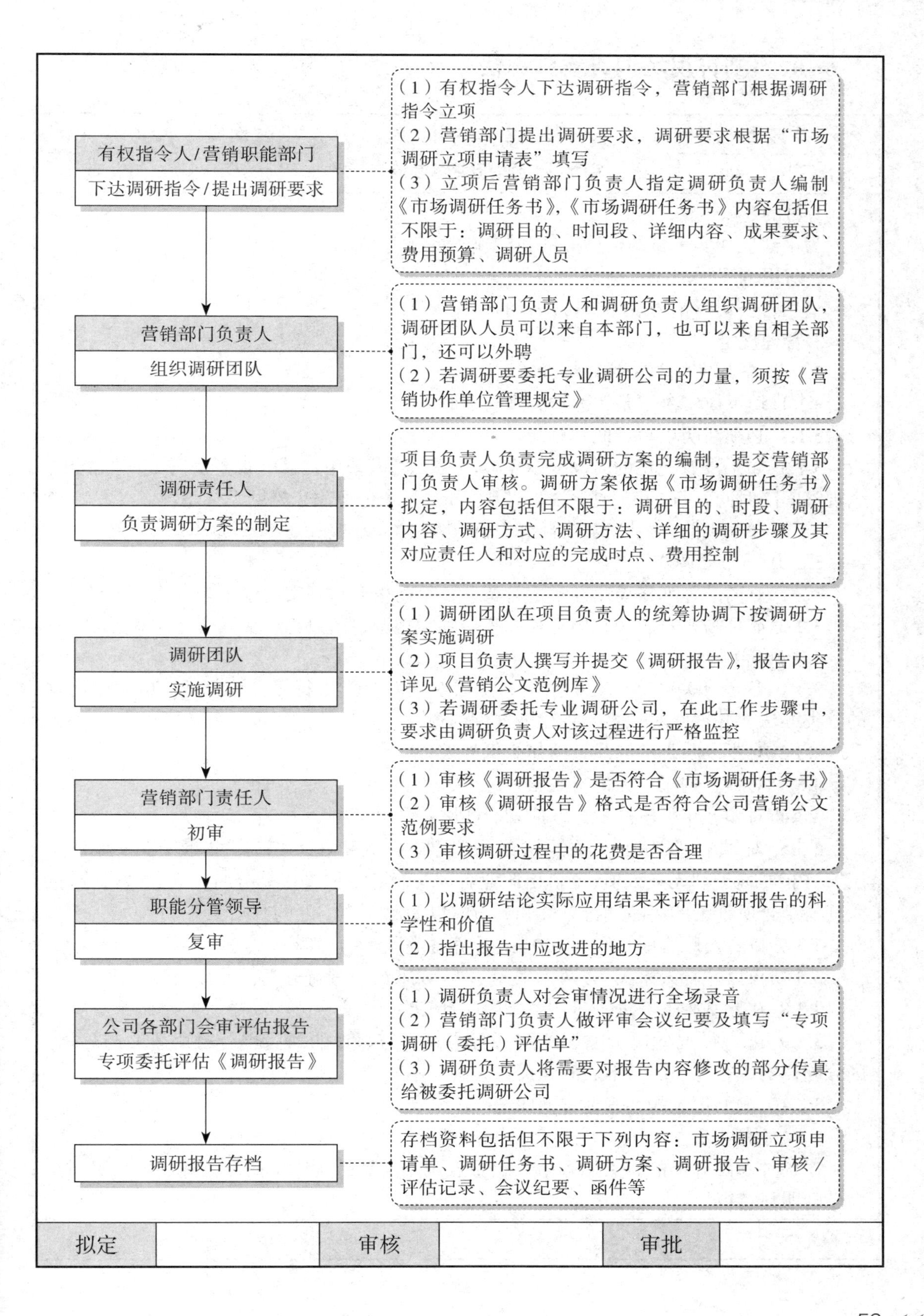
有权指令人/营销职能部门
下达调研指令/提出调研要求
（1）有权指令人下达调研指令，营销部门根据调研指令立项
（2）营销部门提出调研要求，调研要求根据“市场调研立项申请表”填写
（3）立项后营销部门负责人指定调研负责人编制《市场调研任务书》，《市场调研任务书》内容包括但不限于：调研目的、时间段、详细内容、成果要求、费用预算、调研人员
营销部门负责人
组织调研团队
（1）营销部门负责人和调研负责人组织调研团队，调研团队人员可以来自本部门，也可以来自相关部门，还可以外聘
（2）若调研要委托专业调研公司的力量，须按《营销协作单位管理规定》
调研责任人
负责调研方案的制定
项目负责人负责完成调研方案的编制，提交营销部门负责人审核。调研方案依据《市场调研任务书》拟定，内容包括但不限于：调研目的、时段、调研内容、调研方式、调研方法、详细的调研步骤及其对应责任人和对应的完成时点、费用控制
调研团队
实施调研
（1）调研团队在项目负责人的统筹协调下按调研方案实施调研
（2）项目负责人撰写并提交《调研报告》，报告内容详见《营销公文范例库》
（3）若调研委托专业调研公司，在此工作步骤中，要求由调研负责人对该过程进行严格监控
营销部门责任人
初审
（1）审核《调研报告》是否符合《市场调研任务书》
（2）审核《调研报告》格式是否符合公司营销公文范例要求
（3）审核调研过程中的花费是否合理
职能分管领导
复审
（1）以调研结论实际应用结果来评估调研报告的科学性和价值
（2）指出报告中应改进的地方
公司各部门会审评估报告
专项委托评估《调研报告》
（1）调研负责人对会审情况进行全场录音
（2）营销部门负责人做评审会议纪要及填写“专项调研（委托）评估单”
（3）调研负责人将需要对报告内容修改的部分传真给被委托调研公司
调研报告存档
存档资料包括但不限于下列内容：市场调研立项申请单、调研任务书、调研方案、调研报告、审核/评估记录、会议纪要、函件等
拟定
审核
审批

6-02 销售现场调查实施办法

<table>
<tr><td>××公司标准文件</td><td colspan="2" rowspan="2">××有限公司
销售现场调查实施办法</td><td colspan="2">文件编号××-××-××</td></tr>
<tr><td>版次</td><td>A/0</td><td>页次</td><td>第×页</td></tr>
</table>

1.目的

为了建立切实可行的经营方针和措施，特制定本办法。

2.适用范围

适用于公司对销售现场进行调查的相关管理。

3.管理规定

3.1 调查表填写注意事项

3.1.1 填写应实事求是，力求客观与及时。

3.1.2 必须注明填写日期和时间。

3.1.3 如果没有充足的时间来观察并填写，可以采用“瞬时观察法”，事先规定一个观察间隔时间，每1小时或每2小时观察1次，依据概率来推断总体情况。

3.1.4 在填表前，把观察和推断的具体事项填写在表头。

3.2 店铺布局调查

3.2.1 对商品陈列格局须经常进行调查，目前格局须如实记录下来。

3.2.2 如果需要对店铺布局进行调整，则须把调整的设想绘成图表。

3.3 顾客调查

3.3.1 参考有关商品分类的规定，然后对现有分类进行研究、分析，以确定适宜的分类办法，并据此对顾客购买行为进行调查。

3.3.2 对难以归类的商品，须作为例外处理。

3.3.3 对顾客购买行为进行观察，应以30分钟为一个观察期。

3.3.4 对顾客年龄段的划分，应切合实际。

3.3.5 对顾客的职业，通常划分为“学生”“家庭主妇”“办事员”“蓝领阶层”“白领阶层”“无业人员”“自由职业者”“其他”。但具体划分时，必须进行分析，尤其要结合所推销的商品进行分类和分析，以做出切合实际的判断。

3.3.6 以各类顾客的总和为100%，计算各类顾客的比例。

3.3.7 再以“一人来买”“两人来买”“三人来买”进行分类，计算相应的比例。

3.3.8 在此基础上，进一步按各类商品计算。

3.3.9 进一步观察记录顾客的购买行为，并与邻近的商店进行对比研究与分析，区分同样的顾客在邻店与本店的购买行为有何不同。

3.3.10 顺便记录顾客其他方面的情况。

3.4 商品调查

在各种商品分类的有关调查中，应重点调查商品的具体特征，尤其是区别于同类商品的明显特征。

拟定		审核		审批	

6-03　零售企业门店市场调查管理制度

××公司标准文件		××有限公司 零售企业门店市场调查管理制度	文件编号××-××-××	
版次	A/0		页次	第×页

1.目的

为了了解门店周边市场的商圈信息以及消费市场的动态，商品发展趋势，进而开发新商品，引进市面新品项，充实卖场商品丰富感，更能及时调整商品价格、结构优化，了解本身经营形态的优劣缺失，继而拟定更完善的经营策略，树立公司良好的商品价格形象，提高其商品的价格竞争力，保持并创造良好的经营业绩与利润，特制定本制度。

2.适用范围

适用于门店的市场调查（以下简称市调）活动。

3.管理规定

3.1　市调对象

凡具有竞争力及具有良好经营能力的业种，均可视为市调对象，商圈半径距离在1000米内的以下对象。

（1）超市。

（2）传统农贸市场。

（3）便利店。

（4）零售小贩等。

3.2　市调商品类别

（1）生鲜类商品。

（2）食品类商品。

（3）百货类商品。

3.3　市调内容

（1）商品价格。

（2）商品质量。

（3）商品组合情况。

（4）新品引进情况。

（5）商品陈列方法。

（6）商品促销方式。

（7）顾客服务方式。

（8）员工服务方法。

（9）购物环境。

（10）人流状况。

3.4 市调时间及频率

3.4.1 生鲜类商品。

（1）市调时间：每天上午8:30前；每天下午15:30前。

（2）生鲜类商品，每天必须最少市调两次，上午8:30前必须市调一次，下午15:30前必须市调一次。

3.4.2 食品、百货类商品。

（1）每周星期一上午10:00前。

（2）每周星期五下午16:30前。

（3）食品、百货类商品，每周必须最少市调两次，即每周星期一上午10:00前必须市调一次，每周星期五下午16:30前必须市调一次。

3.5 市调商品品类定位和安排

3.5.1 市调品项定位。

（1）生鲜类商品，市调每小分类销售前10名单品。

（2）食品、百货类商品，市调每小分类销售前100名单品。

3.5.2 市调品项安排

（1）生鲜类市调单品，每天下午16:00点前，由总部信息部负责提供第二天需要门店执行市调的单品品项数给门店，门店收到后负责安排员工第二天执行市调。

（2）食品、百货类市调商品，每周星期六下午16:00前和每周星期四下午16:00前，由总部信息部负责提供需要门店执行的市调单品品项数给门店，门店收到后负责安排员工执行市调。

3.6 市调注意事项

3.6.1 市调商品以总部信息部提供的单品为市调前提。

3.6.2 市调商品必须针对同种、同质量、同规格、同包装方式、同销售单位（如可确认）。

3.6.3 市调价格高低，要注明是否为DM（直接邮寄广告）促销价，店内促销价或其他降价活动，如限时抢购等。

3.6.4 市调资料必须注明时间、地点、人员、对象、品项。

3.6.5 市调时间、市调对象与范围均不得固定，随时机动变化。

3.7 市调方法

门店在做市调时，可采取观察记忆法、录音法、电话法等。若遇特殊商品，可予以购买商品，提供新商品开发。

3.8 抄录、录制市调商品流程

商品名称→包装规格→正常售价→促销售价、惊爆特价→是否为新商品（产地、厂家名称、电话）。

3.9 市调结果处理流程

3.9.1 门店安排员工市调完后，员工应在店长或组长规定的时间内，及时返回门店，填写好市调表，并交店长或组长进行审核。

3.9.2 店长或组长收到门店员工填写的市调表后，应第一时间对员工提交的市调表进行审核。在审核的过程中，如对其市调信息有疑惑，则必须另外安排其他员工对其疑惑项目进行二次市调；如没有疑惑，则审核后，在市调表上签字确认，再交给门店信息员。

3.9.3 门店信息员收到店长或组长签过字的市调表后，应第一时间对其生鲜商品做系统变价，并打印变价价格标签给部门理货员，做变价处理事宜；食品百货商品和生鲜商品的市调信息，应于第一时间上报给总部信息部。

3.9.4 总部信息部接到门店信息员上报的市调表后，应于1小时内汇总门店市调信息，打印或转发给采购部和营运部。

3.9.5 采购部接到信息部打印或转发的市调信息后，应在2小时内针对竞争者的情况做出市场反应和对策，并及时将其对策下发给各门店和营运部。

3.9.6 总部营运部接到总部信息部的市调表和接到采购部的市调反应对策后，及时监督门店、采购部做相应的市调反应对策。

3.10 处罚措施

3.10.1 门店店长或组长在安排员工做市调时，应重点强调和监督员工做好市调工作，不得弄虚作假，乱填数据，如经查出商品市调价格不真实，每发现一处扣市调当事人10分，超过5个单品市调价格不真实的门店，除处罚市调当事人外，另处罚店长和组长各50分。

3.10.2 在市调的过程中，对市调数据弄虚作假而造成公司销售毛利损失的，视损失情况，追究其有关人员经济责任。

3.10.3 门店信息员接收到店长或组长提交的市调表后，如不在店长或组长要求的时间内做出变价动作，则扣信息员10分。

3.10.4 总部信息部收到门店上报的市调表后，如不在规定的时间内打印或转发给采购部相关采购员，则扣总部信息部该工作负责人10分。

3.10.5 采购部相关负责人接收到总部信息部打印或转发的市调表后，如未在规定的时间内做出相应的反应和对策，并不及时将对策下发给门店者，扣该负责人10分。

拟定		审核		审批	

第7章 产品策划管理制度

本章阅读索引：

7-01 产品营销策划管理办法

<table>
<tr><td colspan="2">××公司标准文件</td><td rowspan="2">××有限公司
产品营销策划管理办法</td><td colspan="2">文件编号××-××-××</td></tr>
<tr><td>版次</td><td>A/0</td><td>页次</td><td>第×页</td></tr>
</table>

1.目的

为了对产品市场进行系统分析，把握市场趋势；分析客户需求和竞争产品，明确产品定位和市场位置；总结市场机会，制定产品市场营销目标；制定产品市场营销规划，指导市场营销工作；进行产品区域布局，为营销资源配置提供依据；系统化产品支持内容，加强后台资源支持；明确产品资源需求，支持产品目标实现，特制定本办法。

2.适用范围

适用于市场人员；适用于所有经营单位的产品市场分析和市场营销策划。

3.管理规定

3.1 总的管理规定

3.1.1 工作频率。

3.1.1.1 经营单位每年度应进行产品市场营销策划，支持经营单位每年度工作计划的制订。

3.1.1.2 每季度末根据所掌握的产品市场信息，对产品市场营销策划进行审视和修订，并以此制订下季度工作计划。

3.1.1.3 根据上市日期制订新产品上市计划或新产品市场营销策划。

3.1.2 信息体系。

3.1.2.1 产品所在行业信息。

（1）来源于“行业信息表”的产品所在细分行业中政策法规发布与变更、信息化规划内容和进展。

（2）来源于“行业统计数据表”的产品所在细分行业中相关统计数据和变动趋势。

（3）来源于“市场动态信息表”的产品所在细分行业中主要专家观点和趋势分析；行业动态信息，如展会、会议、行业新技术、行业新产品、行业上下游厂商动态等。

3.1.2.2 目标客户信息。

（1）来源于“行业客户属性表”的产品所在细分行业客户类型、数量和分布；客户组织架构、职责职能；客户采购模式、负责部门、决策流程、资金来源。

（2）来源于“客户需求表”的产品所在细分行业客户需求、业务现状信息。

（3）通过专项调研获取客户需求信息。

3.1.2.3 竞争产品信息。

（1）来源于“厂商基本资料表”的本产品主要竞争厂商产品、营销模式、客户服务等。

（2）来源于“厂商典型客户信息表”的本产品主要竞争厂商应用类型和典型客户。

（3）来源于“厂商市场推广信息表”的本产品主要竞争厂商宣传推广信息。

3.1.2.4 产品销售信息。

来源于“行业销售数据表”的本产品历年销售数据及增长情况；本行业细分厂商、区域销售数据及增长情况。

3.1.3 总体流程。

时间	涉及部门/人员	步骤说明
1.市场背景分析		
年/季度	经营单位市场人员	针对产品方案所处市场、客户对象、竞争产品方案进行综合分析
2.市场机会		
年/季度	经营单位市场人员	从区域或客户的角度总结市场营销机会
3.市场营销目标		
年度	经营单位市场人员	基于市场分析和经营单位战略目标，制定该产品方案市场营销目标
4.市场营销规划		
年/季度	经营单位市场人员	进行该产品方案市场营销规划，指导具体市场营销工作
5.营销布局		
年度	经营单位市场人员	根据该产品方案市场营销目标和区域特点，进行区域营销布局
6.支持计划		
年/季度	经营单位市场人员	制订该产品方案的市场支持内容和计划
7.资源需求		
年/季度	经营单位市场人员	根据支持计划和市场营销目标，明确资源需求

续表

时间	涉及部门/人员	步骤说明
8.时间计划		
年/季度	经营单位市场人员	制订具体的工作时间计划

3.1.4 成果体现。

（1）产品市场营销策划案。

（2）产品市场分析报告。

（3）产品价格体系。

（4）产品市场推广资料。

（5）产品市场培训资料。

（6）产品促销激励资料。

（7）产品代理合作资料。

（8）产品其他资料。

3.1.5 结果应用。

（1）经营单位年度和季度经营规划及工作计划制订。

（2）产品市场营销目标制定。

（3）区域市场营销策划支持资料。

3.2 产品市场分析

3.2.1 分析目的。

（1）分析市场现状，把握市场特征。

（2）研究市场趋势，把握市场环境变化。

3.2.2 分析内容。

3.2.2.1 产品市场现状。

（1）产品市场规模与结构，需要统计或估计产品销售数据，包括总体、分区域、分厂商等维度，进而分析。

①各年份的市场总体规模情况和市场增长速度。

②通过各区域的市场销售情况判断区域结构和特点。

③通过各厂商的市场销售情况计算厂商结构和位置。

④通过各厂商在不同区域的市场销售情况分析厂商区域优势和布局。

（2）产品市场特征，通过定性和定量的分析，判断不限于以下市场特征。

①市场发展阶段，包括萌芽、成长、稳定、再成长、衰退。

②市场竞争强度，产品市场的竞争激烈程度、竞争格局。

③客户需求特点，客户需求是否成熟，各客户需求相似程度如何，需求具有什么规律性。

④产业生态链特点，包括生态链成熟度、集中度、合作特点等。

3.2.2.2 产品市场趋势。

（1）产品市场潜力：可以来自第三方或者依据其他指标进行估计，并估算发展速度，市场潜力的估计可以细分到各个区域。

（2）产品市场趋势：包括产业生态链变化、客户需求变化、竞争环境变化、市场增长速度变化、新产品或者新技术变化、服务变化等。

（3）产品未来发展的关键影响因素和发展瓶颈：从政策、需求、技术、服务、竞争等方面，分析产品未来发展的驱动力和阻碍因素。

3.2.3 分析方法。

3.2.3.1 表格。

（1）产品区域厂商结构表。

（2）产品厂商增长表、产品区域增长表。

3.2.3.2 方法。

（1）产品历史轨迹法：通过统计行业或本公司该产品的销售额和增长率，判断该产品是处于萌芽、成长、稳定还是衰退阶段。

（2）厂商竞争分析图：按照市场占有率和市场增长率两个维度，划分为四个区域，根据各个厂商的实际数据将厂商归属于不同的市场位置，判断竞争格局。

3.3 客户对象分析

3.3.1 分析目的。

3.3.1.1 分析客户对象情况，明确该产品的客户对象和属性。

3.3.1.2 研究客户需求情况，把握客户需求现状和趋势。

3.3.2 分析内容。

3.3.2.1 客户对象情况。

（1）客户对象类型、数量、规模和区域分布。

（2）客户对象组织结构、职责职能。

（3）针对该产品的负责部门、决策流程、采购模式、资金来源。

3.3.2.2 客户对象需求。

（1）客户需求来源：即该客户需求属于客户的哪项业务和规划，以及相关的政策、法律法规。

（2）客户需求描述：即客户需求具体内容描述，包括要达到的目的或者解决的问题；计划采用的方式；对相关产品的具体要求，包括技术、功能、服务等。

（3）客户需求现状：客户需求目前满足的程度，或者相关业务建设的情况（时间、方式、产品、提供商等），未来一年还存在哪些机会。

（4）客户需求趋势：根据规划、进度和目前的问题，未来该需求可能会产生的变化，对产品的影响。

3.3.3 分析方法。

表格：客户需求分析表。

3.4 竞争产品分析

3.4.1 分析目的。

3.4.1.1 了解市场竞争产品情况，把握竞争态势。

3.4.1.2 寻找自身产品的优劣势，指导产品市场营销规划。

3.4.1.3 支持产品市场定位。

3.4.2 分析内容。

3.4.2.1 产品综述。

（1）产品应用：针对客户的具体业务和应用。

（2）产品定位或价值诉求：即针对目标客户，解决客户的需求或问题，本产品提供的整体价值，和竞争对手不一样的地方。

（3）产品规格：设置这些规格的原因及针对客户的应用类型。

（4）产品价格：包括报价方式和对比。

（5）产品功能：即产品包括的功能，可以满足客户的需求或对应客户的应用。

（6）技术实现：产品采用什么技术实现方式，这种技术实现方式的优劣势。

（7）产品服务：采用的服务方式，服务人员配置和布局，目前存在的问题等。

3.4.2.2 产品市场介绍。

（1）客户分布：包括针对的客户业务、时间、规模等。

（2）宣传推广方式：采用的宣传推广方式，以及具体类型、内容、区域、时间和效果等。

（3）营销实现：包括采用的营销实现模式、营销人员数量和布局等。

3.4.2.3 产品对比分析。

（1）通过列表的形式，将竞争产品进行综合对比，分析它们的差异和区别。

（2）通过对比分析，总结各厂家产品的优劣势和存在的问题，便于制定有针对性的市场营销策划方案。

3.4.3 分析方法。

表格：竞争产品对比表。

3.5 产品市场机会

3.5.1 工作目的。

3.5.1.1 从区域或客户的角度对市场机会进行总结，支持市场营销目标的制定。

3.5.1.2 根据市场机会总结，指导该产品的市场营销工作方向和重点。

3.5.2 机会内容。

3.5.2.1 区域机会。

（1）通过区域市场销售情况和各厂商在不同区域的销售情况分析，并结合各区域的市场背景信息和客户需求信息，判断该产品在哪些区域还存在市场机会。

（2）区域机会描述包括区域机会名称、机会来源、客户应用、机会潜力、未来增长。

3.5.2.2 客户机会。

（1）通过对客户需求现状和客户需求趋势的分析，判断该产品针对哪些客户还存在市场机会，如果客户能够与区域一一对应，可以只分析一个维度。

（2）客户机会的描述包括客户说明、客户机会说明、机会依据、机会大小。

3.5.3 工作方法。

表格：区域机会描述表、重点客户机会描述表。

3.6 产品市场营销目标

3.6.1 设定目的。

3.6.1.1 设定产品定量和定性目标，作为经营单位市场营销目标制定的依据。

3.6.1.2 根据产品目标进行营销布局。

3.6.1.3 根据目标分解明确区域或营销人员的销售任务。

3.6.1.4 分析关键成功要素和障碍性因素，作为策略制定和资源需求的基础。

3.6.1.5 分析可能的潜在风险，制定市场营销对策。

3.6.2 目标内容。

3.6.2.1 目标设定。

（1）定量目标：包括产品销售量（额）、市场占有率等，需要根据公司规划和发展目标、行业发展计划以及事业部的发展计划，提出本产品的销售量（额）目标，或者提出市场占有率的目标。

（2）定性目标：包括区域拓展、典型案例、提高产品知名度等，这些目标是为了支持产品发展或者区域布局，比如进入某个区域、做成某个成功案例等。

3.6.2.2 目标分解。

（1）时间分解：将目标在时间上进行分解，可以按照自然时间并结合产品销售周期进行分解，分解的基础包括市场规律、客户采购周期、各区域拓展计划等。

（2）区域分解：将目标在区域上进行分解，按照加强型区域、新开拓地区域、未开拓地区域等，分解的基础包括公司战略布局、各区域拓展计划等。

3.6.2.3 关键成功要素。

（1）关键性成功要素：是指为了达成目标必须满足的基本条件，可从技术和技能、人员、机构、市场、服务、政策等方面考虑。

（2）主要障碍性因素：是指保障条件，如果具备了这些条件就能更好地完成任务，比如产品核心技术、专利、客户需求的了解等。

3.6.2.4 潜在风险对策。

（1）把潜在的问题列出，分析问题发生的可能性，包括市场、客户、竞争、政策等。

（2）制定风险对策，并指定处理这些问题的负责人。

3.6.3 设定方法。

表格：产品目标设定表、产品目标时间分解表、产品目标区域分解表、关键成功要素分析表。

3.7 产品市场营销规划

3.7.1 规划目的。

3.7.1.1 制定产品市场营销规划，指导具体市场营销工作。

3.7.1.2 分析产品优势，确定市场定位。

3.7.1.3 确定产品价格策略，制定价格体系。

3.7.1.4 确定代理合作模式，指导代理合作工作。

3.7.2 规划内容。

3.7.2.1 产品市场定位。

（1）将客户需求和产品优势的匹配，即将客户需求点和产品本身的优势进行匹配，寻找对客户有吸引力的亮点。

（2）进行产品市场定位提炼，即根据产品亮点（卖点）确定产品市场定位，并描述产品市场定位，比如市场领导者、全面满足客户需求、技术引领、全方位服务等。

3.7.2.2 产品包装。

（1）形态包装：即产品营销形态。具体应确定软件形态还是硬件形态，单个产品还是解决方案；如果是解决方案，自有产品包装还是行业合作提供。

（2）实体包装：即对于需要实体包装的提出设计要求。

3.7.2.3 产品价格体系。

（1）产品价格体系模块：产品价格制定依据和说明、价格调整依据和说明、价格权限依据和说明。

（2）产品价格体系制定，包括硬件价格体系、软件价格体系、服务价格体系、配件价格体系，报价体系包括公开报价、代理价、最低折扣价（内部）等。

（3）产品定价审批详见《价格管理办法》。

3.7.2.4 产品宣传推广。

（1）确定产品宣传推广方式：选择适合行业特点和产品特性的产品宣传推广方式，形式包括市场活动、软文宣传（针对行业内网站和报纸）、宣传册等，内容包括产品、案例、活动等。市场活动类型包括针对客户的研讨会、技术交流、客户培训，也包括客户参观、产品发布会等。

（2）制订产品宣传推广计划：根据市场特点和目标时间分解情况制订产品宣传推广计划，在已经有了明确的区域营销布局的情况下，可以分解到区域，支持区域开拓和发展。

3.7.2.5 产品促销激励。

（1）产品促销激励方式：包括针对客户、销售人员、代理商和技术支持人员分别制定产品促销激励方式。

（2）产品促销激励计划：包括对象、方式、内容、时间、目标、负责人等。

3.7.2.6 产品代理合作。

（1）代理商合作模式：寻找什么类型的代理商，有哪些代理商合作方式。

（2）代理商调查和评估标准：提供代理商调查和评估的标准。

（3）代理商合作协议：代理商合作协议需要包括的要素和要求，或者提供代理商合作协议模板。

（4）代理商合作支持：针对代理商合作可以提供哪些方面的支持。

（5）代理合作管理详见《代理合作管理办法》。

3.7.3 规划方法。

3.7.3.1 应用表格。

（1）产品报价表。

（2）软文宣传规划表。

（3）市场活动规划表。

（4）市场促销规划表。

（5）代理商调查评估表。

（6）代理商选择标准表。

3.7.3.2 方法。

产品市场定位图：分为客户关注和企业表现两个维度，形成四个区域，分别为推广、保持、改善、跟踪，将产品特性归属于不同区域。

3.8 产品营销布局

3.8.1 布局目的。

3.8.1.1 结合区域特点，制定产品营销布局，指导营销资源配置。

3.8.1.2 根据区域布局，明确未来产品区域营销的方向和重点。

3.8.2 布局内容。

3.8.2.1 区域市场特点综述。

从区域特征、市场特征、营销特征三个方面进行描述。

（1）区域特征包括政策规划、进展情况、采购计划。

（2）市场特征包括销售现状、市场增长、市场潜力、竞争强度、竞争优势。

（3）营销特征包括客户关系、营销配置。

3.8.2.2 区域市场布局。

（1）依据区域市场特点综述和区域机会分析，制定产品在各区域的布局，分析的要素包括政策规划、需求进度、市场潜力、市场增长、竞争强度、竞争优势、客户关系、营销资源等。

（2）营销布局包括区域选择和区域排序，以及区域市场策略说明。

①区域选择即选择适合进入哪些区域。

②区域排序即区域开拓顺序和重点。

③区域策略即对目标和方式的大概说明。

3.8.3 工作方法。

应用表格：产品区域市场描述表、产品区域市场布局表。

3.9 产品支持计划

3.9.1 计划目的。

3.9.1.1 明确产品支持内容和类型，便于支持申请和支持落实。

3.9.1.2 规范产品资料，系统化销售工具制作。

3.9.1.3 完善产品培训，提高产品营销技能。

3.9.2 计划内容。

3.9.2.1 产品资料。

（1）产品介绍：从市场角度概览性地介绍产品，适用于公司网站、公司宣传手册、产品单页等，包括产品概述、产品定位、产品功能、应用模式、产品优势等，需要制作成Word版本，必要时印刷成彩页。

（2）产品技术白皮书：详细介绍产品功能和技术，适用于产品培训、客户详细交流等，包括研发背景和产品定位、产品功能详细介绍、产品特性和规格、产品技术简介和指标、产品评测数据、售后服务方式、实施运维方式，需要制作成Word版本和PPT版本。

（3）竞争对比：与竞争对手产品的优劣势分析，适用于市场培训，包括功能对比、技术对比、优势分析等。

（4）成功案例：该产品已经成功应用的案例，案例内容包括客户需求、产品、应用效果、客户评价等。

（5）教战手册：产品的营销指导材料，适用于市场培训，包括行业信息化基本知识、客户对象和需求分析、产品如何介绍、产品对比和竞争优势、典型成功案例分析、产品常见问题回答、产品营销支持方式等。

（6）服务手册：对于服务比较重要的产品需要制作服务手册，包括服务方式、服务标准、服务报价。

3.9.2.2 产品培训。

（1）产品培训资料：包括针对公司内部、代理商和客户的三种培训资料，以产品资料为基础，产品培训详见《市场培训管理办法》。

（2）产品培训计划和实施：根据产品推广阶段和需求，制订产品培训时间计划，并组织产品售前部、大客户部实施产品培训。

3.9.2.3 技术支持。

（1）技术支持方式：包括电话支持、网络支持、现场支持等，需要区分什么情况以及什么类型适用什么支持方式。

（2）技术支持内容：包括产品沟通、需求调研、解决方案、招投标等内容，并提供申请技术支持的流程，具体内容在营销实现支持模块介绍。

3.9.2.4 市场费用。

（1）市场费用类型：针对该产品可以提供的市场营销费用支持，包括客户活动费用、市场宣传费用等。

（2）市场费用申请：针对各种费用类型的申请方式和标准。

3.9.3 计划方法。

3.9.3.1 方法。

（1）FABE方法：这是产品介绍的思路方法，包括Feature（特征）、Advantage（优点）、Benefit（利益）、Evidence（证据）。

（2）可考虑的特征包括功能、性能、技术、方便性、扩展性、灵活性、兼容性、价格等。

3.9.3.2 模板。

（1）产品介绍模板。

（2）产品技术白皮书模板。

（3）产品教战手册模板。

3.10 其他计划

3.10.1 资源计划。

3.10.1.1 目的。

（1）明确产品资源需求，支持产品市场营销工作的实现。

（2）经营单位资源需求制定的依据。

（3）作为公司资源配置的依据。

3.10.1.2 内容。

（1）费用资源。单独对产品市场营销费用进行预算，涉及与策划案相关的市场费用包括资料制作、产品培训、产品推广等，不包括大客户经理的营销费用。

（2）人力资源。

①人力资源配置，需要招聘哪些岗位的人员。

②人力资源支持，需要公司哪些岗位人员进行工作支持。

（3）其他资源。必要的情况下，对服务、技术支持、实施运维等资源做出具体说明。

3.10.2 时间计划。

3.10.2.1 目的。

（1）依据市场营销规划，制订产品市场营销工作时间计划。

（2）作为经营单位制订工作计划的依据。

3.10.2.2 内容。

可以按照自然时间并结合销售周期，安排产品市场营销时间计划，所要列出的内容包括但不限于产品市场信息收集、产品资料制作、产品培训、产品推广等工作的详细时间计划。

3.10.3 损益表。

3.10.3.1 目的。

（1）制定产品损益表，预测预期收益，支持产品决策。

（2）作为经营单位盈利预测和销售计划的依据。

3.10.3.2 内容：根据产品销售预测，制作本产品年度损益表。

3.10.3.3 表格：损益表。

拟定		审核		审批	

7-02 新品上市推广策略控制程序

××公司标准文件		××有限公司 新品上市推广策略控制程序	文件编号××-××-××	
版次	A/0		页次	第×页

1.目的

为了明确新品上市前和上市后的品牌策略及推广方案，满足市场和消费者需求，提升品牌竞争力，特制定本程序。

2.适用范围

本程序适用于新品上市推广方案的制定、审批、调整的管理。

本程序适用于××汽车集团（以下简称××汽车）。

3.术语与定义

3.1 概念定位

在新品上市前期，对产品本身进行大致的市场和消费者定位，为新品界定一个市场范围和传播形象。

3.2 品牌推广策略

品牌推广策略是指在新品上市前对产品进行精准的市场定位，包括品牌定位、消费者定位、产品命名、宣传口号、卖点包装、上市前和上市后的市场推广策略、宣传物料设计、产品销售话术等。

3.3 上市策略

上市策略是指为新品在上市阶段量身制定的一系列上市活动，包括上市发布会、上市阶段的系列传播和推广活动。

4.职责

4.1 公司主管业务领导

负责推广方案的审批。

4.2 市场部

4.2.1 市场部领导：负责推广方案的审批、监督，给方案提出建议和修改意见。

4.2.2 市场部产品策划处：负责牵头组织产品卖点初稿的提炼和讨论。

4.2.3 市场部品牌管理处：负责制定推广方案，完善相关审批工作，组织执行并跟踪分析。

4.3 销售公司

负责参与品牌策略和新品推广传播计划讨论，组织区域执行。

5.工作程序及要求

5.1 工作程序

5.1.1 市场部明确新品上市目标。

5.1.2 市场部品牌管理处根据新品上市目标及输入的新品相关信息，对产品的品牌定位进行市场界定，确定品牌特征和个性，和其他品牌区分开来，并由品牌管理处组织会议进行讨论，形成最终方案，提交部门领导审核。

5.1.3 市场部领导审核提交的产品定位，如不通过则返回品牌管理处进行修订。

5.1.4 市场部品牌管理处根据前期制定的概念定位确定精准的品牌架构，为新品命名，制订品牌策略和新品推广传播计划，形成初步方案后，品牌管理处组织会议，销售公司参与进行讨论，然后将方案提交市场部领导。

5.1.5 市场部领导审核方案，确认可行后提交公司领导审核；审核不通过则返回品牌管理处修订。

5.1.6 公司领导审核方案确认可行后，下达品牌管理处；审核不通过则返回品牌管理处修订。

5.1.7 品牌管理处根据品牌推广策略制定新品上市策略，形成初步方案后，品牌管理处组织会议，与销售公司进行讨论，然后将方案提交到部门领导。

5.1.8 市场部领导审核方案，确认可行后提交到公司领导审核；审核不通过则返回品牌管理处修订。

5.1.9 公司领导审核方案确认可行后下达品牌管理处；审核不通过则返回品牌管理处修订。

5.1.10 品牌管理处负责公司层面的上市发布会的具体执行，销售公司负责区域上市发布会的具体执行。

5.2 工作流程

5.2.1 新品上市推广策略管理流程。

（1）新品上市推广策略管理流程图见下图。

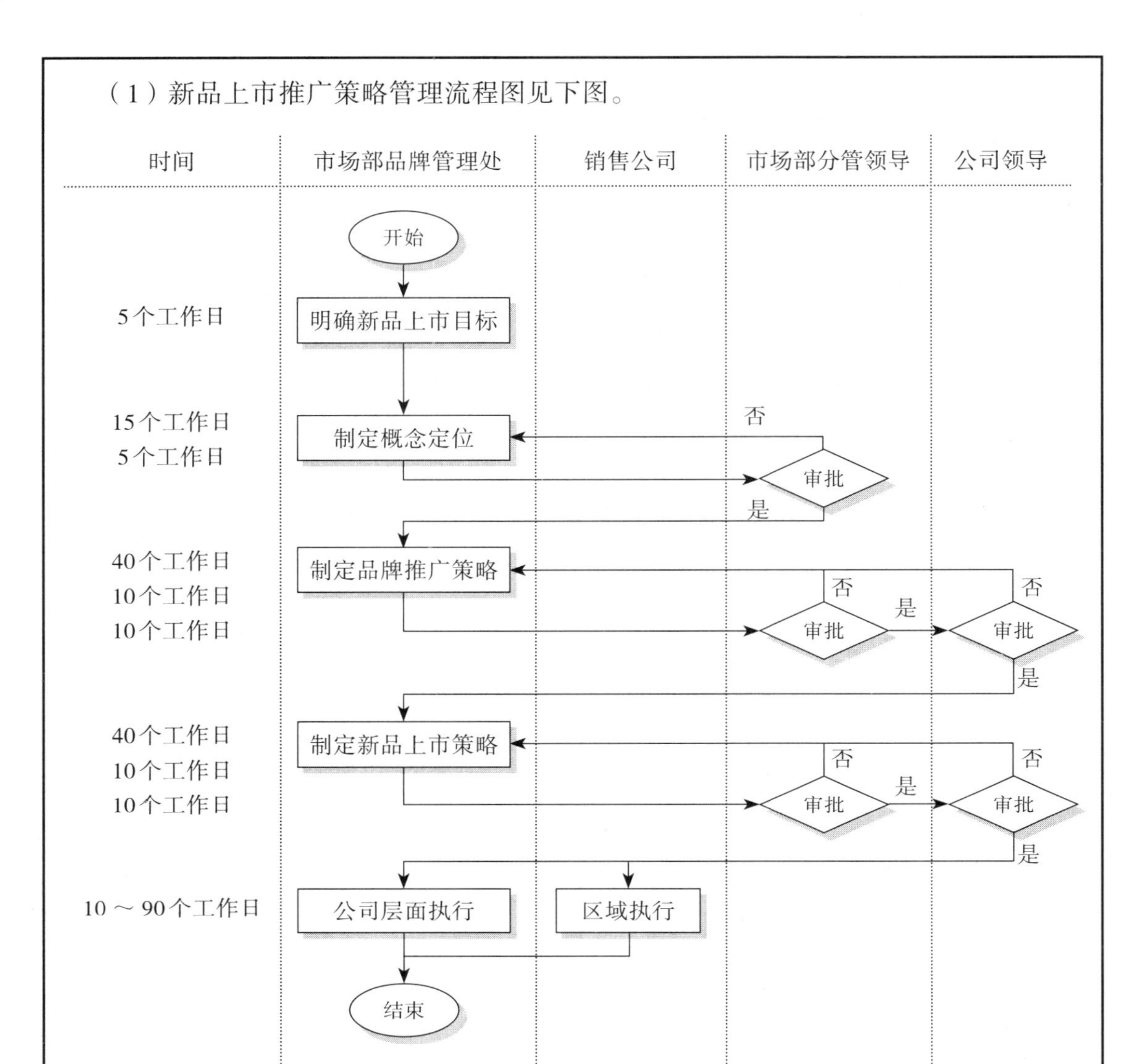

新品上市品牌推广策略管理流程图

（2）新品上市推广策略管理流程说明见下表。

新品上市品牌推广策略管理流程说明

序号	活动名称	执行者	执行时间	输入物	参考文件	交付品
1	明确新品上市目标	产品策划处	5个工作日	产品前期定位		产品上市目标
2	制定概念定位	品牌管理处	15个工作日	新品上市目标及新产品相关信息		概念定位方案

续表

序号	活动名称	执行者	执行时间	输入物	参考文件	交付品
3	方案审批	市场部分管领导	5个工作日	概念定位方案		审批意见
4	制定品牌推广策略	品牌管理处	40个工作日	审批后概念定位方案		品牌推广策略PPT
5	方案审批	市场部分管领导	3个工作日	品牌推广策略PPT		审批意见
6	方案审批	公司领导	7个工作日	品牌推广策略PPT		审批意见
7	制定新品上市推广策略	品牌管理处	40个工作日	审批后品牌推广策略PPT		新品上市推广策略PPT
8	方案审批	市场部分管领导	3个工作日	新品上市推广策略PPT		审批意见
9	方案审批	公司领导	7个工作日	新品上市推广策略PPT		审批意见
10.1	公司层面执行	品牌管理处	10～90个工作日	审批后新品上市推广策略		
10.2	区域执行	销售公司	10～90个工作日	审批后新品上市推广策略		

拟定		审核		审批	

7-03　新品宣传制度

××公司标准文件		××有限公司 新品宣传制度	文件编号××-××-××	
版次	A/0		页次	第×页

1.目的

在新品推广之际，广告宣传是不可缺少的手段。为此，特制定本制度，以保证新品顺利进入市场。

2.适用范围

适用于本公司新品上市的广告宣传。

3.权责部门

（1）新品的宣传计划由新品经理负责制订，并向全体部门成员讲解，使每一位工作人员都能确实把握基本方针的要点。

（2）新品经理必须以本月及长期销售计划为基础，制定新品宣传计划方案，并落实到每一位下属。宣传计划内容包括以下几方面。

①选择与确定宣传对象。

②确定宣传媒体。

③新品样品的选择、确定与分配。

4.管理规定

4.1 实施宣传的办法

4.1.1 新品经理所负责的新品宣传工作涉及面非常广泛，需要企业内各部门与各机构的通力合作。

4.1.2 新品经理在宣传实施期中，需要提醒销售总监，通过各营业分店向新品科提供宣传活动必要的文献、样品等。

4.1.3 提醒销售总监，通过各营业分店帮助宣传工作顺利进行，诸如张贴宣传画、印发传单、布置展示厅等。

4.1.4 特别要求各分支机构在指定的时间和地点，配合展开广告宣传活动。

4.1.5 广告宣传要把握节奏，事先确定步骤，逐渐加强攻势，加大广告宣传的渗透力，以达到预期目的。

4.1.6 对大企业尚未控制的地区，应展开大力宣传，以谋求在该区域内的影响力。

4.1.7 综合运用各种宣传媒介，包括报纸、杂志的广告，商店销售现场的宣传，电台、电视广告等，甚至可以利用批发商的宣传能力，强化新品的普及宣传工作。

4.1.8 产品进入成长期后，其广告宣传工作可转让给销售部门及推销人员。但是，对那些竞争激烈的产品，依然需要新品部负责监控，一旦销售收入下降，立即进行广告宣传攻势，以保持在预定的销售目标水平上。

4.1.9 对大宗交易以及大宗交易伙伴，新品部仍有义务做出努力，予以维持。

4.1.10 为了提高广告宣传工作的综合效益，新品部应该经常开展下列活动。

（1）以出行方式，巡回各地，与当地老关系户或主顾保持联系。

（2）不间断地以部门名义和个人名义，诸如寄挂历、发贺年卡、发信等，与客户保持广泛而经常性的联系。

（3）定期或不定期开展或参与各种宣传活动，如展示会、博览会、交易会、展销会等。

（4）办好橱窗展示，包括对负责橱窗展示人员的教育，选好宣传对象商品，对宣传费用进行概预算，对每天的展示成果进行总结，观察顾客在店堂中的行走路线，观察顾客在店堂中的停留时间，把握本公司商业被询问或打听的频率，顾客对广告宣传的反响等。

4.2 宣传物品和产品样品处理

4.2.1 新品经理在每月末，经内勤组向总公司销售总监提出下月度进行新品宣传所需宣传物品数量。

4.2.2 新品经理每月一次，向销售总监报告本部门月末各类宣传物品库存情况。

4.2.3 对制作的宣传物品办理所规定的手续之后，可以从各营业分支机构的仓库，转存入本公司的仓库，并由内勤组织保管。

4.2.4 宣传物品如何在各地区、部门员工之间进行分配，由新品经理决定。

4.2.5 在紧急状态下，新品经理如果认为必要的话，可与营业分支机构负责人商量，由分支机构来制作宣传所需要的物品。

4.2.6 其他扩大宣传所必需的用品，也由新品经理决定。

4.2.7 每月所需要的试销品、试用品数量，也必须事先向销售总监请示。

4.3 内勤业务

4.3.1 内勤工作作为新品部的“护卫部队”，协助第一线新品宣传活动的顺利展开。内勤工作包括文书工作、保管品工作、保管产品样本工作、报告书的处理和保管工作，以及花名册的管理等。

4.3.2 文书工作。

内勤组长按新品经理的指示，整理新品部员工的业务日报、询问记录卡，并把整理结果反馈给各位员工，提醒他们在工作中反省有无疏漏之处。

4.3.3 宣传物品的保管工作。

（1）内勤组长对保管与领取各种与新产品宣传有关的物品负有责任。

（2）内勤组长必须保证宣传物品的库存供应量，每月末向新品经理报告一次。

（3）内勤组长必须根据库存报表以及月度或季度宣传品需求量预测，向新品经理积极进言。

（4）内勤组长有责任负责保管和整理台账，包括库存明细账，收发领用台账，分配记录簿，以及宣传品报废台账等。

4.3.4 产品样品出纳保管工作。

（1）内勤组长对产品样品的出纳保管工作负有责任。

（2）内勤组长每月末向新品经理报告新的样品库存情况。

（3）内勤组长根据库存情况及月、季度预测用量，向新品经理提出新的样品进货建议。

（4）内勤组长必须对新品明细账、收发领用台账和分配记录簿做好整理与保管工作。

4.3.5 报告书的整理与保管工作。

（1）内勤组长应及时安排和督促部下，做好部门成员在报告书中记载的新品有关事项。

（2）内勤组长应及时从员工报告书中摘录各重要的事项，以及应该做出报告的事项，整理为规范文书，向新品经理及有关部室经理做出报告。

（3）内勤组长有责任把各报告书汇编成册，加以妥善保管。

4.3.6 花名册编辑工作。

内勤组长应根据各种文件和新品部员工的报告书，整理汇编顾客或潜在顾客的花名册。

4.3.7 其他业务工作。

内勤组长除了以上规定的业务工作外，还应对新品部有关联络业务，如顾客电话、信件、电报和传真等事宜，做出妥善处理，如应酬、记录、传达和帮助联系等。

拟定		审核		审批	

7-04 产品定价方案审批管理规定

<table>
<tr><td colspan="2">××公司标准文件</td><td rowspan="2">××有限公司
产品定价方案审批管理规定</td><td colspan="2">文件编号××-××-××</td></tr>
<tr><td>版次</td><td>A/0</td><td>页次</td><td>第×页</td></tr>
</table>

1.目的

为了规范公司产品（区域）定价方案审批过程，确保及时、有效地产生产品（区域）价格，特制定本规定。

2.适用范围

适用于定价中心产品（区域）定价方案的审批。

3.管理规定

3.1 定价方案提交

3.1.1 定价中心完成产品（区域）定价方案之后，组织研发部门、专业产品部门相关人员对方案进行讨论，讨论通过后交产品营销部总裁和定价中心主任预审。

3.1.2 定价方案预审通过后提交定价委员会评审。

3.2 方案评审

3.2.1 定价委员会原则上每月（时间在15日左右）召开一次定价例会，对定价中心提交的产品（区域）定价方案进行评审。方案较多时可以每月召开两次会议。

3.2.2 方案评审采取会议听证、工作人员汇报的方式进行。大产品的方案评审原则上要求定价委员会所有成员出席；小产品方案评审要求产品营销、国际营销、国内营销、营销管理委员会、定价中心等几个部门的领导必须出席。上述主要领导因故不能出席时，会议延期举行。

3.2.3 方案汇报由专业产品部相关责任人主讲，定价中心工作人员协助。

3.3 方案会签

3.3.1 定价委员会对评审通过（或只需做小的修改）的方案在会议结束时进行会签，出席会议的定价委员会成员必须在方案上签字。

3.3.2 定价委员会全体成员会签后，方案报批。

3.4 方案审批

定价委员会评审会签之后的定价方案报营销管理委员会主任和公司总裁审批。完成审批之后方案生效，由定价中心下发相关部门执行。

3.5 产品定价流程

3.5.1 产品定价流程图，见下图。

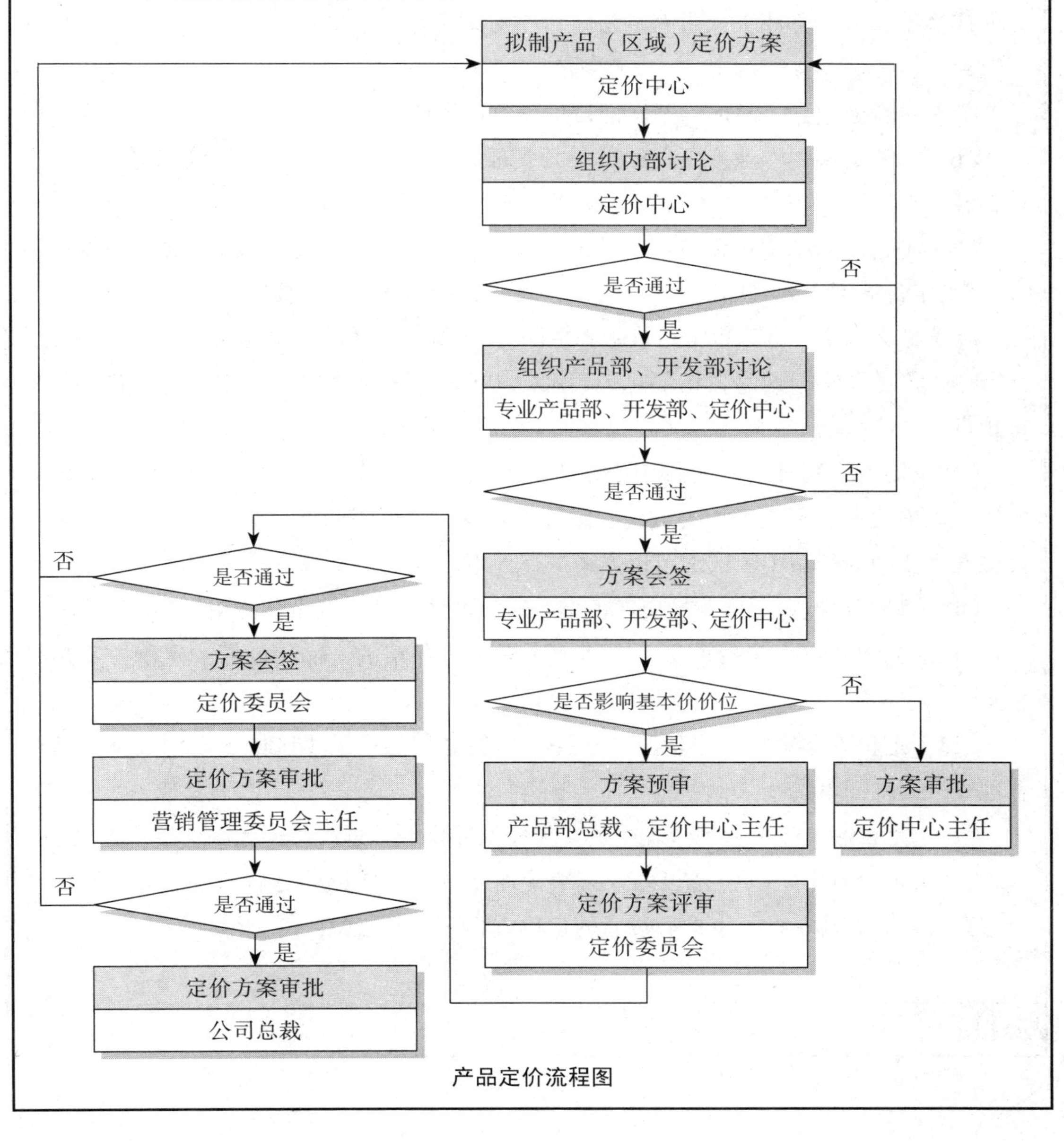

产品定价流程图

3.5.2 产品定价流程说明。

（1）拟制产品（区域）定价方案：产品定价部产品经理或区域定价部项目经理综合产品（区域）定价所需的各方面信息，制定产品（区域）定价方案。

（2）组织内部讨论：产品定价部产品经理或区域定价部项目经理组织定价中心相关人员对产品（区域）定价方案进行讨论。

（3）是否通过：定价中心内部讨论是否通过产品（区域）定价方案。

（4）组织产品部、开发部讨论：产品定价部产品经理或区域定价部项目经理组织专业产品部、开发部相关人员对通过定价中心内部讨论后的产品（区域）定价方案进行讨论。

（5）是否通过：产品部、开发部讨论是否通过产品（区域）定价方案。

（6）方案会签：专业产品营销部、开发部和定价中心对产品（区域）定价方案进行会签。

（7）是否影响基本价价位：产品定价部产品经理或区域定价部项目经理根据产品（区域）定价方案内容判断是否对产品（区域）基本价价位造成影响。

（8）方案预审：方案审批定价中心主任对不影响基本价价位的价格方案进行审批。

（9）方案预审：产品营销部总裁、定价中心主任对影响基本价价位的定价方案进行预审。

（10）定价方案评审：定价中心组织定价委员会半数以上领导（产品营销、国际营销、国内营销、营销管理委员会、定价中心等几个部门的领导必须出席）对基本价价位发生变动的产品（区域）定价方案进行评审。

（11）是否通过：定价委员会评审是否通过产品（区域）定价方案。

（12）方案会签：定价委员会全体成员对通过评审的产品（区域）定价方案进行会签。

（13）定价方案审批：定价委员会评审会签之后的产品（区域）定价方案报营销管理委员会主任审批。

（14）是否通过：由营销管理委员会主任批准是否通过产品（区域）定价方案。

（15）定价方案审批：公司总裁营销管理委员会主任批准之后的产品（区域）定价方案报公司总裁审批，审批通过后的定价方案下发至相关部门执行。

拟定		审核		审批	

7-05　产品销售价格策划管理办法

<table>
<tr><td colspan="2">××公司标准文件</td><td rowspan="2">××有限公司
产品销售价格策划管理办法</td><td colspan="2">文件编号××-××-××</td></tr>
<tr><td>版次</td><td>A/0</td><td>页次</td><td>第×页</td></tr>
</table>

1.目的

为了规范××有限公司产品销售定价行为，维护价格秩序，为价格管理、监督检查提供考核依据，确保实现效益最大化，特制定本办法。

2.适用范围

（1）本办法适用于公司经营范围内的产品销售价格管理。

（2）公司物资采购及其各种有偿服务价格不适用于本制度。

（3）公司以外产品出口价格管理不适用于本制度。

3.职责分工

3.1 公司价格领导小组

公司成立以总经理、分管财务副总经理、市场部、财务部、审计部、计划与发展部、产权与法律部、股份公司及有关单位参加的价格领导小组。公司价格领导小组办公室设在市场部，职责如下。

（1）公司价格领导小组是产品销售价格政策制定的最高决策机构，全面负责公司主要产品的销售价格管理工作。

（2）负责对公司和各所属单位价格管理制度、办法进行审批。

（3）公司价格领导小组采取会签的办法对重大的价格政策制定或调整进行决策。

3.2 各所属单位定价小组

各所属单位依据各自机构设置情况，组织相关人员成立定价小组，定价小组包括但不限于各所属单位总经理、分管销售副经理、销售部门负责人、企划部、财务部、生产部，职责如下。

（1）各所属单位定价小组是所属产品销售价格的制定机构，负责对本单位销售部门提出的价格建议进行审核，形成定价方案。

（2）采用价格会签的方式对本单位产品价格方案进行审批，签字后生效。

（3）负责本单位产品销售价格管理办法、实施细则、工作流程的制定。

（4）负责本单位销售订单、合同审核工作，对本单位价格执行情况进行全程监控。

（5）定价小组对定价方案的客观性、真实性负责。

3.3 市场部（集团公司价格领导小组办公室）

（1）负责起草和建立健全相关制度、规定，协调、指导各所属单位建立健全各自产品销售价格管理办法、实施细则、工作流程。

（2）负责组织集团公司价格领导小组会议。

（3）调度协调各所属单位定价小组、销售部门的销售工作。

（4）检查、监督、考核各所属单位销售价格执行情况。

（5）汇总有关情况，编制《××公司产品月度价格回顾报告》，为公司价格领导小组决策提供依据。

3.4 各所属单位销售部门

（1）负责搜集市场信息，保证信息的真实性。

（2）负责对信息进行分析和对市场进行预测，依据市场变化状态分析客户、营销人员意见，书面提出价格建议，所提价格建议应客观真实。

（3）负责组织各所属单位定价小组会议，编写每次定价会议纪要。

（4）负责执行审批生效后的产品销售价格，并详细记录价格执行情况。

（5）对价格执行结果负责，把价格执行过程中出现的问题及时反馈到相关部门。

（6）负责定价过程中形成的一切文件、资料的保管，并报市场部备案。

3.5 保密规定

价格决策信息属于公司机密，参与定价过程的所有员工应严格保密，不得向外界泄露定价策略和定价结果。

4.管理规定

4.1 定价原则

4.1.1 成本导向原则：依据各产品成本测算产品销售价格。

4.1.2 市场导向原则：依据市场上产品供需状态及发展趋势，制定产品价格。

4.1.3 竞争性导向原则：针对区域市场，依据主要竞争对手产品价格，制定产品价格。

4.1.4 品牌战略原则：从集团公司品牌战略出发，以保证品牌得到推广、新产品得到使用为第一原则。

4.1.5 双赢原则：实现公司与客户之间的双赢原则。

4.2 定价依据

4.2.1 在销售淡季，以成本导向原则为主，市场导向原则为辅，制定产品价格；在销售旺季，以市场导向原则为主，成本导向原则为辅，制定产品价格。

4.2.2 在竞争激烈的市场，结合市场导向原则与针对性竞争原则，制定产品价格。

4.2.3 产品结构调整、新产品开发等，依据集团公司品牌战略原则，制定产品价格。

4.2.4 产品库存情况。各所属单位应制定出合理的产品库存，产品库存的大小是确定价格的重要依据。

4.3 定价流程

4.3.1 各所属单位依据各自产品特点制定相关价格管理实施细则，辅以操作性强、可追查责任的定价流程，包括但不限于以下步骤。

4.3.1.1 定价小组审批流程。

（1）营销人员预先收集与产品定价相关的信息，包括客户需求、同行定价、市场分析等，提出价格建议报销售部门负责人。

（2）销售部门负责人依据市场供求状况及趋势、行业定价、本单位产品库存、客户等级信用等情况对营销人员提出的价格建议进行初审汇总，然后组织定价小组会议。

（3）各所属单位定价小组依照产品的定价依据分析讨论、研究营销人员提出的价格建议，成员达成一致后方可形成定价方案，定价时须填写“××客户定价方案审批表”。

（4）定价方案经本单位定价小组成员签字认可后即可执行，如不能达成一致，营销部门须再次提交新的价格建议申请，批准后方可执行。

4.3.1.2 价差审批流程。

（1）依据客户分级管理，价格可分级确定，由各所属单位定价小组对核心类客户、优选类客户、合格类客户逐一定价，对同级客户（同一时间、同一片区）原则上不能有价差，所定价格的价差超过1%和非同级客户（同一时间、同一片区）所定价格的价差超过2.5%的定价方案，由各所属单位定价小组通过后书面报市场部汇总，市场部提出相关建议报公司价格领导小组审批，批准后方可执行。对同一片区同级客户当月均价差额超过1%和同一片区非同级客户当月均价差额超过2.5%时，须在《××单位产品月度价格回顾报告》里作详细说明。

（2）为开发有潜力的新客户，确实需要在价格上进行优惠，各所属单位销售部门须提供详细方案，经各所属单位定价小组审议批准，如所定价格比同一时间、同一片区合格类客户低2%以上，或者比其他工厂同一时间对该客户报价低2%以上时，需报公司价格领导小组审核批准。

（3）公司价格领导小组有权否决各所属单位定价小组确定的方案，遭否决的方案必须再次组织定价小组会议，形成新的定价后报批。

（4）各所属单位销售部门相关人员要及时与客户沟通，围绕公司确定的价格精神，做好客户的解释和协调工作，工作中要讲究技巧和方法，严防丢掉市场。

4.3.2 灵活应变原则：如遇特殊情况，为保重要客户和市场不丢，各所属单位不能及时召开定价小组会议的，各所属单位依据市场、客户、同行业等情况可先定价，后补定价程序，其过程须做好详细记录并在记录右上角注明“补办”字样备查。

4.3.3 零散客户定价：零散客户价格由各所属单位定价小组确定，但不能优惠并且要高于同一时间、同一地区合格类客户价格2%以上。

4.3.4 关联交易定价：依据公司利益最大化原则由进行关联交易的各所属单位及上级主管单位领导协商制定，各所属单位销售部门负责记录并报市场部备案。

4.3.5 已开票超出规定提货时间未提货部分，按定价流程重新定价审批，补足差价后发货；已发货未开票部分按实际发货时间确定价格。

4.3.6 招投标业务：各单位产品销售过程中如有招投标业务，须成立招投标业务小组（各单位定价小组）。

<table>
<tr><td colspan="6">（1）招标业务：各单位销售部门负责拟定标书，审查投标单位资料，确定竞标单位，由招投标业务小组进行议标，确定中标价格，并按定价流程进行审批。
（2）投标业务：各单位招投标小组制定投标价格建议，按定价流程进行审批。
4.3.7 记录与备案：在定价过程形成的一切文件和资料由各所属单位销售部门存档备查，每次定价会议必须形成会议纪要报市场部备案，公司各所属单位定价文件、资料同时抄报公司备案。
4.4 检查与考核
4.4.1 各所属单位应严格执行本制度的各项要求。公司将对各所属单位开展产品销售价格规范性检查，并将此作为推动营销制度执行力建设和营销工作规范化管理的长效机制。
4.4.2 事前调研：市场部采取随机抽查的方式对产品市场情况进行调研，如调研结果与营销人员提供的信息出现较大差别，应查明原因，确保市场信息的可靠性。
4.4.3 事中检查：市场部有选择地参加各定价小组会议，对各所属单位价格管理办法、实施细则及定价流程执行情况进行监督、检查。
4.4.4 事后考核：市场部对价格执行结果进行全面考核，各所属单位月底之前上报的《××单位产品月度价格回顾报告》须对价格管理情况做出详细说明。
4.4.5 各所属单位不按规定建立并实施内部控制制度，或者不按规定报送各定价小组会议纪要、月度价格回顾报告及不如实提供有关情况的，公司将进行通报批评，并追究单位负责人及营销负责人的责任。
4.4.6 违反公司定价原则和价格决策程序，少数人决定重大事项；或者拒不执行或擅自改变定价决策和上级决定的，公司将进行通报批评，并追究单位负责人及相关责任人的责任。</td></tr>
<tr><td>拟定</td><td></td><td>审核</td><td></td><td>审批</td><td></td></tr>
</table>

第8章　促销管理制度

本章阅读索引：

8-01　促销策划与管理制度

××公司标准文件		××有限公司 促销策划与管理制度	文件编号××-××-××	
版次	A/0		页次	第×页

1.目的

为指导各区域市场促销策划和实施，使产品在市场上更有竞争力；加强促销管理和控制，提高促销资源的使用效率和促销的整体协同性，以保证公司整体市场目标的达成，特制定本制度。

2.适用范围

适用于本公司各类促销的策划与管理。

3.管理规定

3.1　促销分类

本制度中的促销所指如下所示。

3.1.1　A类促销：由公司统一规划的全国性大型促销，主要目的为配合公司品牌塑造、新产品推广、竞争策略实施等整体性目标的达成。由公司企划部负责策划，各区域办事处和经理负责组织实施。

3.1.2　B类促销：主要是指快速响应社会上的短期突发性的焦点新闻，或者突发的公众危机以及应对竞争对手的进攻等突发事件的反应式促销。由公司企划部和事发区域市场的办事处或负责经理共同策划，后者负责实施。

3.1.3 C类促销：主要是指各区域市场针对营销中一些经常性的问题，如打击窜货、增加网点、拉动流量、维系客情关系、打击竞争对手等，而举办的日常小型促销。由各办事处和区域负责经理申请，企划部协助策划，由市场人员决定和安排实施，公司内部提供“促销套餐”计划支持。

3.2 各种促销类型的费用来源及比例

促销类型	费用来源	费用总额（比例）	直接使用者
A	公司广告促销费用预算	销售额的0.7%	营销中心
B	公司广告促销费用预算	销售额的0.1%	营销中心
C	区域广告预算	销售额的1.5%	区域（办事处）经理

3.3 促销管理流程

3.3.1 A类促销管理流程。

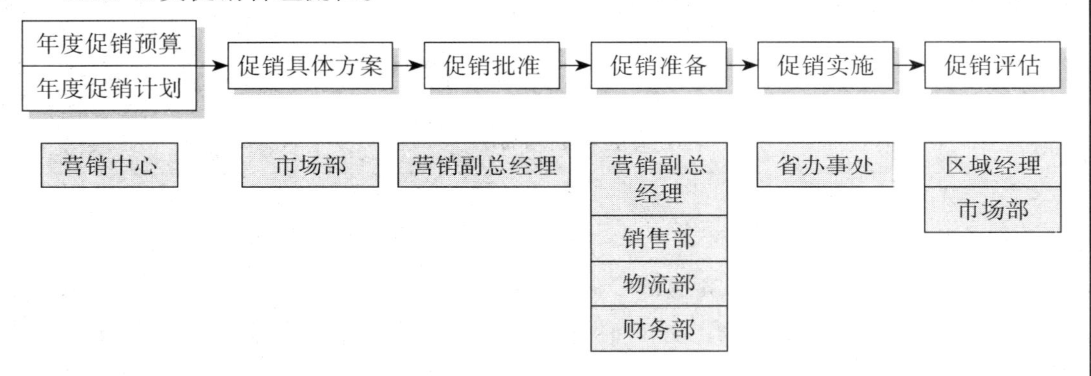

3.3.2 B类促销管理流程。

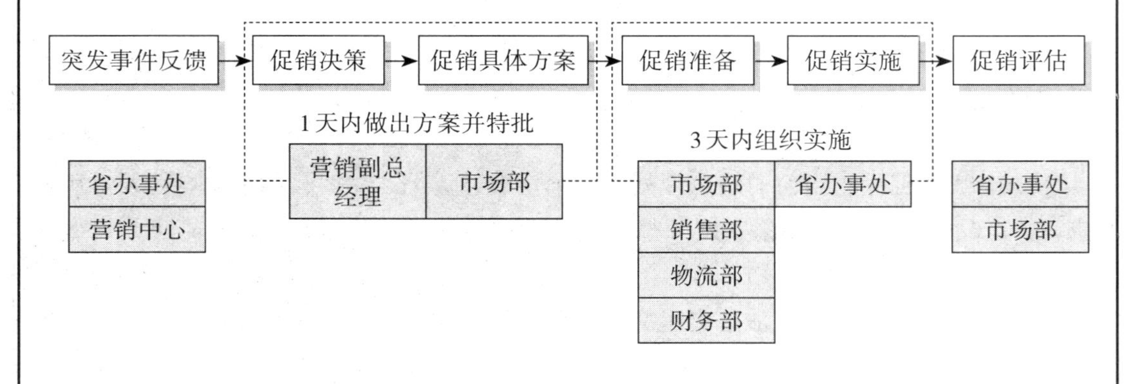

3.3.3 C类促销管理流程。

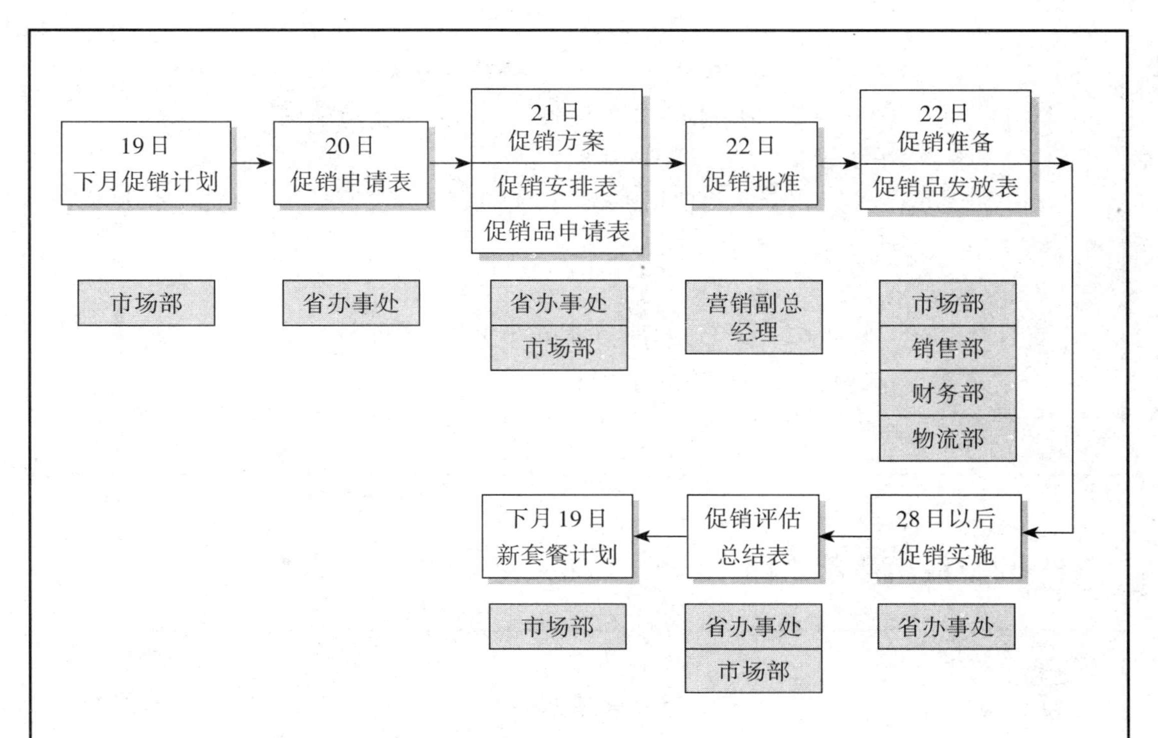

3.4 相关各部门在促销管理中的责任

3.4.1 营销副总经理：负责对各类促销方案的审核和批准，对促销的总体效果负责。

3.4.2 办事处（区域经理）：负责C类促销的决策和申请，选择和计划C类促销方案；同时实施、跟踪、监控本区域内执行的各类促销，对促销的区域性效果负责。

3.4.3 企划部。

（1）负责制定年度促销规划和预算。

（2）企划A、B类促销活动，并制订实施计划。

（3）每月协助各区域选定C类促销方案和实施计划，协助促销品的设计、选购和配给。

（4）负责对各类促销活动进行评估和总结分析，收集相关资料，不断开发和丰富促销方案及工具。

3.4.4 采购部：负责根据各类促销品的采购计划进行按时、保质保量的采购，加强供应商管理，不断反馈新促销品的信息。

3.4.5 财务部：负责根据批准的促销预算计划，及时办理相关费用支付，同时对各项促销费用进行审核和监督。

3.4.6 物流部：负责按照批准的促销品发放单，及时准确地将各类促销品发运到目标区域市场，做好物流保障工作。

3.5 C类促销的特殊规定

3.5.1 时间上的分配。

（1）季度分配：1季度 ： 2季度 ： 3季度 ： 4季度=0.5 ： 1 ： 1.2 ： 1.8。

（2）第三、第四季度数值按前半年的销售情况会做部分适当调整。

（3）每年未用完的部分不记入下一年度。

（4）每季度不可以超标使用费用，但上一季度未用完的部分可以累计至本季度。单月的费用最低为0，最高为季度总额的50%。

3.5.2 地域内的分配。

每月至少有一半以上的地级市参加，每个地级市在季度内至少参加一次促销。

3.5.3 C类促销费用专款专用，不得挪作他用。

拟定		审核		审批	

8-02 促销活动管理办法

××公司标准文件		××有限公司 促销活动管理办法	文件编号××-××-××	
版次	A/0		页次	第×页

1.目的

为实现货品上市后在各个阶段折扣能够得到有效管控，及公司开展各项促销活动标准，为规范终端直营店铺与淘宝商城促销活动申请标准，特制定本办法。

2.适用范围

适用于公司组织的统一活动、直营店铺活动。

3.管理规定

3.1 活动申请的范围

3.1.1 终端店铺在不同阶段根据销售及周边市场环境情况，为了促进销售的增长，提出的活动申请。

3.1.2 日常促销活动。

（1）短期销售目标促进活动。

（2）季末促销。

（3）同城/同区域活动。

（4）完成保底销售。

（5）特卖。

注：特卖活动地区负责人需提前与商品主管沟通，确认货品是否能够满足，得到认可后才可以申请特卖活动，若有单独场地（即非本专柜的场地，原则上A和A-类店铺不能在同一楼层），所有等级的商场均可申请；若没有单独场地，A和A-类店铺申请特卖活动的，不予审批（厅房装修或商场整体除外）。同城店铺每一季度只可申

请一次单独特卖场活动。

3.1.3 节假日促销活动。

元旦、春节、妇女节、清明节、劳动节、母亲节、端午节、教师节、中秋节、国庆节、圣诞节。

3.1.4 商场活动。

（1）商场店庆。

（2）年中（终）庆。

（3）商场VIP会员日。

（4）合同中约定的活动。

3.1.5 顾客关系管理部组织的活动。

顾客关系管理部主要针对VIP会员及新会员发展的要求定期在全国各店铺组织的活动。

（1）大型VIP会员活动。

（2）会员招募活动。

（3）新品推广活动。

3.1.6 公司统一策划的活动。

公司为了维护品牌形象的统一性，重大节假日期间根据市场及主要竞品情况，制定具有针对性的活动方案；公司根据库存情况，定期制定计划性促销方案。

（1）重大节假日（以商场活动为主，公司活动为辅）：元旦、劳动节、中秋节、国庆节、妇女节、清明节、母亲节、教师节。

（2）指定产品的推广活动。

（3）季末清货活动。

3.2 折扣力度控制标准

3.2.1 每季新款在不同阶段折扣最低标准曲线图。

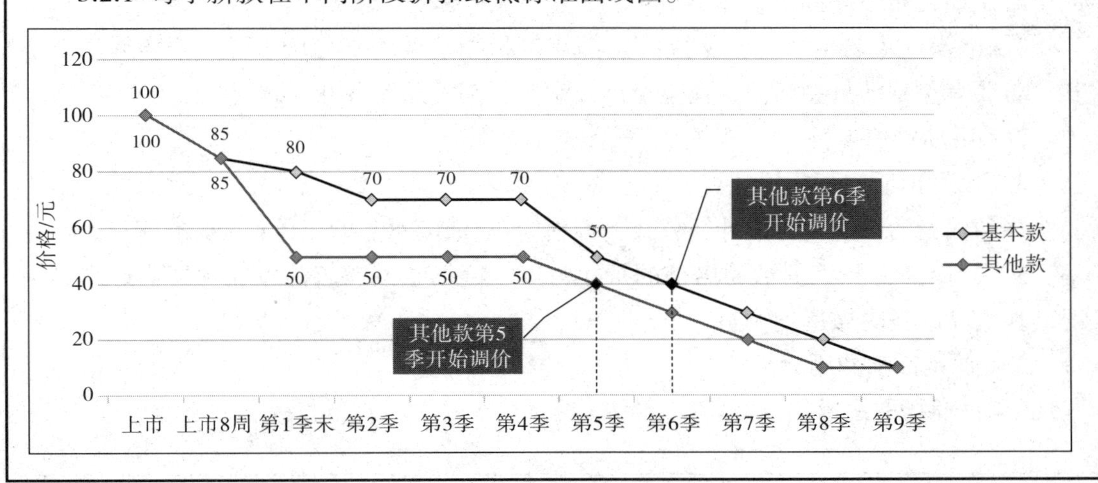

图表说明：例如2020年秋款在不同阶段折扣最低标准如下。

时间节点	新品上市	秋折扣（基本款）/折	秋折扣（其他款）/折	折扣标准（应季新款，不可以申请任何形式的明折活动，以下的折扣是指最低综合折扣力度标准）
上市8周	2020年秋	≥85	≥85	所有款折扣不低于85折
第1季末	2020年秋	≥80	≥50	基本款折扣不低于80折，其他款不低于60折
第2季	2021年冬	≥70	≥50	基本款折扣不低于70折，其他款不低于50折
第3季	2021年春	≥70	≥50	基本款折扣不低于70折，其他款不低于50折
第4季	2021年夏	≥70	≥50	基本款折扣不低于70折，其他款不低于50折
第5季	2021年秋	≥50	≤50	基本款折扣不低于50折，其他款商品中心进行调价，以最新公布的调价表为准
第6季	2021年冬	≤50	≤50	基本款、其他款按照商品中心最新调价表执行
第7季	2022年春	≤50	≤50	基本款、其他款按照商品中心最新调价表执行
第8季	2022年夏	≤50	≤50	基本款、其他款按照商品中心最新调价表执行
第9季	2022年秋	≤50	≤50	基本款、其他款按照商品中心最新调价表执行

3.2.2 应季新款，终端店铺不得申请任何形式的明折活动。

3.2.3 A和A-类店铺货品活动不得出现任何明折的活动，店铺的最低折扣标准不低于6折（暗折），不可以销售第5季之后的货品（商场大型换场活动除外，具体活动情况与促销活动专员沟通确认）。

3.2.4 B类店铺各季款根据公司的活动标准进行活动申请。

3.2.5 C类店铺只可销售第5季及之后的货品（部分特批的店铺除外），并按照商品中心定期公布最新调价表标准执行。

3.2.6 淘宝商城活动折扣必须与全国店铺折扣一致，不可低于任一家店铺活动折扣，若要有单独的折扣活动，淘宝货品必须与店铺货品区分开。

3.3 活动资源支持

3.3.1 促销活动配货标准。

终端促销活动配货标准计算公式：预估销售/活动货品的均单价+标准库存。

3.3.2 商品专员根据活动店铺的折扣力度、商场氛围、店铺以往的销售业绩等情况，在货品准备时做适度调整。

3.4 促销活动费用标准

3.4.1 商场费用承担标准。

活动形式	折扣力度范围	费用承担比例	费用承担方
折扣、满减、满抵、满省等	85折及以上	不强行要求让扣（商场主动承担除外）	商场
	70～80折之间（含70折）	让扣2～5个点	
	60～70折之间（含60折）	让扣5～8个点	
	60折以下	让扣6～10个点	
	特卖商品	让扣5～10个点	
满送券、增值、满返券等	80折及以上（如满200元送50元及50元以下券）	加扣10个点以内或65%以上回款	公司
	70～80折之间（折算后）	加扣15个点以内或60%以上回款	
	60～70折之间（折算后）	加扣20个点以内或55%以上回款	
	50～60折之间（折算后）	加扣25个点以内或50%以上回款	
	50折以下（折算后）	加扣30个点以内或45%以上回款	
抽奖、商场送礼等	无	加扣2～3个点，或承担一定额度的费用，具体视情况而定	公司

3.4.2 原则上促销活动应该尽可能安排在低扣点的商场进行（具体费用的合理性与促销活动专员具体沟通，最终以沟通结果为准）。

3.4.3 费用承担方式现分为“减扣、加扣、费用”三种，“减扣、加扣”承担比例是在原来扣点的基础上减扣或加扣的比例，“费用”是店铺支持商场活动承担一定额度的费用（一般折扣、满减、满抵等活动形式，以减扣为主；满送券、收券、增值等活动形式，以加扣为主）。

3.5 终端店铺活动表填写规范

3.5.1 提交时间要求。

（1）终端店铺所有活动在活动开始前7日申请，审批通过后活动方可开始。

（2）特殊情况报备：因特殊情况无法提前填表的，需提前与促销活动专员沟通确认，以OA（办公自动化系统）中报备或以短信、微信形式报备，并在2天内补填“促销活动申请表”。

3.5.2 填写规范要求。

（1）OA系统中“促销活动申请表”标题栏需填写店铺名称。

（2）“促销活动申请表”中要求填写的项目，必须如实填写，真实、清晰地反馈店铺的活动内容。

（3）活动销售额、承担方式与承担比例要求真实准确。此项数据与地区负责人、店员的工资薪酬密切相关（若因以上的数据错误导致薪酬核算有误，需在下期的薪酬中进行调整）。

（4）活动结束后3天内，终端店铺提交活动期间的参加活动款销售额（在OA中填写），并上传商场或竞品的活动照片。

3.6 相关处罚标准

3.6.1 以下行为记入《基础管理工作推行质量》KPI考核项（以一家店铺为一次标准）

（1）未通过审批的，且无任何形式报备的情况下就已经开始的活动，记入地区负责人《基础管理工作推行质量》KPI考核项。

（2）“促销活动申请表”未按照标准要求执行填报的，记入地区负责人《基础管理工作推行质量》KPI考核项。

（3）活动销售额、承担方式与承担比例不准确，提供虚假信息的（该项数据由财务部收集统计），记入地区负责人《基础管理工作推行质量》KPI考核项。

（4）办事处经理没有按照规定的时间及时处理OA系统中的促销活动申请事务，致使店铺活动未能及时通过促销活动专员审批的，记入办事处经理《基础管理工作推行质量》KPI考核项。

（5）未按照审批通过的标准执行促销活动的，记入地区负责人《基础管理工作推行质量》KPI考核项。

3.6.2 其他责任追究。

（1）未按照审批通过的活动执行：终端店铺参加活动，货品未按照审批通过的活动标准执行的，追究相关责任（未找到直接责任人的，由地区负责人承担），并按照公司折扣标准补足差价。

（2）提供虚假竞品活动信息：要求提供真实的竞品活动信息，并在规定的时间内将照片上传给促销活动专员备案。商品运营部会组织抽查并通报，报备给人力资源部作为评价管理者管理能力的参照依据。

拟定		审核		审批	

8-03 促销品管理规定

<table>
<tr><td colspan="2">××公司标准文件</td><td rowspan="2">××有限公司
促销品管理规定</td><td colspan="2">文件编号××-××-××</td></tr>
<tr><td>版次</td><td>A/0</td><td>页次</td><td>第×页</td></tr>
</table>

1.目的

为保证促销品从样品收集确认到促销品的最终使用能够得到有效控制，确保促销品质量，展示企业及产品形象，提高消费者的满意度，规避法律、财务风险，提高促销品使用效率，特制定本规定。

2.适用范围

本规定适用于××有限公司各项促销活动所需促销品的管理。

3.定义

本标准采用下列定义。

（1）带标识促销品：是指为促进销售，通过定制购买使其具有品牌宣传作用，带有公司产品品牌字样、标识或公司名称，涉及公司产品设计图案的投放给渠道或终端以及消费者用以增加公司销售量的特殊商品，如酒杯、烟灰缸、桌卡、牙签筒、开瓶器、啤酒提篮、雨伞、中性笔、钥匙扣、小镜子、围裙、台布、打火机、遮阳伞等常规促销品。

（2）无标识促销品：是指公司为促进消费，增加产品销量，奖励产品消费者的物品，如豆油、洗衣粉、读书灯、CD宝、MP3、MP4、工艺品、微电脑电饭煲、手机、笔记本电脑、液晶电视机等无公司品牌标识的临时性促销物品。

（3）非常规促销品：是指自行设计或选样的个性化产品，需要进行定制加工的促销品，主要包括冰柜、水柜、啤酒大棚、啤酒广场桌椅、啤酒车、售卖亭等带有公司品牌标识的物品。

（4）促销方案：涉及采取实物促销产品进行产品销售的方案，包含采用实物促销品的品种名称、规格型号、采购价格、采购数量等信息，经区域副总经理、财务总监、总经理审批的书面文件。

（5）安全库存量：安全库存量为一个采购周期的投放使用量（或最小采购批量）。

4.职责

（1）营销中心市场部为本标准的归口管理部门。负责样品的推荐；依据库存量提出合理的采购需求计划；带标识促销品的图案设计；负责促销品需求计划的审批及监督、带标识促销品的外观质量验证；负责根据销售市场操作需要制定常规促销品安全库存量。

（2）营销中心各大区负责需求计划的提出、样品的推荐、促销品的合理领用、使用意见的反馈、竞品促销品样品的搜集以及非常规促销品的回收保存。

（3）区域公司采购部负责促销品采购策略的制定，促销品采购目录的编制、带标识促销品采购渠道、价格的确定及采购的实施，无标识促销品采购价格的监督、采购渠道的调控，并负责搜集、提供促销品样品。

（4）公司采购部负责促销品的采购执行、合同的签订、订单的编制、促销品的发货跟踪、接到合格有效发票后办理入账。

（5）公司财务部负责订单促销品的结算付款。

（6）公司仓储部负责促销品到货接收、办理入库，根据需要向市场部和营销中心各大区部报库存促销品数量和品种；负责向营销中心市场部提出最低安全库存量预警。

（7）公司品控部负责促销品质量验收。

5.管理活动内容与方法

5.1 促销品样品的确定

5.1.1 促销品样品的收集。

（1）营销中心各大区及市场部向区域公司采购部推荐样品（也可将搜集到的竞品促销品样品提供给采购部作为对比参考）。

（2）区域公司采购部通过向提供促销品的公司索取等方法收集促销品图册及样品，建立促销品品种筐。

（3）区域公司采购部可根据市场部反馈的促销效果评价和促销品市场变化，及时更新品种筐，并定期或不定期向市场部提供最新式样样品及样本，由市场部根据价格、促销计划等因素决定促销品品种选定。

5.1.2 促销品样品的确认：市场部根据初选的实物样品或促销品样本中的样品，与营销中心各大区沟通，最后确认。同时将确认的样品由各公司采购部交本公司品控部一份（不能提供样品的必须提供产品合格证），作为质量验收的依据。

5.2 促销品价格的确定

5.2.1 促销品的采购价格通过招标或询、比、议价的方式确定，原则上每款样品报价不得少于三家，特殊情况须加以说明，独家经营、专利、开模产品应做详述质量功能分析报告。

5.2.2 带标识促销品的采购渠道及价格由区域公司采购部确定；无标识促销品单项物资采购金额在四万元以上及常年使用的由区域公司采购部确定渠道、价格（或委托各公司采购部），其他的由各公司采购部确定渠道和价格。

5.3 促销品需求计划的申报及审批

5.3.1 营销中心各大区于每月5日前向市场部提交营销中心各大区经理签字确认的《月份促销品需求计划》，由市场部汇总后报营销中心市场总监、营销中心财务总监、营销中心总经理签字确认。如在其他时间有特殊需求，需填报《月份临时物资需求计划》，报营销中心市场总监、营销中心财务总监、营销中心总经理签字确认。营销中心市场部应在《月份促销品需求计划》获批后的一天内将其传递至区域公司采购部，确保促销方案及时进行。

5.3.2 营销中心各大区提出促销方案和需求促销品的样式及数量报市场部，由市场部审查各大区促销方案，统一规范视觉形象，达到深化和提升企业、品牌形象的效果；设计样稿或样品由营销中心相关领导和市场部共同确认。

5.3.3 根据审批后的促销方案，带标识的促销品由市场部依据各公司提报的库存物资量，向区域公司采购部提报经营销中心市场总监、财务总监、总经理审批的下月《促销品需求计划》，需由区域公司内各公司间调拨的，由市场部在《促销品需求计划》中注明，由区域公司采购部执行采购或组织调拨（调拨所需运费由需求大区所对应的公司承担）。

5.3.4 根据审批的促销方案，无标识促销品由有需求的销售大区结合库存情况，向对应的公司提报经营销中心市场总监、财务总监、总经理审批后的下月《促销品需求计划》，由所对应公司主管副总经理、财务总监、执行总经理审批后，报到公司采购部执行采购。

5.3.5 遇有紧急或特殊情况，区域公司采购部/公司采购部可按营销中心总经理的指令，直接实施采购。同时要求销售大区补办相关审批手续。

5.4 促销品采购与质量验证

5.4.1 所有促销品的采购均由区域公司采购部及公司采购部执行，未经采购部授权，其他业务部门不得自行购买促销品。考虑到市场急需或运输问题需要在当地采购的，也应由区域公司采购部或各公司采购部统一询价和确定供应商，然后授权相应部门执行采购。

5.4.2 非常规促销品的采购周期由区域公司采购部提出，报营销中心市场部审查确认；实施年度招标的带标识促销品的采购周期，由区域公司采购部组织编制，经区域公司主管副总经理、营销中心总经理审查同意后报市场部；确保采购周期能够满足市场操作需要，以便于市场部能够根据采购周期调控市场运作。

5.4.3 带标识促销品并经区域公司统一招标制订年度货源分配计划的，由区域公司采购部根据年度货源分配计划或采购目录编制“货源分配通知”，下发至各公司执行采购。

5.4.4 带标识促销品未经区域公司统一招标的，由区域公司采购部组织招标或询比价，拟定采购策略报告，经区域主管副总经理审批后编入区域公司采购目录，下发至各公司执行采购。

5.4.5 各采购部接到无标识促销品需求计划后，立即进行询比价并形成询比价报告（原则上要求附带有供应商盖章的原始报价单），经公司主管副总经理审批后执行采购。

5.4.6 各采购部按审批后的报告中的渠道及价格编制促销品采购目录，接到《促销品需求计划》后依照采购目录执行采购。采购目录由区域公司采购部根据价格有效期或市场行情变化及时更新，更新时须重新履行审批手续。

5.4.7 各公司采购部按《采购执行管理流程》的规定要求签订合同、下达订单、到货接收、办理入账、结算付款。对于冰柜、桌椅等非常规促销品，采购部可在合同中规定供应商应提供跟踪维护服务。

5.4.8 到货后由品控部依据市场部或销售大区提供的验收标准或实物样检验，检验内容包括产品规格、型号是否符合订单需求，内在质量是否达到样品规定的技术指标，外在品牌标识、宣传画面有无破损等。应于货到2日内报检验结果，如发现质量差异，应立即反馈至采购部和主管领导，暂缓办理入库手续。由采购部与市场部及销售大区与物资生产厂家共同协商解决方案或做出拒收或让步接收处理意见，报营销中心总经理审批确认后，由公司采购部与供应商协商退货或让步接收（可让步接收的，与供应商协商价格折扣后，各公司按规定履行让步接收手续；不能让步接收的，各公司按规定履行退货处理手续）。

5.5 促销品的保存及领用

5.5.1 促销品从入库到出库的管理按《物资管理规定》执行。

5.5.2 各区域办事处要认真如实填写“促销品使用发放反馈表”，并要保留原始记录，每月一次，与下月《促销品需求计划》同时报市场部和客户服务部。

5.5.3 各区域办事处要认真如实填写“终端促销品使用记录”，并要保留原始记录，每月30日前报市场部（电子版），以备抽查执行情况。非常规促销品（冰柜、展柜）的投放，要有详细记录，包括终端名称、地址、电话、法人、投入日期、数量、是否有押金（押金金额）、投入性质、经办人等内容，以便进行跟踪核查。

5.5.4 销售大区办事处对促销品在市场上使用情况的反馈意见于每月28日报市场部、公司采购部，以便调整促销品样式，真正起到促销作用；如发现存在质量问题，应以书面形式反馈给市场部或直接反馈给采购部，及时纠正，或在数量上弥补；各销售办事处可以提供市场上发现的款式新颖、别致、促销效果好的促销品样式，以便在今后采购中做出调整。

5.6 非常规促销品的使用管理

5.6.1 使用场所。

非常规促销品的使用场所

物资名称	材质	使用场所
展示柜	玻璃、铁制	中心市场A、B类店、啤酒广场及二级市场A类店
冰柜	玻璃、铁制	中心市场B、C类店、啤酒广场及二级市场A、B类店
水柜	玻璃、铁制	中心市场C类店及二级市场A、B类店
大棚	桁架/牛津布	中心市场的形象广场
售卖亭	钢架/喷绘布	中心市场的形象广场、售卖广场
桌椅	木制	中心市场的形象广场
	铁制	中心市场、二级市场的售卖广场
	玻璃钢	利用库存（旧）现有量投入二级市场
	塑料	原则上中心市场尽量少投入此材质桌椅，主要用于二级市场以及其他市场临时性小批量使用的场所
折叠帐篷	钢骨/牛津布	中心市场及二级市场的售卖广场
太阳伞	钢骨/牛津布	所有市场售卖广场的补充及餐饮终端发放

5.6.2 使用过程管理。

（1）中心市场的形象广场选定后，由市场部统一设计制作，销售大区负责领用广场所需各类非常规促销品。形象广场建成后交区域办事处实施日常管理，发现损坏及时报市场部维修。

（2）大型售卖广场由各办事处选定场地，报市场部确认，并申报非常规促销品需求量，市场部负责协调各类非常规促销品及物资的采购供应，广场的建设（大棚、生动化布置等），区域办事处负责各类促销品及物资的领用；小型售卖广场由办事处自主选定场地，投放桌椅、太阳伞等物资。

（3）对于投放到终端店的展示柜、水柜、冰柜及桌椅等非常规促销品，由投放的办事处与终端店签订物资使用协议，并由办事处负责考核、检查终端店的物资使用情况。

（4）区域办事处投放的非常规促销品要有明细的登记表，每年年末上报市场部，由市场部负责到终端店抽查，发生物资遗失时，办事处应写出书面说明报公司领导。

5.6.3 使用后回收管理。

（1）非常规促销品及物资回收管理要求。

非常规促销品及物资回收管理要求

物资名称	材质	负责回收部门	协助回收部门	存放地点	其他
展示柜	玻璃、铁制	办事处		办事处自存	（1）由采购部协调，生产厂家维修机器 （2）市场部负责破损画面的更换
冰柜	玻璃、铁制	办事处		办事处自存	
水柜	玻璃、铁制	办事处		办事处自存	
大棚	桁架/牛津布	市场部/供应商	办事处	统一存放	统一维修
桌椅	木制	市场部/供应商	办事处	统一存放	统一维修
	铁制	市场部/供应商	办事处	统一存放	统一维修
	玻璃钢	办事处	经销商	办事处自存	回收情况报市场部
	塑料	办事处	经销商	办事处自存	
折叠帐篷	钢骨/牛津布	市场部/供应商/办事处		中心市场统一回收、统一存放，外埠由办事处回收后自存并上报需维修数量	市场部帮助协调维修

续表

物资名称	材质	负责回收部门	协助回收部门	存放地点	其他
太阳伞	钢骨/牛津布	办事处		办事处自存	统计维修数量报市场部
扎啤壶/杯	玻璃	办事处		办事处自存	
扎啤机/桶		办事处		办事处自存	

（2）非常规促销品及物资回收的交接。

①由非常规促销品及物资回收负责部门与保管部门共同查点物资数量、物资损坏情况，并形成书面明细单，经双方签字后，方可办理入库手续，保管部门须登入台账。

②使用部门重新领用时，重新办理领用出库手续。

③已损坏的非常规促销品及物资，根据本规定的5.6.4项要求由相关部门负责维修或做报废处理。

④各类广场使用的物资实行经理（由副经理以上人员担任）负责制，专管领用审批和发放数量控制，区域办事处指定专人建立台账、保管存储。

5.6.4 一次性使用的非常规促销品及物资的处理办法。

（1）对于像太阳伞、铁制或木制桌椅等物资，由于使用频次高，经过一个旺季的使用后，破损较大，确实无法收回或破损严重不能继续使用的，由区域办事处统计数量并说明原因后做一次性报废处理。

（2）审批流程为：各办事处统计数量，经销售大区总经理审核确认→市场总监审核→营销中心财务总监审批→营销中心总经理审批→公司财务总监、执行总经理签批。

（3）对于损坏小的，经维修可恢复使用功能的，区域办事处分类统计数量后与所对应的公司采购部联系，由采购部与供应商沟通确定维修事宜，修复后由区域办事处保存。

5.7 促销品的盘点与核查

5.7.1 办事处所租库房存放的促销品，由办事处每月进行一次盘点，并将盘点结果报营销中心市场部，以此作为月份促销品计划审批依据。发现并杜绝促销品超储现象，形成盘点报告，报送营销中心财务总监和营销中心总经理。

5.7.2 每年由所在公司财务部组织对办事处外租库促销品进行一次全面盘点，彻底清查库存促销品数量、种类、金额，并形成盘点报告，报送主管领导、区域公司管理会计部、营销中心财务部、营销中心总经理。当遇到特殊情况时，财务部可组织进行专项盘点。

5.7.3 公司仓储部存放促销品由仓储部负责盘点，并将长期未出库促销品种类、数量报营销中心市场部。

5.7.4 由营销中心运营部每年在旺季结束后对投放市场的非常规促销品（如冰柜、展柜等）进行一次核查，核查内容包括：发放手续是否健全、是否有详细发放记录、是否存在弄虚作假、是否销售本公司产品、是否有回收情况的记录。将核查结果报区域公司综合管理部、管理会计部、营销中心主管副总经理、财务总监、市场总监、营销中心总经理。

5.8 报告和记录

5.8.1 需求计划、报价单、询比价报告单按类归档保存。

5.8.2 已签订合同按序保存。

5.8.3 各类处理意见按类保存。

5.8.4 采购目录归档保存。

以上报告、表单的格式按《物资需求计划申报流程》中的模板实施。

5.9 检查与考核

本标准的实施情况由营销中心市场部负责日常检查，每年检查评估至少两次。对不按本标准规定执行的部门和个人，按区域公司绩效考核方案规定的要求和《员工守则》的相关条款予以考核和处罚。考核结果与团队及个人绩效工资挂钩。

附件：

关于区域月份促销方案的请示

一、报告摘要

填报内容如下。

（1）策略概述，即在什么时期、什么环节、做什么事。

（2）经营结果预测，即市场操作后达到什么结果，包括销量、利润、市场覆盖率、市场占有率。

（3）其他需要说明事项。

二、背景、竞争格局表

填报内容如下。

（1）市场的基本信息，如人口、消费人群特点、市场两率（覆盖率、占有率）状况。

（2）市场背景中的异常信息，即与营销变化有关的产品销售变化信息。

（3）竞争格局表。

档次/品种		开票价	一批价	二批价	终端价	零售价（现饮/非现饮）	占有率/%	覆盖率/%	促销政策
档次1	本公司产品1								
	本公司产品……								
	竞争公司产品1								
	竞争公司产品……								
……	……								
合计									

（4）其他需要说明事项。

三、上期市场操作效果评价

填报内容如下。

（1）市场结果。

①预定目标值是否实现？在市场操作中计划是否调整？什么因素影响目标实现？

②从4P（产品——Product，价格——Price，渠道——Place，促销——Promotion）角度逐项说明计划执行结果，涵盖目标达成情况、销量结果、两率实现情况、计划执行情况说明、对未达成市场结果的原因分析（含调研结果）。

（2）财务结果

①利润达成情况。

②从收入、费用、投入产出比等角度分析利润差异原因。

（3）消费者角度（市场操作后，消费者的认可和接受程度、品牌的知名度、美誉度等）。

（4）内部管理反思点。

（5）其他需要说明事项。

四、目前市场存在的问题

填报内容如下。

从“八要素”角度概述目前市场上存在的问题。

注：

（1）无问题的“九要素”不用说明，以最简捷方式说明。

（2）八要素为：公关/环境、品牌/产品、渠道/终端、消费者、操作能力/日常管理、服务/效率、营业/物流、竞品。

（3）其他需要说明事项。

五、市场目标（量、利、品牌结构）

填报内容如下。

（1）销量目标。

（2）利润目标。

（3）市场覆盖率、市场占有率目标。

（4）品牌结构目标。
（5）其他需要说明事项。

六、为实现目标拟采取的操作方案

填报内容如下。
（1）当期重点解决问题及措施说明
（2）工作排期，即在何时间、何品种、在何环节、做何事。
（3）费用安排（一张表）。
（4）其他相关事项说明。

七、结果预测及分析

填报内容如下。
（1）销量、利润结果与同期及预算对比。
（2）本期投入/产出分析。
（3）趋势分析。
（4）需支持部门的要求。
（5）其他相关事项说明。

八、相关部门意见

部门	市场部	销售财务部	营业部	生产部
负责人				

九、审批（相关领导）

拟定		审核		审批	

8-04　促销赠品发放办法

××公司标准文件		××有限公司 **促销赠品发放办法**	文件编号××-××-××	
版次	A/0		页次	第×页

1.目的

为防止因赠品管理不善造成的门店商品损耗及衍生违规问题的发生，特制定本办法。

2.适用范围

适用于促销赠品的发放管理。

3.术语

3.1　赠品

赠品是指为吸引消费者光顾或提高销售，以有偿或无偿方式赠予顾客的物品。有偿方式是指消费者购买某种商品或是购满一定金额后的赠送；无偿方式是指免费的、不需代价的赠送。

3.2 赠品接收人

赠品接收人是指门店接收赠品并对赠品进行核查、保管的人员。一般是门店店长。

3.3 赠品发放人

赠品发放人是指在实际的促销活动中，具体发放赠品并填制报表的人员。一般是门店店长或指定专人。

3.4 赠送偏差

赠送偏差是指赠送活动中，未按照赠送办法正确执行的违规行为，如多赠、少赠、不赠、私自挪用和截留等行为。

3.5 核查

核查是指对门店赠品的具体发放过程进行核查、控制的行为，以确保赠品的正确发放。

3.6 赠品库

赠品库是指分公司管理保管赠品的场所，一般安排专人负责（兼管）。

3.7 购物小票

购物小票是指由公司出具的计算机打印的顾客购物凭证。

4. 管理规定

4.1 赠品接收

4.1.1 所有促销赠品均由分公司工作人员从公司赠品库提取配发至门店（于活动正式实施前1～2天）。

4.1.2 随赠品同时到位的应有公司签署下发的《促销赠送办法》或是《促销执行方案》和“门店赠品接收单”。

4.1.3 门店赠品接收人核对赠品品质、数量均无误后，填写“门店赠品接收单”。“门店赠品接收单”一式两联，门店赠品接收人保留一联，分公司工作人员保留一联。

4.2 赠品发放

4.2.1 门店接收赠品和《促销赠送办法》或是《促销执行方案》后，要使门店所有工作人员熟悉活动内容和赠品发放办法，并严格按照规定的内容执行。严禁在执行过程中出现“赠送偏差”，如多赠、少赠、不赠、私自挪用和截留等违规行为。

4.2.2 顾客领取赠品，需凭真实有效的“购物小票”，并在指定的赠品领取处领取，同时填写“赠品发放领取表”，赠品发放人按照规定在顾客购物小票正面票面处使用黑色碳素笔书写“赠品已领”字样，并发放赠品。“赠品发放领取表”内以下栏目必须真实填写：顾客姓名、联系方式、赠品数量、赠送时间、购物小票流水号码。

4.3 赠送核查

4.3.1 公司定期或于赠送活动结束后，应对此次赠送活动进行评估和赠送行为核查。

4.3.2 核查内容是，检查门店“赠品发放领取表”，并对内容核对抽查。如门店有剩余赠品未发放完毕，应予收缴，收缴需出具“赠品回收表”给门店赠品接收人，此表门店留存，赠品归还赠品库。

4.4 赠送准则

4.4.1 赠品发放前，门店必须按照具体执行办法，制作不少于3张的POP（店头陈设品）或促销海报，并在门店入口、具体商品陈列位置、赠品领取处进行张贴。如有随同赠品的传单，应安排专人提前发放至门店辐射范围。

4.4.2 POP或促销海报的书写内容要求规范，必须出现以下内容：赠送主题、赠送内容、赠品名称、具体赠送办法、赠送起止时间以及“赠品数量有限，赠完为（即）止”“××超市拥有此次赠送活动解释权”等提示语句。赠品发放完毕，如不再发放，应及时撤掉POP或促销海报，以免引起纠纷。

4.4.3 赠送过程中，应注意保管赠品，如出现赠品品质低劣、破坏而导致无法赠送，应联系公司调换。所有赠品在赠送后，均不予退换。若遇到特殊情况，如顾客强烈要求，可由店长决定处理。收回原赠品，调换新赠品。

4.4.4 赠送过程中，赠品发放处在选择上应注意合理性和安全性，避免处在货架旁或收款台以及通道处，以免影响正常销售或造成安全隐患。

4.4.5 赠送内容向顾客公告后，无特殊情况（如遇到天气原因或其他特殊原因导致赠送不能正常进行）不允许变更停止。如需变更停止，应向公司申请，经公司同意后，向顾客公示，同时张贴致歉公告。

拟定		审核		审批	

8-05　促销员管理办法（生产企业）

××公司标准文件		××有限公司 促销员管理办法（生产企业）	文件编号××-××-××	
版次	A/0		页次	第×页

1.目的

为规范促销员招聘、离职、工资发放、培训、考核的管理，特制定本办法。

2.适用范围

适用于本公司促销员的管理。

3.各部门管理职责

（1）人力资源部、事业部负责分公司导购主管的管理。

（2）人力资源部、事业部负责促销员招聘、考核和内部培训的指导、监督工作，必要时直接组织现场培训；负责促销员的工资表审核、工资发放监督。

（3）人力资源部负责促销员用工协议起草和原始档案管理工作。

（4）财务部负责促销员工资发放资料复核、工资打卡发放。

（5）分公司负责本区域内促销员的招聘、考核和内部培训实施工作：招聘录用、签订用工协议、工资核算、离职管理、档案备份管理等。

4.管理规定

4.1 人员配置

4.1.1 人力资源部设导购主管，全面负责全国市场导购、促销员管理。

4.1.2 分公司设兼职导购主管（北京、上海、深圳、武汉、广州市场可设专职导购主管），负责促销员面试、招聘录用离职手续办理、考勤监督、工资复核、考核、培训等管理工作。

4.1.3 促销员配置。

促销员配置

<table>
<tr><th colspan="2">超市类型</th><th>促销员类型</th></tr>
<tr><td colspan="2">A类店</td><td>长期专职促销员（有促销活动时配以周末促销）</td></tr>
<tr><td rowspan="2">B、C类店</td><td>竞品有促销员</td><td>长期专职促销员（有促销活动时配以周末促销）</td></tr>
<tr><td>竞品无促销员</td><td>兼职或周末促销</td></tr>
</table>

4.2 分公司导购主管的管理

4.2.1 分公司导购主管条件：新任导购主管须符合以下条件。

（1）年龄：40岁以下；高中以上学历。

（2）××产品促销经验1年以上，能对导购员进行培训。

（3）工作认真细致、责任心强。

（4）住地离分公司5千米范围内，能早、晚到分公司参加会议。

4.2.2 分公司导购主管职责。

（1）导购资料收集、管理、上交。

（2）导购招聘录用手续办理、离职手续办理。

（3）导购工资复核。

（4）导购考勤监督。

（5）导购考核。

（6）导购会议、导购培训。

4.2.3 分公司导购主管录用报批。

（1）分公司按任职资格条件申报：员工登记表、员工录用审批表。

（2）销售区经理审核签字。

（3）事业部经理审核签字。

（4）事业部人力资源主管将各市场申报的导购主管资料汇总（汇总项目：姓名、性别、出生年月、进公司年月、促销经历、现住址），连同个人资料及审批表一起报人力资源部审批。

4.2.4 分公司导购主管薪酬及考核：专职导购主管按薪酬制度中机关职员级别（非经营岗），由分公司申报、公司审批，保险由公司代扣代缴。兼职导购主管每月补助标准××元，按基础工作完成情况考核发放。专职导购主管以“日工作记录表”作为考勤记录，兼职导购主管（兼职业务员、理货员的）以《业务员工作日志》作为考勤记录，月底交事业部人力资源主管，由事业部人力资源主管统一制表。

4.2.5 分公司导购主管离职手续：按《员工异动人力资源手续规定》办理。

4.2.6 分公司导购主管总结、培训、会议、通报。

（1）总结：分公司导购主管每月将月度总结呈交事业部人力资源主管，事业部人力资源主管将本部总结收齐后交人力资源部，人力资源部汇总后报总经理，并转事业部经理。

（2）培训及会议：人力资源部每年组织两次分公司导购主管培训及会议，对导购主管进行培训，并对导购工作进行总结。

①培训计划及实施：人力资源部制订分公司导购主管年度培训计划，并组织实施。

②培训内容：包括公司概况、企业文化、产品知识、质量知识、促销知识、竞品应对、促销员管理办法、促销员培训技巧、促销员会议组织方法等内容，使导购主管具备管理促销员、培训促销员的能力。

③培训时间：端午节前2个月、春节前2个月。

④培训评估：人力资源部负责对培训效果进行评估，并提出改进计划。

⑤培训计划见附表。

（3）通报：人力资源部每月对分公司导购管理工作进行通报：将好的做法进行交流推广，对违规处以通报批评和处罚。

4.2.7 将分公司导购主管纳入公司先进表彰参评人员，按照公司规定名额评选三大节（端午节、中秋节、春节）及年度先进工作者，并予以表彰奖励。

4.3 促销员管理

4.3.1 促销员招聘录用。

（1）促销员任职条件。

①年龄：40岁以下，初中以上学历，身体健康。

②工作勤奋认真、责任心强。

③有在超市的促销经验。

④担任超市导购组长的优先录用。

（2）促销员招聘录用流程。

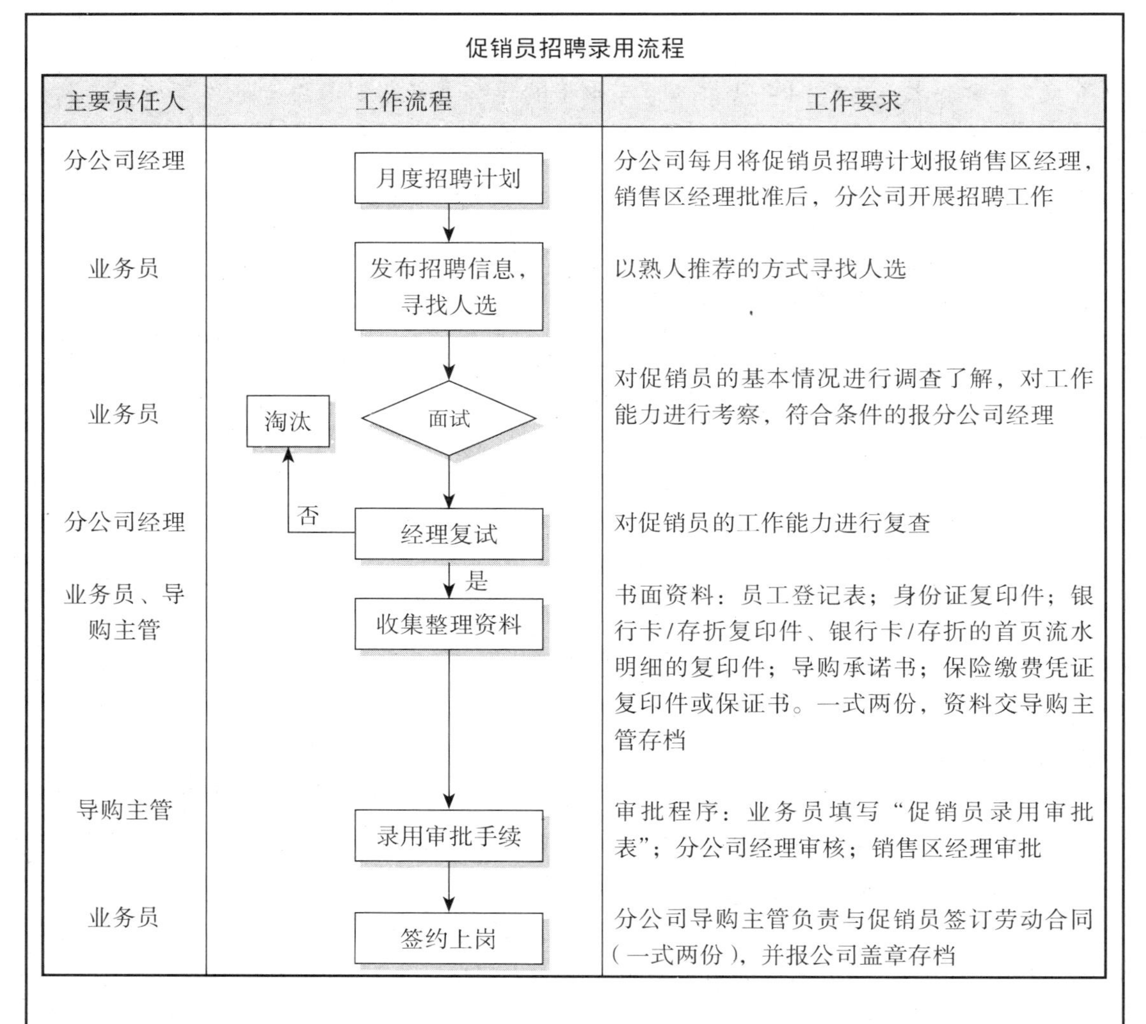

促销员招聘录用流程

主要责任人	工作流程	工作要求
分公司经理	月度招聘计划	分公司每月将促销员招聘计划报销售区经理，销售区经理批准后，分公司开展招聘工作
业务员	发布招聘信息，寻找人选	以熟人推荐的方式寻找人选
业务员	面试	对促销员的基本情况进行调查了解，对工作能力进行考察，符合条件的报分公司经理
分公司经理	经理复试（否→淘汰；是→收集整理资料）	对促销员的工作能力进行复查
业务员、导购主管	收集整理资料	书面资料：员工登记表；身份证复印件；银行卡/存折复印件、银行卡/存折的首页流水明细的复印件；导购承诺书；保险缴费凭证复印件或保证书。一式两份，资料交导购主管存档
导购主管	录用审批手续	审批程序：业务员填写“促销员录用审批表”；分公司经理审核；销售区经理审批
业务员	签约上岗	分公司导购主管负责与促销员签订劳动合同（一式两份），并报公司盖章存档

4.3.2 促销员资料存档及上交要求。

（1）书面资料。

①员工登记表（必须有照片）。

②身份证复印件（需要正反面）。

③银行卡/存折复印件（复印件上须有本人签名、身份证号、店名）、银行卡/存折首页流水明细复印件（必须能分辨出姓名、卡号/存折号，并附银行进账流水记录）。

④导购承诺书。

⑤保险缴费凭证复印件或保证书。

⑥录用审批表。一式两份，分公司存档一份，交事业部存档一份。上交时间：每月随工资表一起于2日前交到事业部。

（2）电子资料：每月对“分公司促销员花名册”进行更新，分在职人员、本月离职人员、本月新聘人员三类上报花名册，每月26日发事业部人力资源主管。

4.3.3 离职手续办理。

（1）促销员离职的，填写“离职申请”（只填写一份），月底随工资表一同交到事业部存档。

（2）分公司需裁减促销员的，须用促销员能接受的协商方式。

4.3.4 考勤、工资管理。

（1）考勤管理。

①促销员的考勤管理由业务员负责，导购主管、分公司经理进行检查监督。

②促销员每日填写当日工作情况，月底将考勤记录交业务员，业务员审核后交会计制表。业务员每周对促销员的出勤进行不少于两次（地市每月两次）的现场检查。

③事业部经理、销售区经理、公司导购主管在市场巡视期间，必须完成不少于三家超市的促销员出勤情况抽查，发现违规者对相关责任人予以处罚。

（2）工资管理。

①工资标准：人力资源部在每年的薪酬制度中制定各市场促销员工资标准。

②工资制表及审批程序：分公司会计制表，分公司导购主管复核，分公司经理、事业部人力资源主管、销售区经理、事业部经理、财务部经理审核，人力资源部经理审批。

审批程序与项目

审核人	主要审核项目
分公司导购主管	出勤天数，工资标准，考核分数，银行卡号
分公司经理	全面审核
事业部人力资源主管	工资表格式、工资标准、保险、业务员签名，发放监督（电话抽查）
销售区经理	人数、导购工资总额

③分公司促销员工资表制表、交表要求详见《促销员工资表制表、交表规范要求》。

4.3.5 培训。

（1）培训计划及实施：人力资源部组织制订分公司促销员培训年度、月度培训计划（培训计划包括培训对象、时间、内容、讲师、教材、费用预算、考核方式等内容），并监督实施。

（2）基本培训内容：包括公司概况、企业文化、产品知识、质量知识、促销知识、竞品应对等内容；通过培训使促销员了解公司、了解产品、具备终端促销和现场投诉处理的技能，能出色地完成销售任务。

（3）培训周期：一次/月。

（4）培训效果评估及改进。

①促销员培训须保持原始培训资料，由导购主管填写“培训记录表”，参训。

②导购主管负责对促销员培训效果进行评估。

③人力资源部、分公司根据促销员培训记录了解培训的有效性，包括培训机构的选择、培训课程的选择、培训方式、培训周期等内容，并不断改进。

4.3.6 考核及评价。

（1）考核：每月一次按薪酬制度规定进行提成考核。

（2）促销员排行。

排行指标：当月销售完成率、增长率、货损率、呆滞品、陈列。

排行奖惩如下。

①促销员月度销售区内按5%奖励：第一名奖励150元，第二名奖励120元，第三名奖励100元，通报表扬。分公司排行按20%奖励，按下表标准进行，不重复奖励。

人数	名次		
	第一名	第二名	第三名及以后
3人以上	100元	80元	50元
2人	80元	50元	—
1人	80元	—	—

②每月获奖的促销员，分公司将其照片和得奖名次张贴于分公司光荣榜上。

③若3个月中有2次排销售区后5名的，由分公司导购主管进行沟通，对工作进行调整，调整后连续2个月排分公司后5名而业绩无改进的洽谈离职。

4.4 执行检查

4.4.1 事业部人力资源主管负责导购主管工作完成情况的检查监督。

（1）促销员资料、合同核对、催收、保管。

（2）促销员花名册（电子档）催收、检查、存档。

（3）促销员录用审批表、离职申请手续检查。

（4）促销员工资表催收、检查核对、报批。

（5）导购主管月度考核。

（6）促销员培训记录表催收上交、电话抽查。

（7）促销员考核检查。

4.4.2 人力资源部对事业部人力资源主管的工作完成情况进行检查监督。

（1）促销员花名册（电子档）（每月27日）。

（2）在职促销员书面资料、合同检查（每月26日）。

（2）促销员工资审核（每月5日）。

（3）新增促销员的录用审批手续、书面资料、合同检查（工资审核时）。

（4）离职促销员的离职申请手续检查（工资审核时）。

（5）导购主管录用审批。

（6）促销员培训记录表检查，现场培训组织。

4.4.3 违规处罚。

（1）促销员未经审批上岗、无考勤记录的，不发当月工资，并对分公司经理、导购主管通报批评，进行30元/人罚款。

（2）促销员资料上报不齐全的，对导购主管通报批评并按月度考核表予以处罚。

（3）分公司谎报促销员在岗造成冒领工资的，一经发现，追回工资，由分公司经理承担所有损失，并在全公司范围内通报批评。

拟定		审核		审批	

8-06 促销员管理办法（零售门店）

××公司标准文件		××有限公司 促销员管理办法（零售门店）	文件编号××-××-××	
版次	A/0		页次	第×页

1.目的

为加强门店对促销员的统一管理，特制定本流程，以规范促销员分类、申请、报到、奖惩、终止派驻及相关工作要求。

2.适用范围

本办法适用于供应商派驻至大超市、综合超市门店推介其商品的各类促销员。

3.管理规定

3.1 派驻规则

3.1.1 促销员是指供应商为提升销售额而派驻至门店推介其商品的人员。分为长期促销员和短期促销员两种。

3.1.2 长期促销员是指在合作档口、租赁柜台、形象专柜等长期工作的促销员。

（1）派驻期为一年。

（2）派驻原则：必须有促销员工作的岗位则派驻长期促销员，如合作档口、租赁柜台、形象专柜等。

3.1.3 短期促销员是指在超市内货架、非专柜散架、堆头、N架（端架）、促销车等促销位进行促销的人员。

（1）派驻期为半年、3个月、1个月、临时（临时为1个月以下的）。

（2）若半年期促销员是合作档口、租赁柜台、形象专柜的，按长期促销人员派驻原则进行安排，其他短期促销员按以下原则派驻。

①根据半年的销售排行榜，在同类产品中销售名列前茅的品牌或商品。

②对于代理品牌多的供应商，根据同类产品半年的销售排行榜，销售名列前茅的厂家。

③属于系列化商品的品牌。

④对于特殊的、专业化的、必须有人员配合销售的品牌或商品。

⑤卖场根据实际情况提出人员需求的。

⑥DM商品、堆头商品、季节性商品、配合公司和门店各类促销活动的商品。

⑦供应商大型促销活动期间、新商品上柜推广期间、节假日期间。

⑧经采购员审核认为必要的并经公司特批的商品。

⑨长期促销员休假时间超过1周时。

3.1.4 门店的促销员派驻编制由采购部提出，经营运部门签署意见后报公司批准，采购员据此与供应商洽谈促销员派驻的具体事宜。

3.1.5 促销员根据派驻时间不同有不同的试用期，试用期内供应商提出换人不需缴纳违约金。试用期结束后换人原则上需缴纳违约金，采购部可根据实际情况决定是否收取。

3.1.6 门店负责管理促销员的日常工作，可以调派促销员协助门店其他区域工作，但应遵循促销员调派原则。

3.1.7 门店对严重违反公司规章制度的促销员有权辞退，但同时应告知采购部。对于促销员不符合门店工作要求的，门店可以要求换人，但须向采购部提出换人申请，由采购部负责与供应商谈判换人事宜。

3.1.8 供应商不得随意更换、增减促销员，所有供应商提出的促销员变动要求，皆应经采购部批准后通知相关门店执行。

3.1.9 供应商欠薪由促销部提供欠薪清单，人力资源部协助办理。

3.2 涉及部门的主要职责

3.2.1 采购部：负责提出促销员初步编制，并征求营运部门意见；与供应商洽谈促销员派驻、更换等事宜；出具促销员报到证明；审批供应商换人申请；实施对供应商的处罚。

3.2.2 财务部：负责促销员培训费、管理费、押金等费用的收取；收取供应商欠薪扣款及相关扣项；退还离职促销员工服及人员押金。

3.2.3 业态事业部：审核采购部提出的门店促销员编制。

3.2.4 门店促销部：针对门店实际状况提出促销员编制建议；负责促销员入、离职手续的办理（包括对促销员实施入职培训及工作考核、发放促销员工服及开具押金收取单等）；对不合格促销员提出更换建议；对供应商违规处理提出处罚建议；对供应商欠薪情况进行调查。

3.2.5 门店总经理：负责促销员/供应商罚项相关意见的签署。

3.3 确定促销员编制

门店促销员编制由采购部和营运部共同确定，具体由采购部提出，交营运部加签意见后，报公司领导审批。

3.3.1 无论新店旧店，促销员编制一律由采购跟单员提出需求，经相关商品经理和总商品经理签字确定后报采购营销促销部，明细格式由采购促销部提供。

3.3.2 采购促销部将汇总的促销员需求报告发给各业态事业部征求意见。

3.3.3 对于本部的各商品，采购部需在新店开业前45天向采购本部营销促销部提供标准格式的“新店促销员编制申请明细表”。

3.3.4 本部的各商品采购部需在新店开业前30天向采购本部营销促销部提供以所申请的编制为依据的标准格式的“派驻促销员供应商明细表”。

3.3.5“新店促销员编制申请明细表”和“派驻促销员供应商明细表”需经相关部门总监签字确认。

3.3.6 营运各业态事业部根据门店意见、门店员工数量、营业面积、商品数、柜台情况、门店最大容纳人数等具体情况，对门店促销员编制申请提出意见，反馈给营销促销部。

3.3.7 采购促销部根据营运部门反馈的意见，与营运各业态事业部共同协商修改后，将确定的促销员编制报公司审核批复，并在公司批复后执行。

3.4 促销员收费标准

3.4.1 在促销合同期内需根据促销期的不同，向供应商/促销员一次性收取一定的培训费和管理费，同时为便于管理，还需收取一定的促销员押金，押金在促销期满退场后予以退还。

3.4.2 收费标准及收费方式。

收费标准及收费方式

<table>
<tr><th rowspan="2">收费项目</th><th rowspan="2">长期促销员</th><th colspan="4">短期促销员</th><th rowspan="2">收费方式</th><th rowspan="2">缴交地点</th><th rowspan="2">押金返还地点</th></tr>
<tr><th>6个月期</th><th>3个月期</th><th>1个月期</th><th>临时期</th></tr>
<tr><td>培训费</td><td>100元/人</td><td>100元/人</td><td>50元/人</td><td>50元/人</td><td>10元/人</td><td>现金、支票、扣货款</td><td>分公司财务部</td><td>—</td></tr>
<tr><td>管理费</td><td>600元/人（50元/月）</td><td>600元/人（100元/月）</td><td>450元/人（150元/月）</td><td>200元/人（200元/月）</td><td>20元/（人·天）</td><td>现金、支票、扣货款</td><td>分公司财务部</td><td>—</td></tr>
<tr><td>押金</td><td>1000元/人</td><td>1000元/人</td><td>500元/人</td><td>500元/人</td><td>300元/人</td><td>现金、支票</td><td>门店财务</td><td>分公司财务部</td></tr>
<tr><td>工衣押金</td><td>100元/人</td><td>100元/人</td><td>100元/人</td><td>100元/人</td><td>100元/人</td><td>现金</td><td>门店</td><td>分公司财务部</td></tr>
</table>

3.4.3 促销员培训费和管理费由相关采购部按以上标准开单，费用由分公司财务部收取，押金由收取押金的门店按以上标准开单并收取。

3.4.4 工装押金、人员押金由促销员在门店办理入职手续时缴纳。

3.4.5 需要派驻促销员，但由于供应商的原因未能按时参加培训的，培训费照收。

3.4.6 促销结束后，供应商/促销员持门店促销部签字确认的押金收据至分公司财务部办理退款手续。

3.5 供应商申请派驻促销员

3.5.1 采购部根据公司已批准的促销员编制与供应商洽谈。

3.5.2 供应商提交申请并填写一式两份的《供应商派驻促销员确认书》，确认书由采购营销促销部提供，如在派驻人员的同时还有促销活动的，还需由供应商填写“供应商促销活动申请表”。

3.5.3 采购部审核后开具“促销通知单”，并将相关资料上报相关商品经理和总商品经理审批。

3.5.4 供应商凭“促销通知单”在分公司财务部缴纳相关费用。

3.5.5 供应商凭收款收据到采购营销促销部开具“供应商促销通知单”。

3.5.6“供应商促销通知单”“供应商促销申请表”和《供应商派驻促销员确认书》需经促销部加盖促销专用章后方可生效。促销部盖章日为周一、周三、周五下午，如因特殊情况在非盖章日需盖章的，需由本部分管总监签字后，促销部方可盖章。

3.5.7 供应商通知促销员到相关门店办理报到手续。

3.6 促销员报到

3.6.1 促销员凭有效的“供应商促销通知单”及以下相关个人资料证明前往门店促销部报到。

（1）供应商介绍信（应注明供应商促销员的姓名及身份证号码）。

（2）身份证、学历证书正本及复印件。

（3）经市卫生防疫站出具的、在有效期内的健康证和公共卫生知识培训证（其中接触食品人员须经食品卫生知识培训）。

（3）一寸免冠彩色照片1张。

3.6.2 门店促销部按公司要求对供应商促销员的资格进行审核，要求如下。

（1）年龄小于36周岁（特殊情况或技术工除外）。

（2）男性身高不低于1.60米，女性身高不低于1.50米。

（3）具有高中以上学历。

（4）口齿清楚，容貌端正，无身体残疾。

（5）愿意接受本公司的管理和工作时间、班次安排。

（6）熟悉所促销的商品，具有一定的促销经验。

3.6.3 对于审核合格的人员，门店促销部办理入职手续，发放“促销人员工牌”；对于审核不合格的促销员退回供应商，被本公司其他门店辞退的人员不得录用。

3.6.4 门店促销部在办理促销员入职手续时，应做好相应登记工作。对于短期促销员，通知报到后7日内仍未办理报到手续的，供应商应告知促销部取消其派驻资格，并按公司规定处罚（长期促销员只进行处罚，不取消派驻资格）。

3.6.5 促销员缴纳物品押金。

（1）促销员在促销部办理入职手续后，凭促销部开出的押金收费单，到门店财务部缴纳人员押金及工衣押金。

（2）促销员凭收据到门店支持部物料专员处领取工衣、建立考勤卡，并由物料专员做好相应登记工作。

（3）需用促销车的，由促销员凭财务部开具的押金收据到促销部领取，促销专员将促销车发出后，留下促销员的押金收据并做好登记工作，同时指引促销员到相应楼层（区域），由相应商品部门经理根据要求安排促销地点。

3.6.6 促销员培训及考核。

促销员必须参加公司组织的各种入职培训及考核。

3.7 促销员试用期和违约金的收取

3.7.1 促销员根据派驻期限的不同分为不同的试用期。

3.7.2 试用期内，供应商和卖场共同对促销员的销售业绩及工作表现等方面进行考核，对不符合要求的促销员，供应商和卖场可以向采购部提出更换要求。在试用期内，无论哪方提出更换，均不收取违约金，但需在新的促销员到位后原不合格促销员方可离开，否则需收取违约金。

3.7.3 试用期后如果供应商需更换人员，需交纳违约金。需经相关采购部审核确认后方可收取违约金。

3.7.4 促销员试用期和违约金收取标准如下。

促销员试用期和违约金收取标准

项目	长期促销员	短期促销员				备注
		6个月期	3个月期	1个月期	临时期	
试用期	1个月	1个月	1周	1周	0天	临时人员无试用期
违约金	1000元/人	1000元/人	500元/人	500元/人	300元	违约金从押金扣除

3.8 不合格促销员的更换

3.8.1 供应商提出换人申请的，由供应商提交书面申请，经门店商品部门经理、门店总经理签字确认后由门店促销部统一反馈给采购部相关品类经理。

3.8.2 门店提出换人申请的，由门店提交书面申请，经门店商品部门经理、门店总经理签字确认后由门店促销部统一反馈给采购部相关品类经理。

3.8.3 采购部接到换人申请后，与供应商洽谈，给供应商开具“供应商更换促销人员通知单”，在等同于试用期的时间内要求供应商将所换促销员安排到位，同时通知采购本部营销促销部登记备案。

3.8.4 在新促销员到位后，原促销员方可办理离职。

3.8.5 如因特殊原因，采购部无法满足门店换人要求的，由相关品类与门店协商解决。

3.9 促销员请假

3.9.1 请假在3日以内的，经区域主管、部门经理签字同意后，将申请及请假条交至门店促销部，方可开始休假。

3.9.2 请假超过3日但不超过一周的，由派驻供应商出具证明，经区域主管、部门经理及门店副总经理签字同意后，将申请及请假条交至门店促销部，方可开始休假。

3.9.3 因事情紧急，无法当面请假的，应在休假前向部门经理电话请假，征得同意后方可休假，休假完毕后应在门店促销部办理补假手续。此类请假一般不得超过3天。

3.9.4 未经办理上述手续擅自不上班的，一律视为旷工。

3.10 促销员离职

3.10.1 促销员凭供应商证明和本人申请经部门经理签字同意后，至门店促销部领取“员工离职（申请）表”，并根据表中所示项目至有关部门办理手续，交清领用物品。

3.10.2 办理完毕后，将“员工离职（申请）表”交门店促销部，门店促销部负责人签字后，执“员工离职（申请）表”及押金条，到门店财务出纳领取押金。

3.10.3 供应商所更换的促销员应于通知之日起7日内至门店促销部办理报到手续，或由供应商办理停止派驻促销员手续。如未能在上述时间内开始办理有关手续或提供合适人员，将取消该供应商的促销员派驻资格（长期固定促销员除外），并按公司规定处罚。

3.10.4 因违反纪律，被本公司辞退者，不得再进入本公司属下的任何门店进行促销。

3.11 门店间促销员调动程序

3.11.1 促销员在调出门店时应办理辞职手续，然后到调入门店办理报到手续。报到时视同新到岗促销员办理入职手续。

3.11.2 如人员调动涉及人数变动，则需供应商填写“促销员编制调整申请表”，报采购部批准后方可办理调动手续。

3.12 终止派驻促销员

3.12.1 供应商提出终止派驻促销员申请。

（1）供应商向采购部索取“终止派驻促销人员申请表”，并填写表中第一部分内容，加盖申请公司印章。

（2）供应商将表格交相关采购员，经商品经理级以上人员签字同意后执行并通知相关门店。

3.12.2 未按以上程序办理有关手续而擅自撤出促销员者，对派驻供应商按公司规定处罚，并终止促销合作关系。

3.12.3 因促销员或供应商违反公司有关规定，情节严重者，公司将终止其合作关系。

3.13 促销员日常工作要求

3.13.1 仪容仪表。

（1）头发应修剪、梳理整齐，保持干净，禁止梳奇异发型。男员工不准留长发（以发脚不盖过耳背及衣领为适度），禁止剃光头、留胡须。女员工留长发应以发带或发夹固定，头发扎起后从头顶量起的长度不得超过40厘米。

（2）女员工提倡上班化淡妆，不得浓妆艳抹。男员工不宜化妆。

（3）指甲修剪整齐，保持清洁，不得留长指甲，不准涂有色指甲油（化妆柜员工因工作需要可除外）。

（4）上班前不吃葱、蒜等异味食物，不喝含酒精的饮料，保证口腔清洁。

3.13.2 着装。

（1）形象柜专柜的长期促销员和半年期的短期促销员可以着能够体现其品牌形象的服装，但需供应商在《供应商派驻促销员确认书》和“供应商促销申请单”上注明。

（2）临时期促销员在促销活动期，若是其促销活动内容与品牌形象有关的（有形象道具和形象宣传的），如化妆品的现场演示、形象堆头、供应商自备的形象促销台等也可申请着其品牌服装。

（3）采购部根据供应商促销确认书和申请单上的服装要求对其服装进行审核，对有损公司形象的服装需要求供应商更换，若无法更换的，则要求着本商场服装。

（4）超市内其他柜组促销员原则上需着本商场的服装，如有特殊情况的确需要着自己服装的，需另外申请报批，由分管营销促销总经理审批后方可着自己的服装。

（5）着装应整洁、大方，不得有破洞或补丁。纽扣须扣好，不应有掉扣。不得卷起裤脚，不得挽起衣袖（施工、维修、搬运时可除外）。

（6）上班必须着工衣。工衣外不得着其他服装，非因工作需要，不得在商场、办公场所以外着工衣。

（7）男员工上班时间应着衬衣、西裤，系领带；女员工应着有袖衬衫、西裤、西装裙或有袖套裙，不得着短裤、短裙（膝上10厘米以上）及无袖、露背、露肩、露胸装。

（8）男员工上班时间应穿深色皮鞋，女员工应穿丝袜、皮鞋。丝袜不应有脱线，上端不要露出裙摆。鞋应保持干净。禁止穿拖鞋、雨鞋或不穿袜子上班。

3.13.3 言谈举止。

（1）应该面带微笑、主动使用礼貌用语和顾客打招呼；注意称呼顾客，对来访客人称“先生”“小姐”“女士”或“您”，指第三者时不能讲“他”，应称为“那位先生”或“那位小姐（女士）”。

（2）站立时应做到：收腹、挺胸、两眼平视前方，双手自然下垂或放在背后。身体不得东倒西歪，不得驼背、耸肩、插兜等，双手不得叉腰、交叉胸前。

（3）不得搭肩、挽手、挽腰而行，与顾客相遇应靠边行走，不得从两人中间穿行。请人让路要讲对不起。非工作需要不得在工作场所奔跑。

（4）不得随地吐痰、乱丢杂物，不得当众挖耳、抠鼻、修剪指甲，不得敲打柜台、货架、商品，不得跺脚、脱鞋、伸懒腰。

（5）不得用手指、头部或物品指顾客或为他人指示方向。用手指示方向时，要求手臂伸直，四指并拢，拇指自然弯曲，掌心自然内侧向上。

（6）不得模仿他人说话的语气、语调；上班时间不得开玩笑、闲聊；不得大声说话、喊叫；不得哼歌曲、吹口哨。

3.13.4 顾客服务要求。

（1）到岗一天内应熟悉所派驻门店各楼层的商品分布情况，对本楼层的商品则要能指出准确的陈列位置；应熟悉所派驻门店各种服务项目分布情况，如服务台、收银台、办公区、存包处、提款机、修鞋处、锁边房、公用电话、维修处、储值卡查询及购买储值卡等项目所处位置等。

（2）为顾客提供真诚的服务，如实介绍商品，不夸大其词。

（3）当顾客需要帮助时，应该主动上前帮助顾客，绝不允许对顾客说：“我正忙着”；如果正忙于接待其他顾客，则应该尽快完善对前一位顾客的服务，同时还应注意商品的安全。

（4）如果遇到不会讲普通话的顾客，而又听不懂对方语言，应微笑示意顾客稍候，并尽快请能听懂该语言的人员协助。

（5）在接待顾客有关询问时，应耐心细致地给予解释，对于不清楚的内容应该请求其他知情的同事给予协调，给顾客一个满意的答复。

（6）不得以任何形式推介顾客到本商场各门店以外地点购物；在介绍本单位产品时，不得贬低本商场经销的其他商品。

（7）在对商品做现场促销时，如有顾客走到促销商品前，应及时停止使用喇叭并为身旁的顾客推介商品。

（8）顾客要求打折时，对不属于公司规定打折范围的商品，应委婉地解释：本商场属于明码标价，商品价格合理，不能打折。对于一次性购买金额较大（2万元以上）的顾客，可通知团购主管，由团购主管根据公司规定处理。

（9）服务完毕后或顾客离开时，应由衷地向顾客致谢："谢谢光临，欢迎再度光临！"

（10）营业时间过后，如果仍有顾客在商场内挑选商品，不得有任何催促的言行，应像平常一样耐心为其提供服务。

（11）如果怀疑顾客偷拿商品，不得强行检查顾客的物品，应及时与防损员联系或提醒顾客是否忘了付款。

（12）对顾客在商场内拍照、吸烟或在超市内吃食物的行为，应婉言制止；提醒顾客不要将手提包（袋）等贵重物品放在购物车（篮）中；制止小孩在商场内奔跑或在扶梯（含扶梯踏板）上玩耍。

（13）顾客反映商品价格过高时，应详细了解具体情况，做好记录，并及时向上级反馈。如果顾客要求退货，应指引其到商场服务台办理。

（14）在接待顾客投诉时应注意：以冷静的态度聆听顾客的意见；不要逃避顾客的抱怨；不要为自己辩护；不要太过感情用事；不因时、地、人的不同而改变说话的内容；不要争着下结论，但处理要迅速，必要时将情况向上级汇报。

（15）在任何情况下不得与顾客、客户或同事发生争吵。

3.13.5 班次安排。

（1）促销员上班时间按派驻门店作息时间执行。

（2）促销员每周上班班次由所在区域主管负责安排，并由部门经理进行审核。

（3）上下班时必须在门店指定位置打卡。

（4）上下班时必须走员工通道，并自觉接受门店值勤防损员的检查。

（5）不允许私自换班、顶班，班次调换必须经由所在区域部门经理批准。

（6）顶班人上下班必须按规定打卡，真实反映顶班人作息时间。顶班时间不视为加班。

（7）上班时间未经部门以上人员同意不得离开商场。

（8）未经主管同意，上班时间不得随意离开工作岗位。

3.13.6 促销员跨岗调派。

根据实际需要可以安排促销员离开促销岗位，协助其他岗位的工作，但应遵循以下原则。

（1）临时安排促销员到其他岗位工作，不应跨越楼层调派。例如食品的促销员，不能安排到日杂区去工作。

（2）需要安排促销员为顾客送货的，原则上百货类商品由各百货类商品的促销员负责送货，超市商品由超市商品的促销员负责送货。安排促销员从事送货工作，应该订立时间表，安排不同厂家促销员轮流工作，每名促销员每天从事送货工作不应超过1小时。

（3）各个楼层的迎宾员由该楼层促销员担任。各个楼层要订立排班表，安排不同厂家促销员轮流服务，每名促销员每天在此岗位工作不超过1小时。

（4）不得安排促销员到快餐厅、面包房做外卖或洗碗、清台工作。

（5）对于形象柜、专柜员工，不应调派到其他岗位工作；对于电器柜、生鲜合作档口员工，不应跨商品大类调派。

3.13.7 班前、班后例会与交接班。

（1）促销员上下班必须准时参加班前、班后例会。例会时按规定要求站立。

（2）班前、班后例会分为门店例会、区域例会和柜组例会。早班员工于每日上班时先在商场大厅集合参加门店例会，然后为区域例会；区域例会每天营业前、营业结束后各召开一次；柜组例会在每天中午、下午交接班时间进行。

（3）每天下班前必须在交接班本上记录交接事项，要求简洁明了，字迹清晰。交接内容包括：例会所传达的工作要求，当班工作中遗留的问题。

（4）班后应及时查看交接班本，跟踪落实所交代的工作。

3.13.8 清场。

（1）部门经理、防损人员或服务台值班员通知清场后，促销员应迅速到指定地点列队，听从主管的指挥，有序地从员工通道离开商场。

（2）加班人员在员工通道进口防损岗处完善登记手续方可进入商场。

3.13.9 环境要求。

（1）应在非营业时间完成对所负责区域的清洁工作；营业后应对商品及其他营业用品进行整理，归类摆放在指定位置；促销车每天使用后应予以清洁，方可放回到指定位置。

（2）营业中，在不影响顾客购物的前提下，做到随时清洁，对于废弃的封箱纸、条码纸、标价贴等必须随时清理；先检查废弃纸箱中是否还有商品，检查完毕后，应拆平折叠并摆放于指定地点，随时保持整洁的购物环境。

（3）见到商场内的垃圾应随时捡起丢入垃圾桶；对顾客遗留的杂物，应即时清理；对掉落的商品应立即捡起摆回原位；残渣等应倒在指定位置，禁止倒入水池。

（4）遇到个人无法清洁的污渍，应立即通知保洁员清理。

（5）就餐后应自觉将垃圾扔入垃圾桶。

3.13.10 商品管理要求。

（1）商品搬运。

①搬运商品时，商品必须离开地面，切勿在地面上拖拉、用单手托或以脚踢商品；

传递商品时，要等到对方接稳后，才可以放手；搬运30千克以上的大件商品时，应两人或多人共同搬运。

②禁止坐、踏商品，禁止抛、抡商品。

③上下货架时必须使用梯子，使用梯子时要摆正放稳，人字梯应完全打开后再使用，禁止双脚同时站在梯子最高层。

（2）商品陈列。

①陈列商品必须摆放整齐，外包装有摆放标识的商品必须按照标识要求摆放；体积大、重量重的商品应摆放在下面；并随时整理商品，保持陈列丰满，避免顾客看到货架隔板及货架后面的挡板。

②陈列商品的“正面”必须全部面向通道一侧，每层陈列商品的高度与上段货架隔板必须留有一个手指的距离，每种商品之间的距离一般为2～3毫米。

③商品标价签应保持整洁，无卷边，不允许用透明胶缠绕标价签；应保持标价签卡座、卡条完好无损，内无污渍、杂物。

④促销车、堆垛商品摆放必须整齐，整箱商品展示时应将向外展示面拆除或切开，并将商品信息完全展示出来。

⑤所有促销车的商品必须配置促销海报和标价签；促销牌摆放位置要求既能准确指示商品，又不遮挡商品；促销海报和告示牌等各类宣传品如有脱落、坏损，应马上重新粘贴或更换，拆除后应彻底清理干净。

（3）促销赠品管理。

①促销赠品不能为超市内销售的商品。

②禁止不按公司规定赠送促销赠品，不得将促销赠品私自赠予熟人或朋友。

③应及时向柜组长反馈促销商品的货源情况，不得出现促销商品或赠品断货现象。

④如果赠品上外包装的明显位置未印刷有“赠品”“非卖品”字样，须粘贴本公司“赠品”专用标签。

⑤对于试吃试饮品，促销人员应及时收回或指引顾客到指定地点丢弃所剩杂物，自觉维护商场环境卫生。

3.13.11 设备使用要求。

（1）打价机。

①合上打价机底盖时，严禁用力过大；严禁用手向外拉打价纸底带。

②核对实物和标价签无误后，按照标价签上编码和价格调出相应的数字，并核对打出的价格、编码是否正确。

③调校数字时，轻轻拉动数字调节器尾端，将指示箭头对准所调数字的位置后，再转动数字调节旋钮，调出所需数字。当箭头在两数字中间位置时，严禁转动调节旋钮。

④使用打价机时不能用力过大，应将机身出纸部位轻触商品，严禁敲击商品。

⑤当打出的字迹不清晰时，应该给油墨头加墨，加墨量一次为2～3滴。

（2）平板车。

①平板车上的商品堆放最高严禁超过1.5米（单件大电器除外），超过1米时需有人扶住商品。

②使用平板车时严禁奔跑，要环顾四周，避免平板车及所载商品与周边人员、商品、设施发生碰擦，转弯时速度要放慢。

③使用拼装式平板车时，只能从后面双手扶住商品向前推，商品体积较大或数量较多时，左右还需有人扶住商品。

④当协助顾客将商品搬运出商场时，必须在商场出口的防损员处进行登记，留下“促销人员工牌”，完毕后将车送回商场时取回“促销人员工牌”。

3.14 促销员奖惩规定。

3.14.1 根据人力资源管理规定，对表现突出的促销员给予通报表扬、颁发奖金、授予“优秀促销员”称号等奖励。

3.14.2 对违反公司规定的长期促销员和6个月的短期促销员视同公司正式员工，按奖惩条例进行处理。

3.14.3 对促销期在6个月以下的促销员视情节轻重、认识态度不同等给予警告、通报批评、罚款、停岗、退回供应商等处罚。具体罚款金额标准如下。

（1）迟到（指超过正常上班时间半小时以内的）每次罚款20元。

（2）未穿工衣打卡每次20元。

（3）早退30分钟以内者每次罚款50元，早退30分钟以上者，根据具体情况要求供应商换人。

（4）旷工半天罚款50元，根据具体情况要求供应商换人。

（5）上班带手机等通信设备罚款50元，并根据具体情况要求供应商换人。

（6）代打卡者（包括被代方）每人每次罚款50元，累计两次对供应商罚款100元，并根据具体情况要求供应商换人。

（7）未经主管允许，上班时间打私人电话者罚款20元。

（8）其他违纪行为罚款一次性最高应不超过150元（特殊情况除外）。

3.14.4 处罚程序。

（1）促销员违纪处罚必须使用“犯规警告通知”，在开单时被处罚人栏应写为派驻促销的供应商，用括号注明具体违纪人员姓名，违纪员工本人签名确认，经分管副总经理签字后生效。

（2）分管副总经理签字同意后，由门店促销部保留一联留档，另两联交所在区域，违纪人员凭“财务联”至门店财务部缴纳罚款。

（3）促销员缴纳罚款后，“犯规警告通知”一联交员工本人留存，一联交财务做收款凭证，一联由门店留档。财务部在开收据时交款人应写明派驻促销的供应商名称（厂编）。

（4）由门店促销部对促销供应商所派驻促销员的处罚情况进行登记统计，按供应商登记累计次数，按人员登记累计金额，每月报门店总经理并存档。

（5）一次罚款金额在50元以上的（或当月累计处罚金额在100元以上），需报门店总经理批准后方可进行处罚。

（6）促销员本人不肯签名或在签名后24小时内未缴纳罚款的，由门店开具双倍罚单并通知相关供应商于3天之内去门店处理，若仍不缴纳者，经相关采购部审核确认后可从押金中扣取违约金。

3.15 供应商欠薪处理

3.15.1 欠薪，是指供应商承诺员工应发而未发给促销员的工资（本公司只负责调查长期促销员的基本工资）。基本工资的发放应每月一次，如超过半月仍未发放基本工资，视为欠薪行为，公司将根据本规定及政府相关规定给予处罚。

3.15.2 供应商欠薪情况了解。

（1）门店促销部每季度第一周进行一次店内长期促销员上季度欠薪情况调查，并填写“供应商欠薪调查（登记）表”。除此之外，长期促销员也可以书面形式向门店促销部反映供应商欠薪情况。

（2）门店促销部每季度第1个月内将“供应商欠薪情况处理表”传采购促销部，由采购促销部转给各相关品类经理，由其通知供应商填写供应商意见，并在“供应商欠薪调查（登记）表”上签收。

3.15.3 欠薪处理。

（1）供应商必须签收“供应商欠薪情况处理表”，并于2日内反馈该表，否则，将视同默认欠薪情况属实，公司将从供应商货款中代发拖欠薪金。

（2）供应商必须于反馈“供应商欠薪情况处理表”之日起7日内，自行解决欠薪问题，并提供有关证据，如附员工签收、供应商盖章确认的工资发放表等。能如期解决问题的供应商，给予警告处分；不能如期解决的供应商，将默认欠薪情况属实，公司将从供应商货款中代扣代发拖欠薪金，并给予所欠薪金50%～200%的罚款。

3.15.4 采购部应于规定的期限内将处理情况反馈给门店促销部。

3.15.5 对欠薪情况达3次的供应商，将取消其促销资格。

3.15.6 因供应商欠薪涉及的劳动纠纷由分公司人力资源部协助解决。

拟定		审核		审批	

8-07 临时促销员管理及培养办法

<table>
<tr><td colspan="2">××公司标准文件</td><td rowspan="2">××有限公司
临时促销员管理及培养办法</td><td colspan="2">文件编号××-××-××</td></tr>
<tr><td>版次</td><td>A/0</td><td>页次</td><td>第×页</td></tr>
</table>

1.目的

为切实管理好临时促销员，确保临时促销员作用得到充分发挥，有效指导一线对临时促销员招聘、培训和管理工作，确保招聘到理想的临时促销员，培训合格的临时促销员能够上岗，对临时促销员实施有效的绩效管理，特制定本办法。

2.适用范围

适用于临时促销员管理及培养。

3.管理规定

3.1 临时促销员的分类及职责

3.1.1 临时促销员的分类。

（1）单店活动临时促销员：在促销台旁进行推介的临时促销，负责单店活动的临时促销员需要对消费者进行积极推介和引导，将对产品感兴趣的消费者引领至本公司专柜前，交给驻店促销员实现产品销售。

（2）贴柜临时促销员：在销售柜台前引导顾客，拦截竞品，协助驻店促销员推介产品，分解工作量，推动成交达成。

（3）进柜临时促销员：对于人流量大，驻店促销员无从顾及的柜台协调临时促销员进柜销售，协助驻店促销员销售或直接进行销售。

（4）举牌临时促销员：为有效营造商圈氛围，进行举牌宣传临时促销（主要是针对中低端产品）。

3.1.2 各类临时促销员的工作职责。

各类临时促销员的工作职责

单店活动临时促销员	贴柜临时促销员	进柜临时促销员	举牌临时促销员
展示各款活动产品模型机及发放宣传单	招呼、引导靠近柜台的顾客	招呼靠近柜台的顾客	在指定商圈内的各门店内外进行列队巡回展示
介绍各款活动产品各项功能、参数及卖点	主动招呼来到柜台旁关注本公司产品的顾客	推荐活动期间各款主推产品	按照现场负责人的安排，举牌宣传促销产品
演示各款活动产品功能（配真机的临时促销）	推荐活动期间各款主推产品	解答顾客关于产品、促销、价格、服务的各项疑问	—

续表

单店活动临时促销员	贴柜临时促销员	进柜临时促销员	举牌临时促销员
介绍促销活动内容	协助驻店促销员处理各项出柜工作事宜（例如领机、带领顾客至收银台付款等）	协助驻店促销员开票或处理各项出柜工作事宜（例如领机、带领顾客到收银台付款等）	—
指引或带领顾客到本公司产品柜台	争取更多的成交机会，推动更多的成交达成	直接或间接地实现成交	—

3.2 临时促销员的招聘和储备

3.2.1 招聘和储备的原则：根据周末单店活动和大型节日促销活动的需求，由下属机构市场部制订合理的临时促销员的编制计划，在计划内招聘；下属机构的人才储备库的储备人数为编制计划人数的2倍，活动前根据需要择优上岗。

3.2.2 招聘途径：通过劳动中介公司、校园招聘、促销员推荐等形式公开招聘。

3.2.3 招聘对象。

（1）当地各大学在校学生。

（2）当地中专、技校在校学生。

（3）其他愿意从事临时促销工作的社会人士。

3.2.4 招聘时间。

（1）大型节日临时促销员（如国庆节、劳动节、春节等）应于节日之前1个月完成招聘培训工作。

（2）常规临时促销员（周末使用）的招聘按照实际需要进行，例如A公司确定临时促销员储备库为30人，当出现原临时促销员离职或联系不上时，应立即进行招聘，维持30人的供给标准。

3.2.5 招聘要求。

（1）年龄限定在18～25岁之间。

（2）身高：女不低于155厘米，男不低于165厘米。

（3）具高中、中专及以上学历。

（4）形象较好，时尚、有朝气，穿戴整洁、大方。

（5）仪表端庄、身体健康。

（6）思维灵活、口齿伶俐、表达能力强。

（7）吃苦耐劳，有责任心和团队协作精神。

（8）对于有产品销售经验且特别优秀者可适当放宽条件。

3.2.6 入职要求及手续。

（1）要求纳入临时促销员储备库的所有临时促销员都要办理好入职手续，没有办理入职手续的临时促销员不可上岗。

（2）临时促销员的入职手续：如实填写“入职申请表”，提供身份证复印件一份，和“入职申请表”一同存档。

3.3 临时促销员的日常管理及薪酬建议

3.3.1 临时促销员管理的隶属关系。

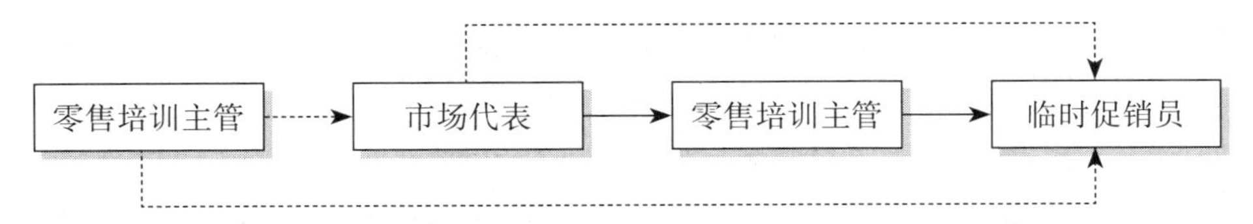

图示说明：

1. 实线代表直接管理的关系；虚线代表指导的关系

2. 驻店促销员作为临时促销员的直接管理责任人对临时促销员的表现进行考核和评价

3. 市场代表对于临时促销员实施现场培训和指导，对于不合格的临时促销员及时进行淘汰

3.3.2 临时促销员的日常考核及薪酬建议。

（1）临时促销员的考核与薪酬由下属机构市场部制定，但是临时促销员薪酬必须以“固定日薪＋浮动日薪”的方式发放，日薪标准由下属机构市场部根据当地收入情况自行确定，浮动日薪与考核挂钩，由市场代表或驻店促销员对临时促销员进行考核评价。

①单店活动临时促销员：重点考核牵引顾客作用发挥、现场展示/演示作用发挥、主动性。

②贴柜和进柜临时促销员：重点考核直接或间接创造的终端销量和销售机会。

③举牌临时促销员：重点考核工作的主动性、努力程度。

（2）临时促销员薪酬费用来源于下属机构整合营销市场费用。

3.3.3 临时促销员的考勤管理。

（1）临时促销员的考勤由市场代表负责，操作方法等同于正式促销员。

（2）各区域需在每月底提供真实的临时促销员考勤表给下属机构市场部，用作核算临时促销员工资。

（3）下属机构市场部和财务部需联合按10%的比例进行电话抽查临时促销员的考勤是否属实。

3.4 临时促销员的培训及任职资格管理

3.4.1 临时促销员的培训责任部门。

（1）各下属机构各区域主管全面负责临时促销员的培训、培训考核及上岗资格确认。

（2）下属机构市场部进行指导和监督。

3.4.2 临时促销员的培训项目。

临时促销员的培训项目

单店活动临时促销员	贴柜临时促销员	进柜临时促销员	举牌临时促销员
单店活动内容	招呼顾客的技巧	招呼顾客的技巧	着装或佩戴促销物品规范
各款主推产品主要功能、卖点、促销活动	招揽顾客的技巧	各款主推产品的功能与卖点、推荐话术、促销活动	工作范围、举牌要求
各款主推产品演示规范	各款主推产品的功能、卖点、产品推荐话术、促销活动	基本销售技巧	明确举牌临时促销小组负责人及活动现场负责人
辅导器材演示规范（如蓝牙打印机，需要演示蓝牙打印机的临时促销员才进行培训）	基本销售技巧	“三包”知识	服务形象与服务礼仪
服务形象与服务礼仪	零售店产品销售操作流程	零售店销售操作流程	—
—	服务形象与服务礼仪	服务形象与服务礼仪	—

3.4.3 临时促销员的培训实施。

临时促销员的培训实施

项目	用于常规周末促销	用于大型节日促销
培训时间	2小时/期	3小时/期
培训时间安排	双方确定劳务关系后，每月定期安排两期培训	活动开始前两周安排进行，至活动日为止至少进行两期培训
培训讲师	区域主管/区域主管指定人员/零售培训主任支持	区域主管/区域主管指定人员/零售培训主任支持
培训考试	需要，每次培训后安排笔试，笔试不合格者可以在下期培训时有一次补考机会，补考不合格者应予以撤换	需要，每次培训后需要笔试，不合格者直接撤换

3.4.4 试用临时促销员和正式临时促销员。

临时促销员参加完各项培训并笔试合格后，即进入试用期，试用期为2周（2个

周末，4天），试用期由该区域市场代表负责对其个人表现进行考核，具体考核项目及考核负责人如下表所示。

考核项目及考核负责人

序号	试用考核指标	考核负责人
1	考勤（20%）	市场代表
2	工作期间精神面貌、个人形象（10%）	市场代表
3	产品知识及推广话术的掌握程度（20%）	市场代表（结合门店意见）
4	直接或间接创造终端销量和销售机会的能力（30%）	驻店促销员
5	工作期间的主动性、配合度、努力程度（20%）	市场代表（结合门店意见）

（1）以上考核指标，下属机构可以适当进行调整。

（2）试用期间临时促销员的收入一律只发放固定日薪，不发放浮动日薪，试用期结束后转为正式临时促销员，可视需要发放浮动日薪。

（3）试用期内考核不合格的临时促销员应直接解除雇佣关系，另行招聘。

3.4.5 临时促销员的任职资格管理。

（1）临时促销员需要经过如下程序后，方可成为本公司的正式临时促销员，可以正式上岗，可以建立长期合作关系，纳入临时促销员储备库，享受正式临时促销员的薪酬待遇。

①招聘合格。

②培训合格。

③试用合格。

（2）正式临时促销员的考核为一月一次，考核指标与试用考核指标相同，考核不合格的临时促销员应更换。

（3）每月最后一天由零售培训主任将“月度临时促销员的培养状况”及“临时促销员储备名单”上报总部终端管理部促销员管理主任进行备案。

拟定		审核		审批	

第9章 广告宣传推广制度

本章阅读索引：

- 广告宣传管理办法
- 广告宣传品制作管理办法
- 公司广告宣传品管理规定
- 广告宣传物料管理办法
- 终端广告制作管理制度

9-01 广告宣传管理办法

××公司标准文件		××有限公司 广告宣传管理办法	文件编号××-××-××	
版次	A/0		页次	第×页

1.目的

为了加强、规范公司的广告宣传管理，最大限度地发挥作用，特制定本管理办法。

2.适用范围

本管理办法适用于公司销售的广告宣传方面工作。

3.权责部门

（1）总经理：负责广告宣传计划及费用的审批。

（2）销售副总经理：负责广告宣传计划及费用的审核。

（3）市场部：负责广告宣传方案的制定、媒体选择费用报销品的制作、广告宣传活动效果评估；负责进行公共关系的维护。

（4）财务部：负责对广告宣传费用进行资金支持和财务监督。

4.管理办法

4.1 公司广告宣传工作

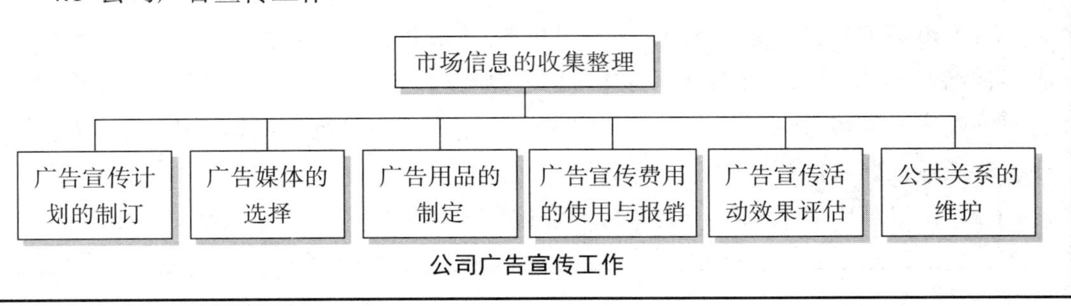

公司广告宣传工作

4.2 市场信息的收集整理

各片区经理负责各片区的市场信息收集与整理，市场部负责组织整个市场信息的收集与整理。

4.3 广告宣传计划的制订

4.3.1 广告宣传计划的制订流程图见下图。

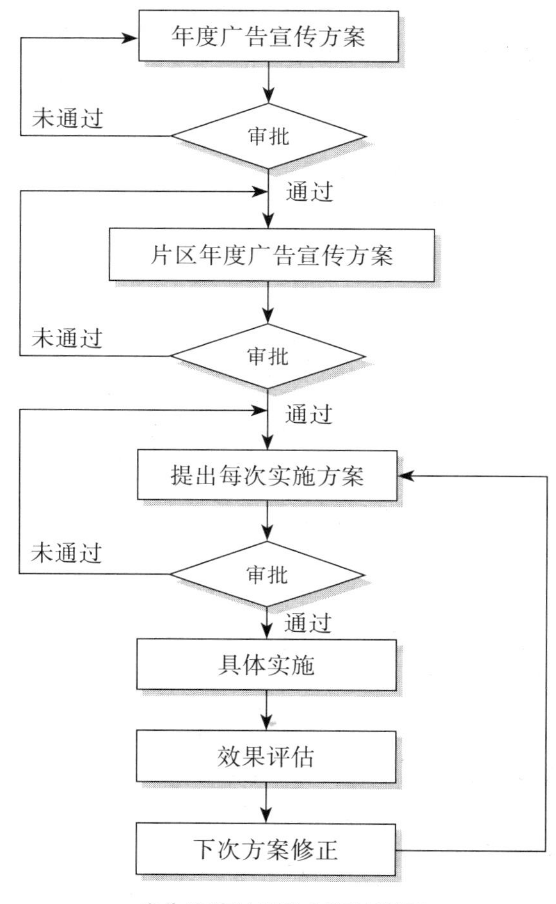

广告宣传计划的制订流程图

4.3.2 年度广告宣传计划。

（1）市场部根据公司的销售战略和目标，本着提高品牌知名度、用户忠诚度和达成年销售目标的原则，每年12月20日之前制订全国市场的下一年度广告宣传计划，下一年度广告宣传计划包括分解到每月的月度广告宣传计划，经销售副总经理审核与公司总经理批准后执行。

（2）市场部组织对每次广告宣传活动进行评审，以便为下一次活动打下基础。每次广告宣传活动方案和评估报交公司市场部备案。

4.4 广告媒体的选择

4.4.1 广告媒体选择流程图如下。

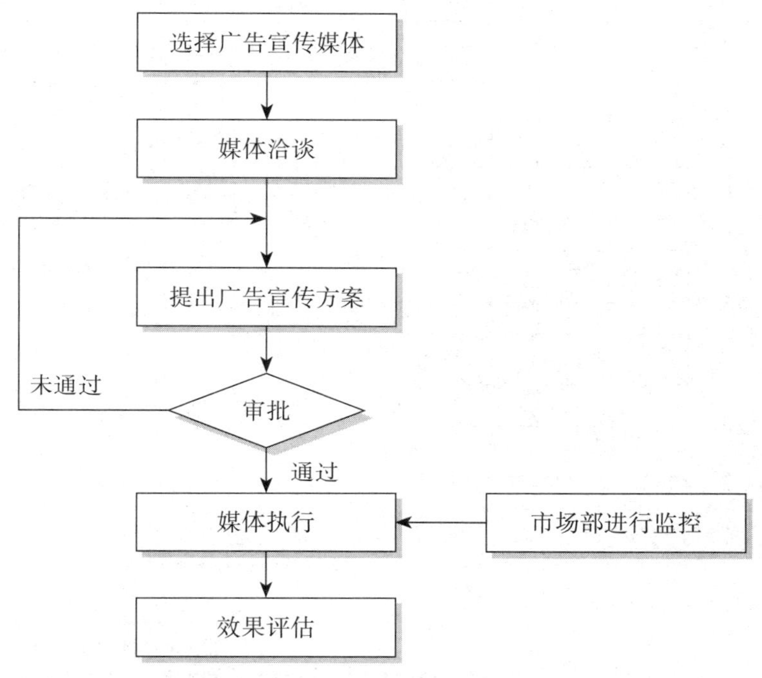

广告媒体选择流程图

4.4.2 选择广告宣传媒体：在广告宣传的年度计划中，选择出公司全年主要的合作媒体，媒体主要有行业杂志媒体、报纸媒体、电视媒体、网络媒体等。

特殊情况下市场部根据广告宣传的要求及时选择所需的广告宣传媒体。

4.4.3 媒体洽谈：每次广告宣传活动前，市场部都应与媒体进行洽谈，讨论商定广告宣传的各项事宜。

4.4.4 提出广告宣传方案：市场部提出广告宣传方案并得到媒体的确认。

4.4.5 审批：市场部提交广告宣传促销方案，经过销售副总经理审核和公司批后执行。

4.4.6 媒体执行：媒体负责审批后的广告宣传方案的具体实施，市场部对全过程进行监控。

4.4.7 效果评估：媒体执行合同半个月内，市场部对广告宣传方案的实施效果进行评估，效果评估报告提交给销售副总经理及总经理，同时在市场部内备案。

4.5 广告宣传用品的制作

4.5.1 广告宣传用品的制作流程图如下。

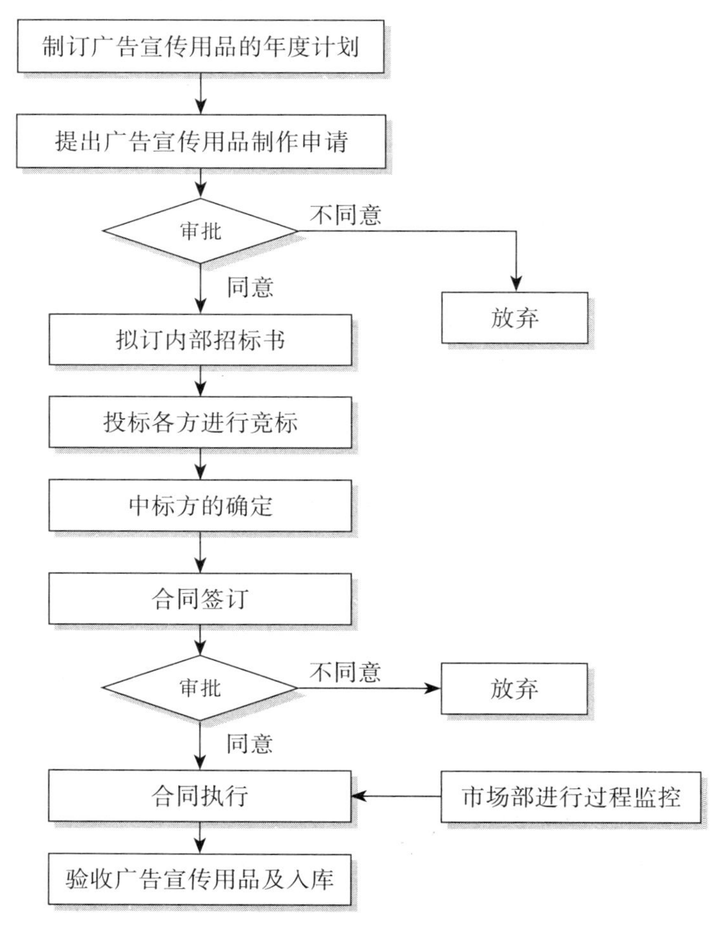

广告宣传用品的制作流程图

4.5.2 制订广告宣传用品的年度计划。

（1）每年12月20日之前，市场部制订广告宣传用品的年度计划，根据计划提出广告宣传用品制作申请，并报销售副总经理审批。

（2）市场部根据制作需要拟订内部招标书。

（3）投标方根据招标要求进行简单的投标，提出广告宣传用品制作材料、规格、日期和费用等。

（4）市场部初步确定中标方，报销售副总经理审核和公司批准。

（5）中标方按合同要求进行广告宣传用品制作，市场部对制作过程进行监控。

（6）市场部负责按照合同对成品进行验收，未达到要求不予接受。

（7）市场部负责把验收合格的广告宣传用品进行入库。

（8）若片区需要，经理填写“印刷品及制作类广告宣传申请表”报市场部，经销售副总经理审核和公司总经理审批，进行片区印刷品及广告宣传品的制作。

4.6 广告宣传费用的使用与报销

广告分为电视广告、报纸广告、杂志广告、网络广告（APP与微信公众号）等，这些广告宣传的分类和费用配比详见《广告宣传管理标准》。

4.6.1 广告宣传费用。

销售公司内部广告宣传费用的使用具体执行《广告宣传管理标准》。

4.6.2 广告宣传费用的报销。

（1）广告宣传费用的报销流程图如下。

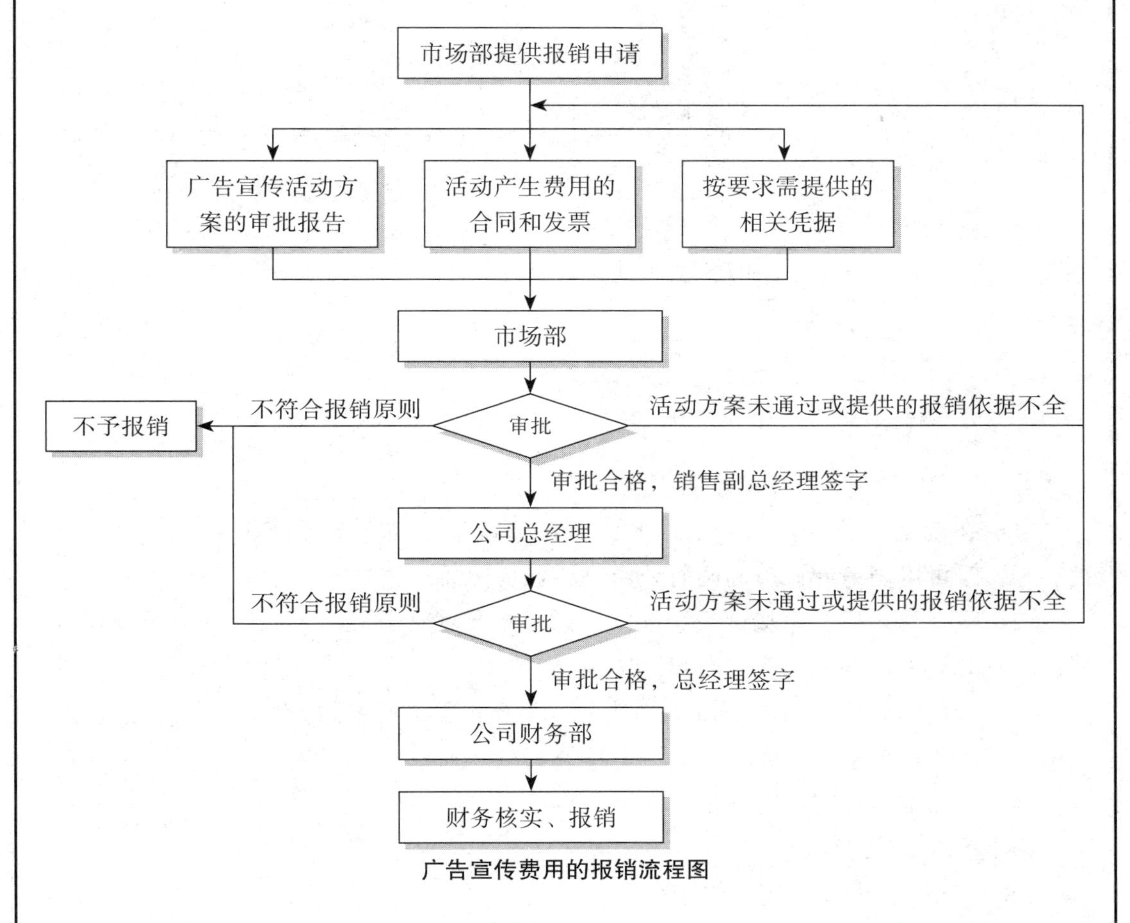

广告宣传费用的报销流程图

（2）广告宣传费用的报销。

①市场部向销售副总经理提出报销申请，报销时应提供活动产生费用的相关合同和发票及按要求需提供的相关凭据，并附上广告宣传活动方案审批报告。

②销售副总经理审批通过后，交公司。

③公司总经理审批通过后，交财务部进行核算、报销。

④市场部及时做好广告宣传费用的统计工作，填写“每月台账”并存档。

4.7 广告宣传活动效果评估

4.7.1 广告宣传活动效果评估流程图如下。

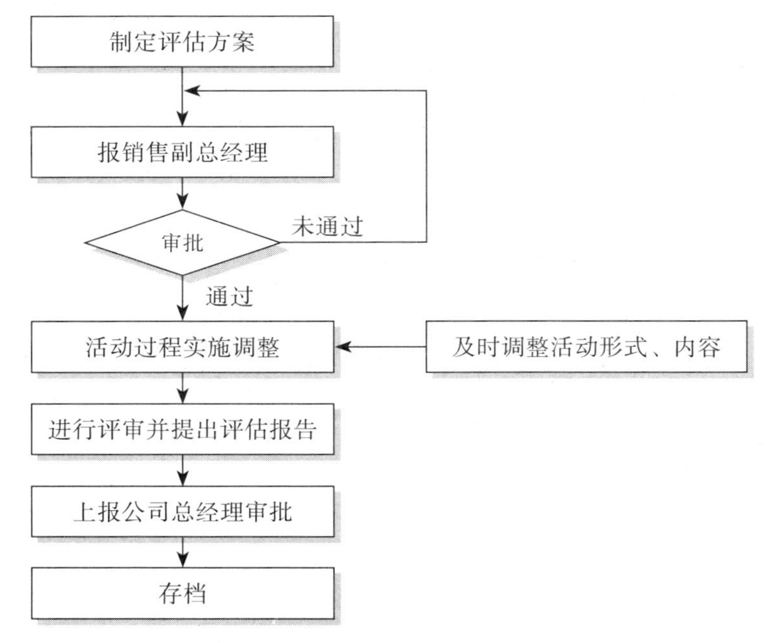

广告宣传活动效果评估流程图

4.7.2 广告宣传活动效果评估。

（1）在制定广告宣传活动的同时，市场部负责评估方案报销售副总经理进行审批。必要时可以聘请专业市场调研公司对广告宣传活动效果进行评估。

（2）审批通过后，市场部负责在活动过程中按评估方案对效果进行现场调查、评估，并及时调整活动的形式、内容以达到预期要求。

（3）活动结束后，市场部负责对整个过程及效果进行评估，写出评估报告，同时提出下次广告宣传活动的修正方案，上报公司总经理审阅。

（4）市场部对所有广告宣传活动的资料进行存档。

4.8 公共关系的维护

4.8.1 公共关系的维护流程图如下。

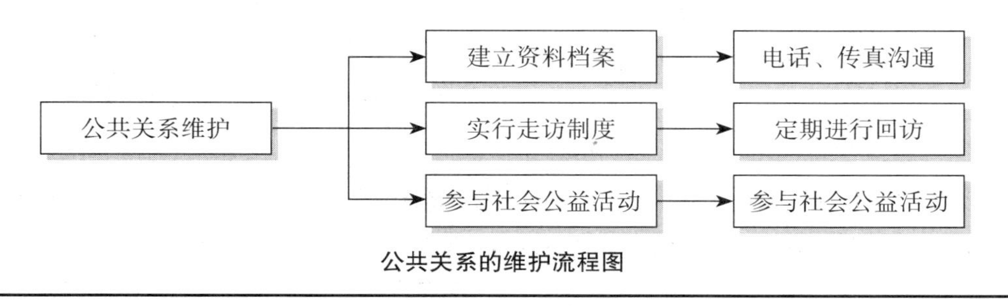

公共关系的维护流程图

4.8.2 公共关系的维护。

（1）市场部汇总建立有关公共关系的档案，不定时地通过电话、传真调查表等形式保持联系。

（2）片区经理每月定期组织对其负责的公共关系、客户进行走访，了解他们的需要，收集他们提出的意见和建议，加强公司与他们之间的沟通联络，于每月28日上报本月的情况。

（3）公司根据各地情况，配合销售部积极参与社会公益活动，服务于广大群众，提升公司品牌形象。

拟定		审核		审批	

9-02　广告宣传品制作管理办法

××公司标准文件		××有限公司 广告宣传品制作管理办法	文件编号××-××-××	
版次	A/0		页次	第×页

1.目的

为加强公司宣传品制作管理，规范操作过程，提高工作效率，根据公司有关规定，特制定本办法。

2.适用范围

适用于公司所属各单位宣传品制作的审批、承印、审核与结算。

3.权责部门

（1）行政部是宣传品制作管理的主管部门，其主要职责如下。

①负责集团内外部刊物、宣传画册、海报、横幅、广告等宣传用品的制作。

②负责定点印刷厂、广告公司的招标管理工作。

③负责向定点广告公司下达宣传品制作任务。

④负责宣传品制作的质量管理工作。

⑤负责宣传品制作的价格审核工作。

（2）分（子）公司是本单位宣传品制作的承办部门，其主要职责如下。

①负责本单位宣传品制作的统筹规划及业务申请工作。

②负责本单位印刷品、宣传品的制作。

③负责本单位印刷品、宣传品的质量、数量的验收工作。

④负责本单位印刷品、宣传品制作经费的报销工作。

（3）部门（中心）是本单位业务范围内宣传品制作的承办部门，其主要职责如下。

①负责向行政部提供宣传品制作业务联系单，业务联系单内容要求填写及时、完整、准确。

②负责本单位业务范围内印刷品、宣传品的制作。

③负责本单位业务范围内印刷品、宣传品的质量、数量的验收工作。

4.管理规定

（1）分（子）公司、部门（中心）的海报、横幅、广告等宣传用品的制作，结合实际需求，报物资计划部，由行政部分管领导审核后，分（子）公司方可自行制作。

（2）定点印刷厂、广告公司必须凭印刷品、宣传品制作业务联系单办理印刷品、宣传品制作业务，紧急需要的印刷品、宣传品可先制作后审批，但必须在3天内补办印刷品、宣传品制作审批单。

（3）举行大型活动宣传广告，由举办部门编制专项活动经费预算报告，由行政部分管领导审核、总经理审批后，方可制作。在填写申请单内容一栏时一定要填写清楚，一旦制作就不能随便更改，如果产生重新制作的费用，由申请部门承担。未经审核批准而制作，一切后果由制作部门负责人承担责任。

（4）分（子）公司，部门（中心）在收到宣传物料后，要严格按申请单要求进行验货，确保质量和数量。若在接收宣传物料时发现破损、缺失或与要求不符时，可拒收；或注明实收货物明细，并通知行政部，由行政部处理、协调、补发及赔偿事宜。

（5）定点印刷厂、广告公司负责上门取稿、上门校对、上门送货、上门悬挂、上门拆卸（条幅除外）。

（6）有特殊要求的印刷品、宣传品制作，需经行政部同意，总经理审批后，可由使用部门另选印刷厂或广告公司制作，制作价格由使用部门、行政部一并与厂家协商确定。

（7）本着谁用谁保管的原则，每次活动临时悬挂的宣传广告及横幅，必须在活动完后由活动主办方或悬挂部门按时撤掉（临时悬挂横幅最多挂3天）。

（8）行政部负责集团本部宣传品制作经费的结算，分（子）公司负责本单位宣传品制作经费的结算。

（9）宣传品制作经费每季度结算一次，结算时间为下季度15日前；大型专项活动宣传品制作经费单独结算，结算时间为每次活动结束后15日以内；每年的宣传品制作经费必须在12月15日前结算完毕。

拟定		审核		审批	

9-03　公司广告宣传品管理规定

××公司标准文件		××有限公司 公司广告宣传品管理规定	文件编号××-××-××	
版次	A/0		页次	第×页

1.目的

为了规范公司广告宣传品的管理与发放，使其更加科学与合理，塑造良好的公司形象，特制定本制度。

2.范围

（1）适用于相关部门或人员广告宣传品领用程序及具体领用广告宣传品所必须履行的手续。

（2）适用于公司所有部门人员。

3.职责

（1）总经理及相关部门经理负责广告宣传品发样的审批。

（2）相关部门或人员对所领用广告宣传品及所造成的后果负责。

（3）市场部负责广告宣传品的发放及广告宣传品的日常管理工作。

4.细则

4.1　广告宣传品的管理

4.1.1　按计划验收入库。凡验收入库的广告宣传品必须要有经主管部门和公司领导批准的审批报告，库管员按审批报告上的数量、要求、价格等验收入库，如与报告不符可以拒绝入库并及时向部门领导反映。

4.1.2　广告宣传品的保管应严格按照物资管理办法执行。

（1）坚持分类摆放、分类管理的原则，坚持先进先出、后进后出的原则。避免广告宣传品的积压，力争做到广告宣传品及时到位，减少公司的损失。

（2）坚持账卡物相符、账账相符的原则。每种广告宣传品必须要建立管理卡片，及时上账、下账，要做好收发月报告并交公司财务存档和库管存档。建好广告宣传品台账，台账上宣传品的名称、数量、规格、出入库时间、收发单位要清楚，同时要求每月26日前将上月结转、本月收发、本月库存填入盘点表交公司财务部。所有的账、卡、物、表，都要做到账账相符、账物相符。

（3）坚持广告宣传品的合理存放原则，注意保管的物品防潮、防霉变、防腐蚀。

（4）坚持广告宣传品仓库整齐、清洁、通风、干燥。

（5）坚持广告宣传品的安全存放原则，注意防火、防盗。

4.2　广告宣传投放流程

4.2.1　常规媒体广告投放范围及流程。

（1）范围：在投放前无须签订投放协议的报纸、电视、电台、网站的广告，以及人员流动率较大的区域门店、各市区主干道、城中村出入口的门头招牌，店内广告。

（2）流程。

①根据市场状况，结合阶段销售策略和历史投放效果分析，并听取销售部意见的前提下，由广告宣传专员于每月1日前制定次月的“广告宣传月度计划表”交市场部经理审核。

②市场部经理根据统一对外宣传要求，对内容、版面、时间进行调整，市场部经理根据各公司“广告宣传月度计划表”制成“广告宣传月度汇总表”，每月3日前回复至广告宣传专员，由广告宣传专员每月5日前交报市场部总监审核，审核通过后由市场部经理备案。

③如因市场推广活动或媒体特惠及关系需要而对当月计划做临时性调整，日期、版面规格、媒体调整应由广告宣传专员签字，说明变更原因，在投放前两日报市场部经理备案。如当月调整部分增减金额超过5000元，广告宣传专员需报市场部总监备案。

④每月5日由广告宣传专员提交上月广告总结，上报至市场部经理、市场部总监，由市场部总监备案。

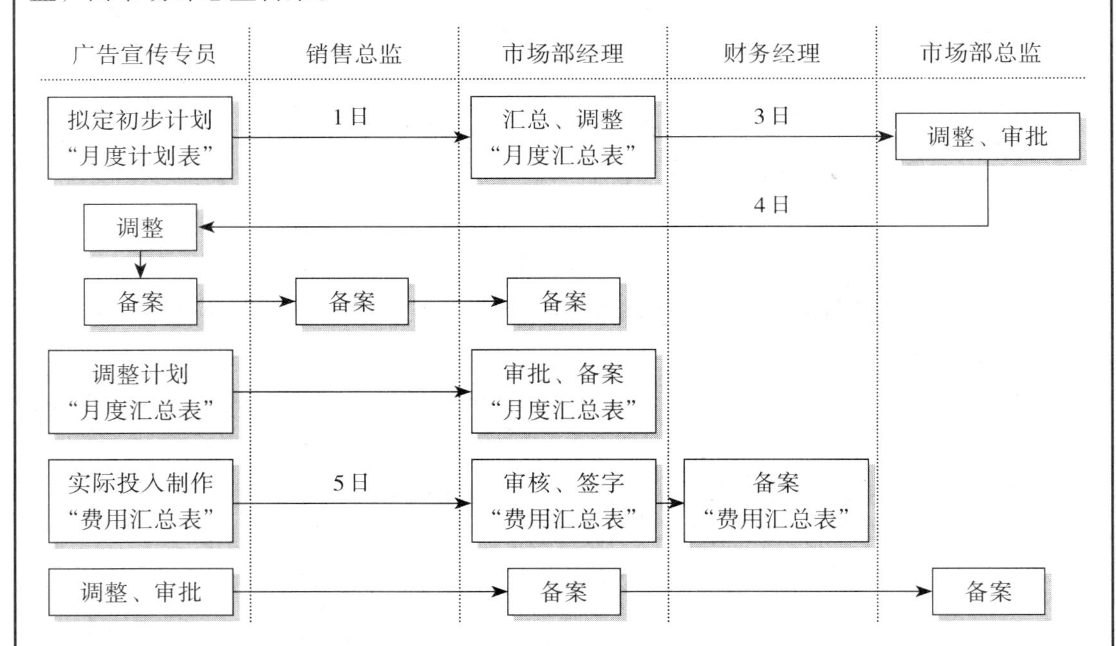

4.2.2 非常规媒体广告投放范围及流程。

（1）范围：自行开展主题活动、厂家支持活动及各类路演；需签订投放协议的媒体；户外广告媒体。

（2）流程。

①公司全体员工均可为广告宣传专员提供非常规广告信息和资源。由广告宣传专

员进行资料初选，优选意向合作项目，召开评审会。

②评审会由广告宣传专员、销售经理、市场部经理、市场部总监出席（2000元以内可不出席），建议在销售周例会上由销售顾问提出进行集体方案评审，由销售经理介绍活动情况（如活动方案一目了然，也可直接评审），由评审会确定是否参加，以及参加的时间和形式。如属活动的，填写“活动审批表”；如属制作的，由广告宣传专员列清明细和报价；如属其他形式的，填写书面报告，并由广告宣传专员和部门经理签字。

③由广告宣传专员将评审结果报市场部总监审批，超过2000元（含2000元）的广告，在市场部总监审批后，报总经理审批。

④审批通过的方案由广告宣传专员和市场部经理共同与活动提供方敲定细节，并开展价格谈判。最终确定的价格，由广告宣传专员和市场部经理签字确认。

⑤形成的最后协议报总经理确认，协议由广告宣传专员留存。

⑥在活动期间，因促销需要发生项目增减导致总价改变时，应由广告宣传专员向市场部总监提交总价变更审批表，超过20%的报总经理审核。在决算时，总价变更审批表作为补充附件。如预算时费用不超审批权限，决算时费用已超审批权限，在决算时应按审批权限报上级审批，并说明超支原因，超支不得超过预算的40%，如超支预算40%的应重新进行方案申报。

⑦广告费用在10000元以内由副总经理进行签批；广告费用在10000元以上（含10000元）需报董事会批准。

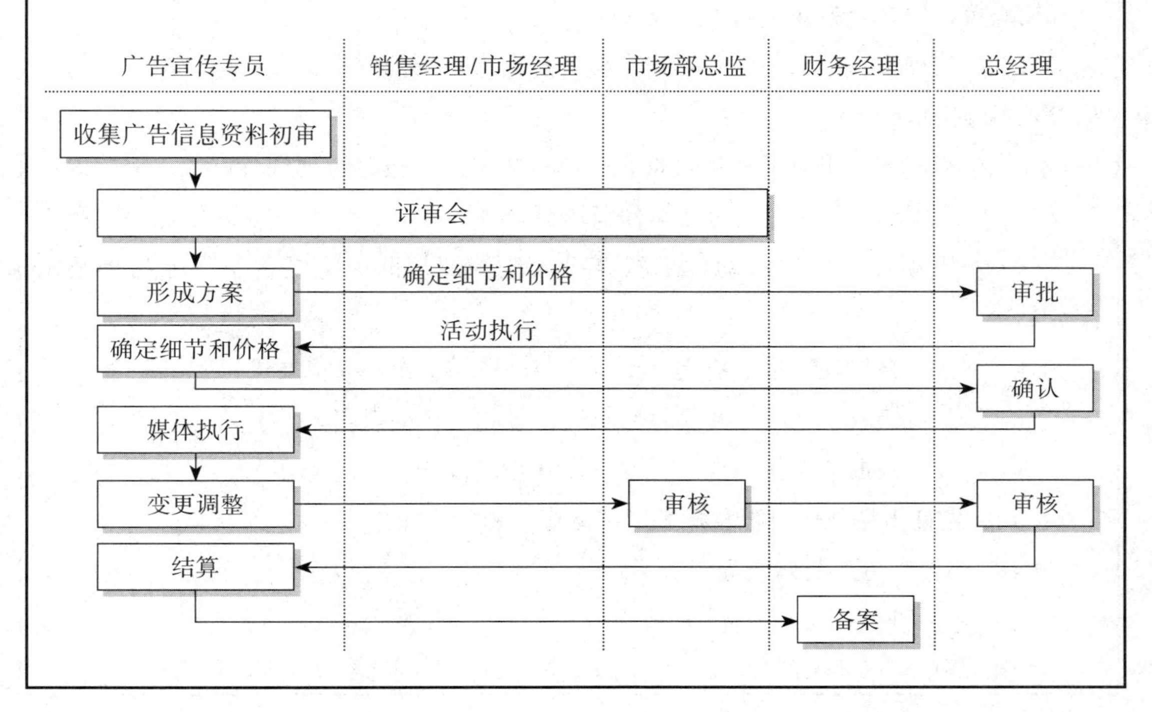

4.3 广告宣传品申请流程

4.3.1 广告宣传物料管理。

广告宣传物料管理共分为如下六个阶段。

（1）申请提报：销售部人员根据需求由各部门向市场部提报物料申请，市场部物料负责人填写申请表。

（2）物料申请审核：市场部物料负责人将填写的申请表报销售总监/市场总监进行审核，审核人员要根据活动实际情况判定是否进行制作及增减。

（3）广告宣传物料费用预算：销售总监/市场总监根据活动效果核算投入比例，决定是否制作及制作数量。

（4）广告宣传物料的制作：广告宣传经理在保证质量的前提下要注意节省费用，广告宣传经理要进行质量把关。

（5）签收：广告宣传专员在收到物料后要进行签收，交由市场部物料负责人备档保存。

（6）使用：根据物料使用规范要求进行使用，市场部监督使用情况。

4.3.2 公司礼品箱管理。

礼品箱管理共分为如下六个阶段。

（1）申请提报：相关部门根据需求由各部门向市场部提报物料申请，市场部物料负责人填写申请表。

（2）申请审核：市场部物料负责人将填写的申请表报总经理进行审核，审核人员要根据活动实际情况判定是否进行制作及增减。

（3）费用预算：根据活动效果核算投入比例，帮助决定是否制作礼品箱及制作数量。

（4）制作：在保证质量的前提下要注意节省费用，相关人员要进行质量把关。

（5）签收：接收人在收到礼品箱后要进行签收，备档保存。

（6）发放：根据礼品箱需求进行发放，并登记备查。

4.4 广告宣传品制作流程及财务付款流程

4.4.1 广告宣传品制作流程图如下。

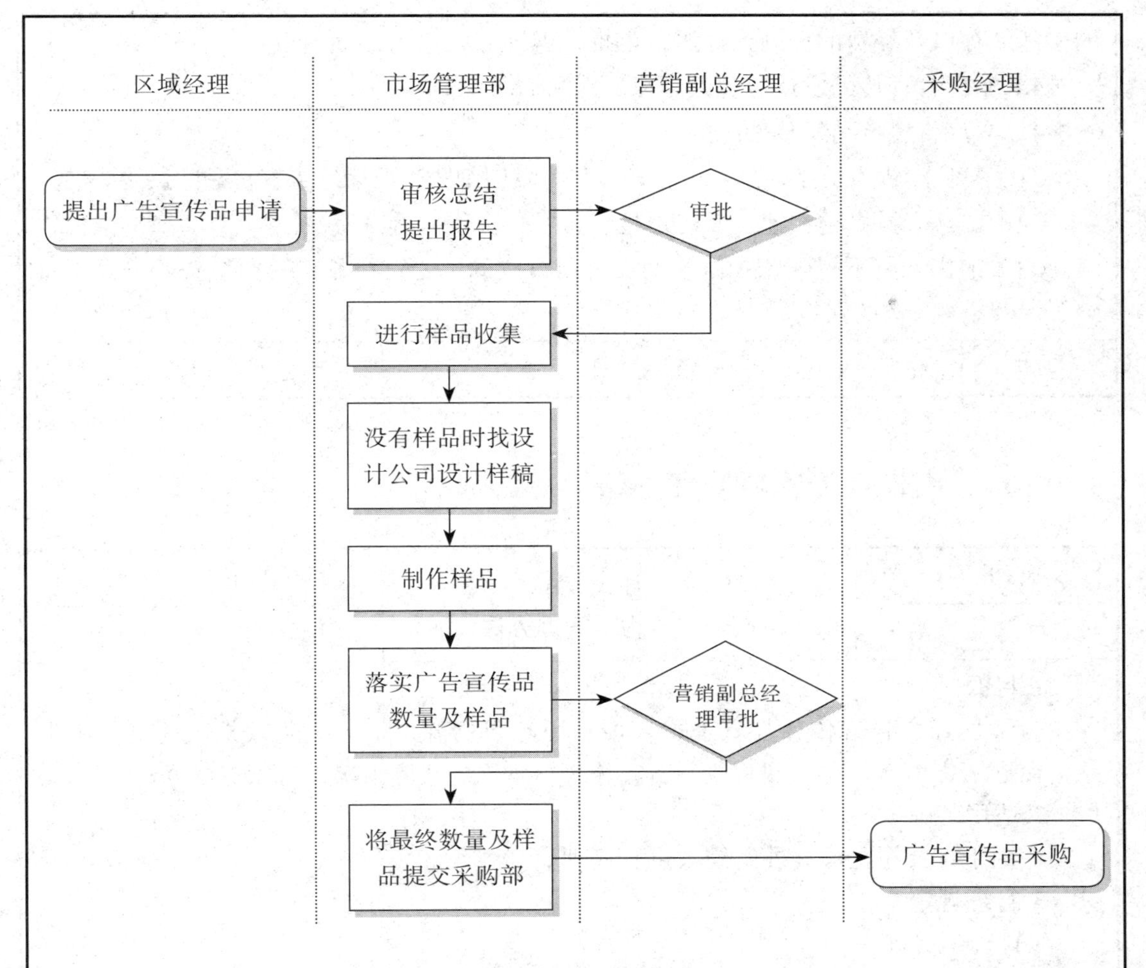

广告宣传品制作流程图

4.4.2 财务付款流程。

（1）常规媒体付款周期为3个月，物料、礼品箱及宣传品付款周期为1个月，付款当月由广告宣传专员根据“费用汇总表”信息，填写费用报销单，报副总经理签字，需提前付款的应由广告宣传专员写明原因，报副总经理。

（2）非常规媒体付款周期视合同约定，付款由广告宣传专员附合同，填写费用报销单，报副总经理签字（汇总统算的期间在一个季度内）。付款由广告宣传专员根据发票信息，填写费用报销单，报副总经理签字，再报财务经理签字。

4.5 广告宣传品的发放

4.5.1 严格按照投放计划指标投放。严格按照公司年初确定的广告宣传经费指标量控制发放，超支不发。

4.5.2 广告宣传品下发需经销售副总经理审批。结合客户需求和公司广告宣传品

的实际库存以及经费的控制指标进行审批，保证照顾全面，突出重点。 4.5.3 广告宣传品发放应建立台账，账目必须清楚。 4.5.4 广告宣传品发放情况的检查。 （1）每位销售人员必须建立广告宣传品收发明细账，明确广告宣传品的最终去向。 （2）销售人员必须快速、及时地把广告宣传品投向客户终端。 （3）销售人员不得随意扣压、变卖公司投放的广告宣传品，公司检查一经发现将给予涉及金额5倍的罚款。					
拟定		审核		审批	

9-04 广告宣传物料管理办法

××公司标准文件		××有限公司 **广告宣传物料管理办法**	文件编号××-××-××	
版次	A/0		页次	第×页

1.目的

为了加强广告宣传物料管理，合理利用有限资源，扩大宣传效果，提升品牌形象，促进销售增量，结合现阶段广告宣传物料管理的实际情况，特制定本办法。

2.适用范围

适用于本公司全体驻外营销人员及代理商。

3.管理规定

3.1 计划管理

3.1.1 广告宣传物料计划管理。每季度第一个月上旬，驻外营销人员征询代理商意见，代理商结合自身安排的促销活动计划，编制下一季度广告宣传物料需求计划报营销管理部审核，总经理批准。营销管理部汇总代理商需求计划，编制下一季度广告宣传物料制作计划，报总经理审批后交市场推广部审核制作。

3.1.2 平面印刷品计划管理。每季度第一个月上旬，驻外营销人员征询代理商意见，代理商结合自身安排的促销活动计划，编制下一季度平面印刷品需求计划报营销管理部审核，总经理批准。营销管理部汇总代理商需求计划，编制下一季度平面印刷品制作计划，报总经理审批后交市场推广部审核制作。

3.1.3 市场推广部根据公司促销活动总体安排和新品上市推介计划，编制季度或年度广告宣传物料和平面印刷品制作计划，报总经理批准后安排制作。营销管理部根据市场推广部提供的广告宣传物料或平面印刷品清单，结合代理商年度销售品种、销量及促销活动计划，分配代理商广告宣传物料或平面印刷品数量随车发运给代理商。

3.2 广告宣传物料及平面印刷品制作合同管理

3.2.1 市场推广部根据需求下达广告宣传物料或平面印刷品制作计划流程单，并明确工艺要求、制作质量、交货时间等要素，由采购部统一发放标书，采用价格比较法方式进行招标制作。

3.2.2 采购部代表公司，按照市场推广部制作计划流程单的要求与中标单位签订广告宣传物料或平面印刷品制作合同。

3.2.3 制作公司在批量制作前，应提供样品交市场推广部评审，报总经理确认，市场推广部对总经理确认后的样品进行封样，并妥善保管样品，用于收货时作为验收标准的比对依据。

3.2.4 该批广告宣传物料或平面印刷品合同制作完毕后，将合同和所有与合同有关的资料按批次装订成册保管以备查。

3.3 广告宣传物料或平面印刷品出入库及在库管理

3.3.1 广告宣传物料或平面印刷品的入库管理。

（1）广告宣传物料或平面印刷品入库。必须严格按照合同规定和封样标准验收，认真核查和清点品种、规格、质量和数量是否与合同规定一致，如遇与合同或样品要求不符的，或质量有问题的暂不予入库，市场推广部应及时协调，提出处理意见和措施，达成共识；如处理未果，应及时将处理意见和措施向主管领导或总经理报告，执行主管领导或总经理裁定意见。

（2）对验收合格的广告宣传物料或平面印刷品，应及时入库并妥善保管。入库时必须将物品以“大不压小，重不压轻”的原则，分类、分批次摆放整齐，便于出库和月底盘存。

（3）广告宣传物料或平面印刷品管理人员，必须建立电子台账和手工台账，做好库房管理工作。

3.3.2 广告宣传物料或平面印刷品的在库管理。

（1）库管人员做好入库物资的保管工作，防止物料受潮、变形和损坏，确保物料清洁无污。

（2）每月末库管人员对在库物资进行一次盘存，做到账、卡、物相符，同时将盘存情况上报营销管理部备查。如库存账与实存不相符时，库管人员应先查找原因，无果时，应立即向销售公司总经理汇报，说明情况经同意后，方能调账处理，使其账物相符。

3.3.3 广告宣传物料或平面印刷品的出库管理。

（1）对于广告宣传物料或平面印刷品，必须有经主管领导签字确认后的出库单方可出库。

（2）库管人员凭出库单按“先进先出”原则发放，确保广告宣传资料的时效性，同时妥善保管出库依据，按时间顺序每月装订成册并妥善保管。

拟定		审核		审批	

9-05　终端广告制作管理制度

××公司标准文件		××有限公司 终端广告制作管理制度	文件编号××-××-××	
版次	A/0		页次	第×页

1.目的

为统一企业形象，规范终端广告制作流程，进一步完善终端广告制作相关工作，明确工作职责，提高终端广告制作效率，特制定本制度。

2.适用范围

适用于本公司下属各门店终端广告的制作。

3.名词解释

终端广告包括：门店门头广告、店内外灯箱、店内包柱、电梯广告、端架画面制作、经销商自有车身广告等。

4.管理规定

4.1 终端广告制作中各部门或人员的职责

4.1.1 市场部负责：终端广告制作的计划、组织，广告画面的设计、审核，合同审核。

4.1.2 各省区经理负责：门店选择、广告具体位置选择，负责终端广告门店谈判与后期维护。

4.1.3 销售公司负责：审核各省区所申报的门店合理性和门店陈列费用投入的合理性。

4.1.4 市场专员负责：门店和广告具体位置审核，制作并签订合同，具体实施广告制作，费用核报和日常维护。

4.1.5 采购部负责：价格审核。

4.1.6 财务部负责：广告预算控制，广告费用核销，合同评审。

4.2 终端广告制作申请条件

4.2.1 除特殊情况外，终端广告制作所选门店必须同时符合以下要求。

（1）门店申请范围：KA及A类门店，样板市场和重点市场的B类门店。

（2）终端广告制作的门店销售要求。

①直营门店：月平均销售额（年度销售额月平均）在1万元以上。

②经销门店：月平均销售额（年度销售额月平均）在0.5万元以上。

③申请电梯、过道形象制作的门店，费用超过5000元的，直营门店月销售额必须在4万元以上，经销门店必须在2万元以上，或门店年度无其他陈列费用投入。

4.2.2 为确保终端形象制作费用能在更长的时间内发挥作用，特对制作后的陈列时间进行如下要求。

（1）制作金额在2000元以内的，本公司产品必须陈列9个月以上（必须包括春节期间）。

（2）金额在2000元以上的，确保本公司产品免费陈列1年以上。

（3）各区域门店要利用终端形象制作争取免费陈列，但无论免费还是投入费用，都必须确保陈列时间按要求执行；未达到此要求的，市场专员必须立即报告，公司将追究相关门店责任人和主管的经济责任，且制作费用将划拨由各区域自行承担。

4.2.3 对于门店内具体广告位置的选择。

（1）位置要求：主通道或本公司相关产品主货架陈列区。

（2）对于位置不符合要求的，市场专员可拒绝制作，并有权要求销售人员予以调整，因此而导致制作时间延误或费用浪费的，皆由门店销售人员承担相关责任或经济赔偿。

4.3 终端形象制作申报流程

4.3.1 年度申请。

（1）各区域必须按市场部规定的时间节点，以“终端形象制作申请表”提交年度终端广告制作计划，包括原终端广告的更新计划、预计新开客户（或门店）的终端建设计划，通过年度规划，初步确定终端广告制作的年度预算。

（2）市场部汇总各区域的终端广告制作计划，并进行审核，根据年度总费用，予以调整、汇总提交公司签批。

4.3.2 季度申请。

（1）年度费用审批后，由市场部按季度分配各省区终端广告制作的费用标准，市场专员以省区为单位，经省区财务部和省区经理签字确认后，向市场部提交“终端形象制作计划申请表”，市场部会同销售公司审核。

（2）特殊情况需要突破预算的，必须备注，由市场部审核。

（3）市场部将各区终端形象申请表汇总后，统一向公司提交申请，预算整体的季度终端形象建设费用，并将批复后的申请回传至各区域门店，市场专员按批复后的申请统筹安排各区域的终端形象制作。

（4）市场专员必须按规定的时间节点完成制作。

4.3.3 临时申请。

（1）由销售人员单独提交申请报告，附“终端形象制作计划申请表”，并注明临时增加的原因，市场专员审核后，交销售公司和市场部审核。

（2）各区域门店要加强季度规划，尽量避免临时申请。

4.4 形象制作谈判与合作规范

4.4.1 在终端形象制作过程中，市场专员必须选择2家以上制作单位进行谈判，要求制作单位将谈判后的价格明细以书面的形式提报并盖章确认。

4.4.2 在确保质量的前提下，与较低价格的制作单位签订制作合同。

4.4.3 所有制作合同必须采用公司统一版本。

4.4.4 合同签订注意事项。

（1）制作金额在1000元以内的，制作预付款不超过30%，余款待制作完成后一次性付清。

（2）制作金额在1000元（含）以上的，合同预付款不得超过30%，余款要求分2次付清，在制作完成后一个月内支付50%～60%，另10%～20%要求确保制作在3～6个月内无质量问题后方可支付。

4.5 制作合同会签与付款流程

4.5.1 合同会签流程。

（1）1000元（含）以上的制作合同：市场专员将商定的“制作合同”附“合同会签表”经各省区财务部、省区经理确认后，提交市场部审核，并经采购部、财务部审核后，总经理签批，采购部必须于2个工作日内审核完毕，财务部、市场部、总经理在3个工作日内将合同审核会签完毕，市场部跟踪和回复各市场专员。

（2）1000元以下的终端广告制作，无须经采购部和财务部审核，凭申请报告或公司已经批复的季度总计划表，经市场部审核和总经理签批后，即可盖章。

（3）会签资料包括：“合同会签表”“申请报告”“制作合同”“2家或以上书面报价明细”“现场设计效果图”与“陈列协议”。

4.5.2 预付款申请。

（1）由市场专员填写“报销单”与“付款申请单”，经各省区财务部、省区经理签字确认后，传真或邮寄至公司市场部，由市场部登记后统一办理付款（按财务付款流程付款）。

（2）“报销单”必附的材料包括：“正式发票”“一般合同会签表”“制作合同”“报价明细”“现场设计效果”与“陈列协议”。

（3）提交公司的报销单，在确认材料完整的情况下，市场部经理、总经理于2个工作日内签字完毕，财务部于2个工作日内付款完毕。

4.5.3 余款支付申请。

（1）由市场专员提前一周填写“报销单”与“付款申请单”，经门店负责人、业务代表、各省区财务部、省区经理签字确认后，传真或邮寄至公司市场部，由市场部登记后办理付款（按财务付款流程付款）。

（2）在支付余款（除首批款外）时，“付款申请单上”必须有门店负责人、业务代表和省区经理对于“目前门店形象制作质量状况如何”的标注。

（3）“报销单”必附的材料包括：“正式发票”“一般合同会签表”“制作合同”“报价明细”“实景照片或打印图”。

（4）提交公司的报销单，在确认材料完整的情况下，市场部经理、总经理于2个工作日内签字完毕，财务部于2个工作日内付款完毕。

4.6 终端广告申请与制作流程图

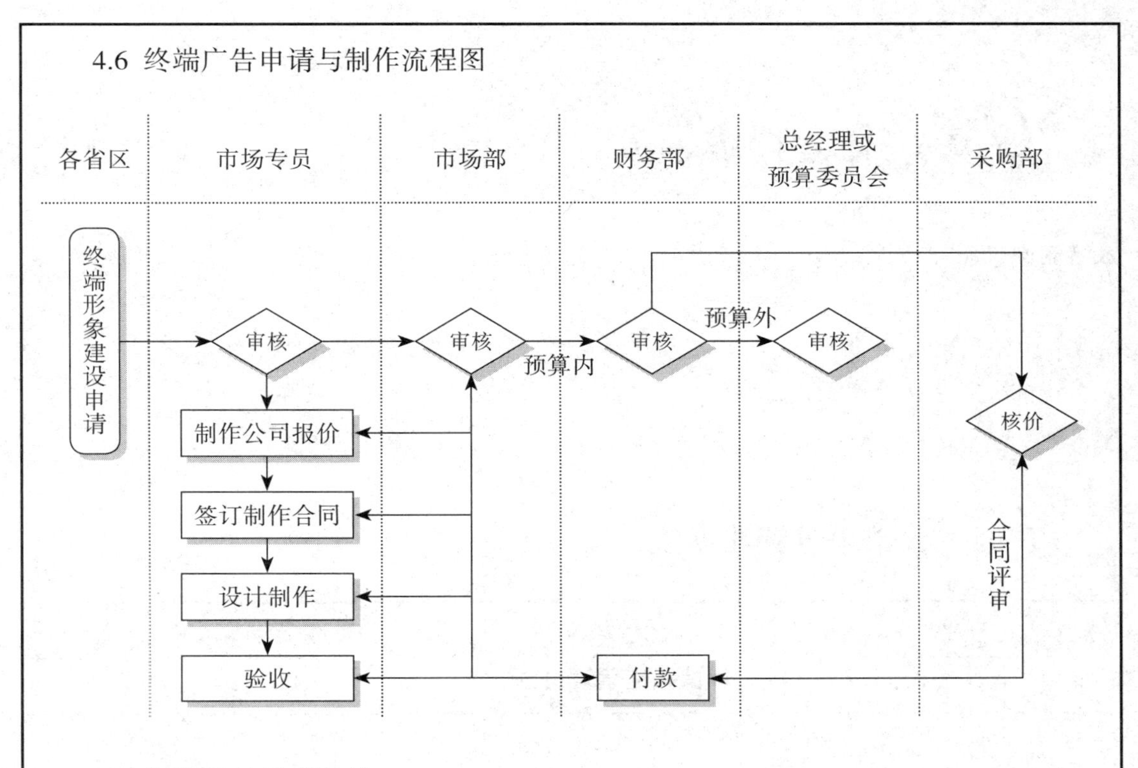

4.7 制作后的日常维护

4.7.1 门店业务代表主要负责日常维护，市场专员每2个月必须检查一次，市场部必须组织人员每个季度检查1次；除了检查制作质量外，还必须检查陈列资源是否被竞品占用，或各区域门店是否因无陈列费用预算而致所制作的终端广告被竞品所占用，以及检查陈列的产品是否正确。

4.7.2 对于发现有损坏的或即将损坏的陈列资源，市场专员必须尽快修理；如果是制作公司质量问题导致的，必须要求制作公司予以免费修理。

4.7.3 在支付余款（除首批款外）时，“付款申请单上”必须有门店负责业务代表和省区经理对于“目前门店形象制作质量状况如何”的标注，如对有质量问题而隐报、虚报、不报者，则将追究其隐瞒责任。

4.7.4 对于终端广告制作维护不力的，则追究相关人员经济责任。

拟定		审核		审批	

第10章 渠道管理制度

本章阅读索引：

- 营销渠道管理办法
- 经销商分级管理制度
- 代理商管理制度
- 跨区冲货管理办法

10-01 营销渠道管理办法

××公司标准文件		××有限公司 营销渠道管理办法	文件编号××-××-××	
版次	A/0		页次	第×页

1.目的

为指导业务经理渠道运作，提升营销网络和客户质量，为实现全年的营销目标提供保障，并且规范客户管理，规避公司经营风险，特制定本办法。

2.适用范围

销售部及所有驻外业务经理的渠道管理工作。

3.职责

（1）销售部负责对各销售区域渠道相关工作的指导和监控。

（2）各销售区域负责对本区域渠道工作的规划、组织和实施。

4.管理规定

4.1 渠道规划

4.1.1 各销售区域根据销售部下达的年度销售目标，结合本区域产品组合策略及渠道现状，分区域、分客户类型对本区域进行全渠道规划。

4.1.2 在年度渠道规划的基础上，形成月度渠道推进计划。

4.2 新增客户的资信审核及经销网点的销户报备

4.2.1 新增客户的资信审核。

（1）业务经理负责对新开发客户进行初审，符合开户条件的，签订《买卖合同》，填写“新增客户资信审核表”，并负责收集对方已年检的营业执照副本及复印件个体或私营业主的身份证及复印件和财务公函等资料交销售内勤。

（2）销售内勤将经销售部经理签字的“新增客户资信审核表”及以上相关资料报

至公司，并将开户资料复印件留销售部存档。

（3）公司负责对新开发客户的资格进行审核，合格后交财务部设立客户代码、财务代码，并负责及时传达至销售部。

4.2.2 销户报备。客户的销户须由销售部申请，注明销户原因，报公司审批并经财务部核清往来账目后方可执行。

4.3 经销商合同（协议）的签订

见《经销商合同、协议、客户档案管理规定》。

4.4 委托发货

4.4.1 经销商需要委托本公司发货时，必须向销售部出具委托发货书原件。委托发货书必须注明收货地址、收货人，并明确所发货物的债权债务由委托方承担，委托发货书要加盖委托方的公章。

4.4.2 销售部在收到经销商的委托发货书后，财务经理和销售部经理必须在委托发货书上签字后报至公司，委托发货书原件由销售内勤存档。

4.4.3 公司审核合格后，将委托发货书交财务部增设送货地址。

4.5 客户资料变更

4.5.1 经销商须向业务经理提供变更函告，函告应写明更改后的经销商承担原经销商与本公司所有债权债务关系，函告须加盖新、旧经销商公章；经销商同时须提供变更后的已年检的营业执照副本及复印件、个体或私营业主的身份证及复印件。

4.5.2 销售内勤将销售部经理和财务经理签字的变更函告及经销商变更后的已年检营业执照及复印件、个体或私营业主的身份证及复印件报至公司，原件留销售部存档。

4.5.3 公司对以上资料进行审核，合格后交财务部予以变更，营业执照副本及个体或私营业主的身份证予以退还。

4.6 账期管理流程

销售部申报如下。

（1）销售部与经销商洽谈并达成初步意见。

（2）销售部将洽谈结果书面报告公司。

（3）公司审批。

（4）公司批准报告内容。

（5）签订合同。

①销售部按公司批复报告内容拟订合同。

②销售部经理在合同上审核、签字并报至公司盖章。

4.7 授权书、特价商品的管理规定

4.7.1 授权书。

（1）销售部经理对其他人员有二次授权的权利，但内容由公司规定。

（2）销售部经理对销售部承诺恪守公司政策规定，个人承担违规责任。

4.7.2 特价商品。

（1）销售部规定特价商品的型号并制定最低指导价。

（2）特价商品的发货必须有有效的特价商品协议。

（3）业务经理签订特价商品协议并传回销售部。

（4）业务经理负责特价商品比例控制，财务经理核查，销售部抽查。

（5）对于重点战略市场，在合同中可适当上调特价商品比例。

（6）因未签订特价商品协议或特价商品比例超标给公司造成的损失，由销售部经理、财务部经理承担连带责任。

4.7.3 要求。

（1）严格按销售部规定的权限使用授权书。

（2）业务经理负责各项特价商品指标的落实。

4.8 重点客户门店管理办法

4.8.1 产品出样。

（1）销售部经理要确保重点客户门店中高端产品出样比例达60%以上，其高端产品要出样。

（2）业务经理要确保重点客户门店样商品及时出样，否则需书面上报销售部批准。

4.8.2 门店及样机维护。

（1）业务经理负责监督门店清洁卫生工作，保证其良好的展示效果。

（2）业务经理负责门店样品美化及更换、处理工作。

4.8.3 门店分销。

（1）业务经理将销售部下达的销售任务分解至各门店。

（2）业务经理落实门店销售计划，做好销售反馈工作。

（3）业务经理落实门店营业推广活动，用好、用足重点客户连锁资源，提升单店销售能力。

（4）业务经理做好区域门店产品售价的统一，维护正常市场价格秩序。

4.8.4 门店客情关系的维护。

（1）业务经理做好门店相关人员关系的维系工作。

（2）销售部经理负责重点客户相关人员的关系维护工作。

（3）销售部经理需定期拜访重点客户，每月需走访不少于30%的重点门店。

4.8.5 门店信息反馈工作。

（1）业务经理做好有关产品需求信息记录，并做好跟踪、服务工作。

（2）业务经理和销售内勤做好重点客户门店档案的收集、汇总、上报等工作。

（3）业务经理和销售内勤做好重点客户门店进、销、存分析工作，避免滞销品、残次品对业务的影响。

（4）销售部经理做好重点客户门店投入、产出分析工作，加强单店盈利能力。

4.8.6 要求。

（1）业务经理于每月5日前将重点客户产品库存结构及市场现状（竞争对手）进行分析，并将分析结果及滞销品、残次品等业务问题的解决方案、完成进度报销售部。

（2）业务经理于每月5日前将“重点客户门店月销售、费用表”报销售部，此表由财务经理组织填写，并对其数字真实性负责。

（3）业务经理于每月5日前将“重点客户门店信息情况表”“重点客户门店月销售明细表”“重点客户门店月销量表”“重点客户门店样品明细表”报销售部。

（4）若违反上述管理办法，将视情节严重给予责任人200～1000元罚款。

4.9 区域经销商管理

4.9.1 区域经销商的确定条件。

（1）具有较强的资金实力、信誉良好，且第一个月实际销售额不低于年度销售目标的10%。

（2）销售网络健全，并具备较强的物流配送能力，以××产品为其主要经营业务。

（3）积极维护××产品市场秩序，无窜货、乱价行为。

（4）年度××产品最低销售额目标达1000辆，签订《年度××区域经销商协议》，并按既定目标进度完成销售任务。

4.9.2 区域经销商资格审定。区域经销商资格必须经公司审定，业务经理填写“区域经销商资格审定表”，报销售部审批后方可执行。未经公司审定，不得签订《年度区域经销商协议》，其区域经销商资格无效。

4.9.3 区域经销商的调整与“红黄牌”制度。

（1）对于区域经销商的调整（或更换），业务经理只有建议权，决定权在公司。

（2）业务经理专题申请报告中必须详细汇报调整（或更换）理由、调整风险预测、风险防范，替代经销商人选和情况说明、更换步骤、控制办法等。

（3）对于调整（或更换）对象为年度销售目标3000辆以上的客户，公司原则上将派专人前往考察，并提交考察报告。

（4）为加强对区域经销商的管理，销售部每月根据各区域经销商完成进度情况对完成差的分别给予“黄牌警告”和“红牌处罚”，对“黄牌警告”的客户限期进行整改，对“红牌处罚”的代理商要求业务经理取消其代理资格，业务经理必须尽快寻求替代区域经销商。

4.10 分销客户管理

4.10.1 主要针对三、四级市场分销客户的出样、销售情况以及网点开发计划等进行监控、分析。

4.10.2 业务经理根据销售部要求收集分销客户相关信息并填制相关表格报销售部，销售部对表格内容进行整理、汇总、分析并予以抽查、核实，对于弄虚作假行为给予严惩。

4.10.3 销售部对于各区域的分销客户开发与建设予以及时的指导和监控，对于执行不力的人员及时提出整改要求，分部应拿出相应整改措施。

4.11 渠道检讨

每年的旺季间隙，各区域根据前期的市场基础和业绩表现对营销渠道进行一次全面的检讨，重点在于通过对渠道现状的评估，制定下一步渠道规划，并着手实施整合。

4.12 窜货管理办法

4.12.1 窜货是指经销商或其下线分销商超出指定区域销售××产品的行为，包括区域内部窜货和区域间窜货。

4.12.2 窜货预防。

（1）各地经销商要慎重选择分销渠道，严格把握好价格关，控制好销售渠道，防止货物外流，业务经理监督执行，销售部不定期进行抽查。

（2）销售部根据各市场反馈回来的信息对窜货情况做出深入调查，根据需要及时更新预防方法，并以不定期、不通知等抽查形式对各市场货物流向情况进行了解和检核。

4.12.3 举报及调查。

（1）经销商或营销人员发现所辖市场上有窜货情况发生，应及时将窜货产品的型号、数量、生产日期、产品编号、窜货源头、当地批发价格、窜货处批发价格、窜货造成的影响等情况详细说明以及相关证据一并提供给销售部予以确认。

（2）销售部对所反映的窜货情况予以调查、核实。

4.12.4 处理措施。

（1）销售部将责令窜货的业务经理督促其经销商在规定的时间内无条件收回窜货产品。

（2）受窜货行为危害的区域，为减少市场危害，可从本区域参与窜货的经销商手中购买窜货产品，窜货的区域必须购回或督促其经销商购回，并赔偿20%的运费（由窜货的经销商承担），对于拒不执行的业务经理就地免职。

（3）窜货货品收回后，公司视情节将对窜货的商业单位给予10000～30000元罚款，从保证金中扣除；对于窜货的区域，公司将对销售部经理和相关的业务经理给予

<table>
<tr><td colspan="6">500元和1000元的罚款，对于情节特别严重的将加大处罚力度直至免职。
4.13 客户拜访制度
4.13.1 对销售部经理的要求。
（1）对重点客户与区域经销商，每三个月至少访问1次。
（2）对辖区内的三、四级分销网点，每三个月至少抽样访问8个。
（3）销售部经理应将拜访所获的重要信息及时处理或反馈公司。销售部经理应撰写访问日志，以备公司查阅。
4.13.2 对业务经理的要求。
（1）对辖区内的重点客户与区域经销商，每周访问至少3次。
（2）对辖区内的三、四级分销网点，每月访问至少1次。
（3）对所辖区内所有客户，每天至少电话访问1次。
4.13.3 拜访基本内容：拜访对象、时间、出样情况、畅销产品型号、滞销产品型号、月销量、库存情况、宣传单页及POP的布置、促销活动执行情况、主要竞争对手的销售情况及主要举措、客户对本公司的主要意见和建议。</td></tr>
<tr><td>拟定</td><td></td><td>审核</td><td></td><td>审批</td><td></td></tr>
</table>

10-02 经销商分级管理制度

<table>
<tr><td colspan="2">××公司标准文件</td><td rowspan="2">××有限公司
经销商分级管理制度</td><td colspan="2">文件编号××-××-××</td></tr>
<tr><td>版次</td><td>A/0</td><td>页次</td><td>第×页</td></tr>
<tr><td colspan="5">**1.目的**
为强化从经销商导向为市场导向的战略定位，从经销商的角度考虑销售策略以及区域市场的布局，集中优势资源扶持重点经销商，并进一步强化过程管理，特制定本制度。
2.适用范围
包括所有已签订合同的经销商。
3.职责
（1）销售部为本制度的归口部门。
（2）销售部经理负责本制度的审核及制度实施监控。
（3）大区经理为本制度的过程执行者，负责本制度的相关事项落实与跟进。
（4）销售内勤负责相关数据的统计整理与提报。
（5）企划部负责本制度的规划设计与相关终端宣传物料的支持和发放。
（6）生产调度科负责产品发货的调控。
（7）总经理负责本制度的审批。</td></tr>
</table>

4.管理规定

4.1 经销商的分类

所有已签订合同的经销商，公司根据其相关软、硬件条件，分为A、B、C三类。

4.2 A类经销商

4.2.1 A类经销商条件。

（1）本公司品牌为经销商本年度首推品牌。

（2）店内、店头按本公司品牌要求陈列。

（3）与公司签订合同年度销售额200万元以上（特殊区域市场未达到200万以上者申请特批）。

（4）良好的回款信誉。

（5）拥有自营终端网络占销售网络的30%以上。

4.2.2 A类经销商配合事项。

（1）公司新旧产品需95%以上进货并95%以上陈列。

（2）店面陈列面积25平方米以上。

（3）按公司要求及时提供市场信息和竞品信息。

（4）终端宣传物料利用率100%。

4.2.3 公司给予A类市场支持。

（1）优先发货。

（2）广告投入2%～4%。

（3）促销力度加大。

（4）终端宣传物料优先投放。

（5）协助经销商网络开拓与管理维护。

（6）为经销商提供培训支持。

4.2.4 区域经理支持A类经销商事项及工作要求。

（1）建立A类经销商网络图，根据区域网络动态及时更新网络图（覆盖三级市场）。

（2）协助经销商开发二级市场。

（3）协助经销商开发商场、超市并参与终端管理。

（4）区域经理每月需10～15天协助经销商工作。

（5）区域经理要每周以书面形式向公司提供一次A类经销商的市场动向及网络维护与推广建议。

（6）营销主管需随时保证与A类经销商进行沟通（每周至少一次），及时处理反馈意见。

4.3 B类经销商

4.3.1 B类经销商条件。

（1）本公司品牌为经销商本年度主推品牌。
（2）店内、店头按本公司品牌要求陈列。
（3）需与公司签订100万元以上的合同。
（4）良好的回款信誉。
（5）拥有自营终端网络占销售网络的25%以上。
4.3.2 B类经销商需配合事项。
（1）公司新旧产品需90%以上进货并90%以上陈列。
（2）店面陈列面积20平方米以上。
（3）按公司要求及时提供市场信息和竞品信息。
（4）终端宣传物料利用率100%。
4.3.3 公司给予B类市场支持。
（1）正常发货。
（2）广告投入2%。
（3）正常促销支持。
（4）终端宣传物料的正常投放。
（5）协助经销商网络开拓与管理维护。
（6）为经销商提供培训支持。
4.3.4 区域经理支持B类经销商事项及工作要求。
（1）建立B类经销商网络图，根据区域网络动态及时更新网络图（覆盖二级市场）。
（2）协助经销商开发部分重点二级市场。
（3）协助经销商开发重点商场、超市并参与终端管理。
（4）区域经理每月需5～10天协助经销商工作。
（5）区域经理要每10天以书面形式向公司提供一次B类经销商市场动向及网络维护与推广建议。
（6）营销主管需随时保证与B类经销商进行沟通（每10天至少一次），及时处理反馈意见。
4.4 C类经销商
4.4.1 公司给予C类市场支持。
（1）正常发货，货紧时延后发放。
（2）广告投入暂无，特殊地区经申请后不超过1%。
（3）参加促销计划，促销品紧张时减发或不发。
（4）部分终端宣传物料投放，宣传物料紧张时减发或不发。
（5）为经销商提供培训支持。
4.4.2 区域经理支持C类经销商事项及工作要求。

<table>
<tr><td colspan="6">（1）区域经理每季度拜访经销商1～2天，并协助经销商工作。
（2）区域经理每10天和C类经销商电话沟通两次以上，并向公司提供一次C类经销商市场动向及网络维护与推广建议。
（3）营销主管需随时保证与C类经销商进行沟通（每15天至少一次），及时处理反馈意见。</td></tr>
<tr><td>拟定</td><td></td><td>审核</td><td></td><td>审批</td><td></td></tr>
</table>

10-03　代理商管理制度

<table>
<tr><td colspan="2">××公司标准文件</td><td rowspan="2">××有限公司
代理商管理制度</td><td colspan="2">文件编号××-××-××</td></tr>
<tr><td>版次</td><td>A/0</td><td>页次</td><td>第×页</td></tr>
<tr><td colspan="5">1.目的
为规范对各级代理商的管理，优化销售网络，辅导代理商融入公司管理模式，增强代理商对本公司的信心，使之与公司共同成长，特制定本制度。
2.适用范围
本制度规定了代理商开发、调查、谈判签约、价格管理和货款管理等内容，适用于公司各级代理商的管理工作。
3.职责
（1）营销部职责如下。
①负责代理商的开发和谈判，并促成签约。
②制定和执行公司产品价格政策，做好代理商货款管理工作。
③负责代理商销售支持和代理商维护管理。
④处理客户抱怨/投诉及公司平面宣传资料的策划和制作。
（2）其他部门配合营销部做好代理商管理工作。
4.管理细则
4.1　代理商开发
4.1.1　区域市场通过陌生拜访、媒体及第三方介绍等方式，收集负责区域内代理商的资料和信息，登录《区域代理商名录》。
4.1.2　市场经理对名录上的代理商进行初步调查，以确定潜在客户并实施拜访，各级代理商的准入要求如下。
（1）省级代理商。
①必须专营本公司产品，不得兼营同行业其他企业的同种产品。
②熟悉产品市场，尤其是高档产品市场。</td></tr>
</table>

③对所在省份或区域的产品的整体市场运作，有清晰的运作思路且与本公司的发展思路高度一致。

④具有一定的二级分销网络。

⑤具备一定经济实力，能够缴纳进货保证金。

（2）市级代理商。

①熟悉××产品市场，尤其是高档××市场。

②熟悉所在区域的整体市场运作，市场运作思路清晰，且与本公司发展思路基本一致；必要时需提供区域市场拓展计划书。

4.1.3 区域市场经理定期将所收集的代理商资料信息呈报营销中心，营销中心审核并经总经理定审后归档保存。

4.2 代理商资信调查

4.2.1 区域市场经理拜访和询问相关方面，对潜在客户资信度实施全面调查，调查项目参照“代理商资信调查事项表”。

4.2.2 区域市场经理根据“代理商资信调查表”调查得分对代理商的资信实施评价和定级，定级标准如下。

代理商的资信标准

信用等级	调查得分/分	信用状况	含义
AAA级	90～100	信用极好	代理商信用程度高，债务风险小，具有优秀的信用记录，经营状况佳，不确定性因素影响极小
AA级	80～89	信用优良	代理商信用程度较高，债务风险较小，具有优良的信用记录，经营状况较佳，不确定性因素很小
A级	70～79	信用较好	代理商信用程度良好，正常情况下偿还债务没有问题，具有良好的信用记录，经营处于良性循环状态，不确定性因素小
B级	60～69	信用一般	代理商信用程度一般，偿还债务能力一般，具有良好的信用记录，其经营业绩一般，存在一定不确定性因素
C级	50～59	信用较差	代理商信用度较差，偿债能力不足，其经营状况和经营业绩受不确定性因素影响较大，发展前景不明朗
D级	＜50	信用差	代理商信用度很查，偿还债务能力弱，企业经营状况恶化

4.2.3 市场经理对代理商的资信调查报告应呈报营销中心审核和保存。

4.3 代理商谈判与签约

4.3.1 对资信调查达到B级及以上的代理商，区域市场经理与该代理商预约拜访进入实质性的谈判，并最终达成一致及签约。

4.3.2 营销总监、市场经理应熟悉公司各类营销制度和相关政策，与代理商进行谈判时，市场经理应向代理商解释公司有关的销售政策和措施，不得擅自承诺代理商提出的任何与现行政策和规定不相符的要求或让步。

4.3.3 代理商提出的一些要求或让步，目前公司制度尚无明确规定的，市场经理可报请营销中心裁决是否接受。

4.3.4 通过谈判达成合作意向的代理商，市场经理报请营销中心批准后，代表公司与其签订经销合同，经销合同必须使用公司统一规范的合同范本。

4.3.5 所有与公司签订经销合同或协议的代理商，市场经理均应建立“代理商资料卡”，呈报营销中心存档。

4.3.6 与公司签订经销合同的各级代理商，必须履行下列义务。

（1）省级代理商。

①组建3人以上团队专职销售公司产品。

②签订合同，3个月内发展3家以上二级代理商。

③须有首批进货总金额限制，省级代理商首批进货总金额不低于10万元人民币。

④遵守公司价格政策，不得擅自提价或降价。

⑤维护公司品牌形象，不得有任何诋毁公司产品、声誉的行为。

（2）市级代理商。

①组建2人以上团队专职销售公司产品。

②签订合同，3个月内发展3家以上下级代理商。

③遵守公司价格政策，不得擅自提价或降价。

④维护公司品牌形象，不得有任何诋毁公司产品、声誉的行为。

4.3.7 公司各级代理/经销商依据其享有的权责，又可分为三类：授权代理商、一般经销商和零售经销商。

（1）授权代理商。

①享受公司制定的产品二级价格优惠。

②必须拓展区域所属分销商。

③享受市场保护政策，区域内业务优先推荐。

（2）一般经销商。

①享有公司制定的三级市场价格。

②主要从事产品分销和零售。

③所属区域市场空白时，也可拓展分销商。

（3）零售经销商。

①享有公司制定的三级市场价格。

②绩效显著的零售可以申请一定价格优惠，优惠幅度由营销中心呈总经理批准。

4.4 销售区域

4.4.1 各级代理/经销商必须严格按照合同规定的销售区域进行销售，不得有跨区销售行为。

4.4.2 在市场销售过程中，各级代理商须对下级分销商的销售区域进行监控，根据市场发展状况组建销售队伍，维护市场销售网络。

4.4.3 各级代理/经销商严格从指定渠道进货，不得跨区进货。

4.4.4 代理商跨区销售（窜货）处理流程如下。

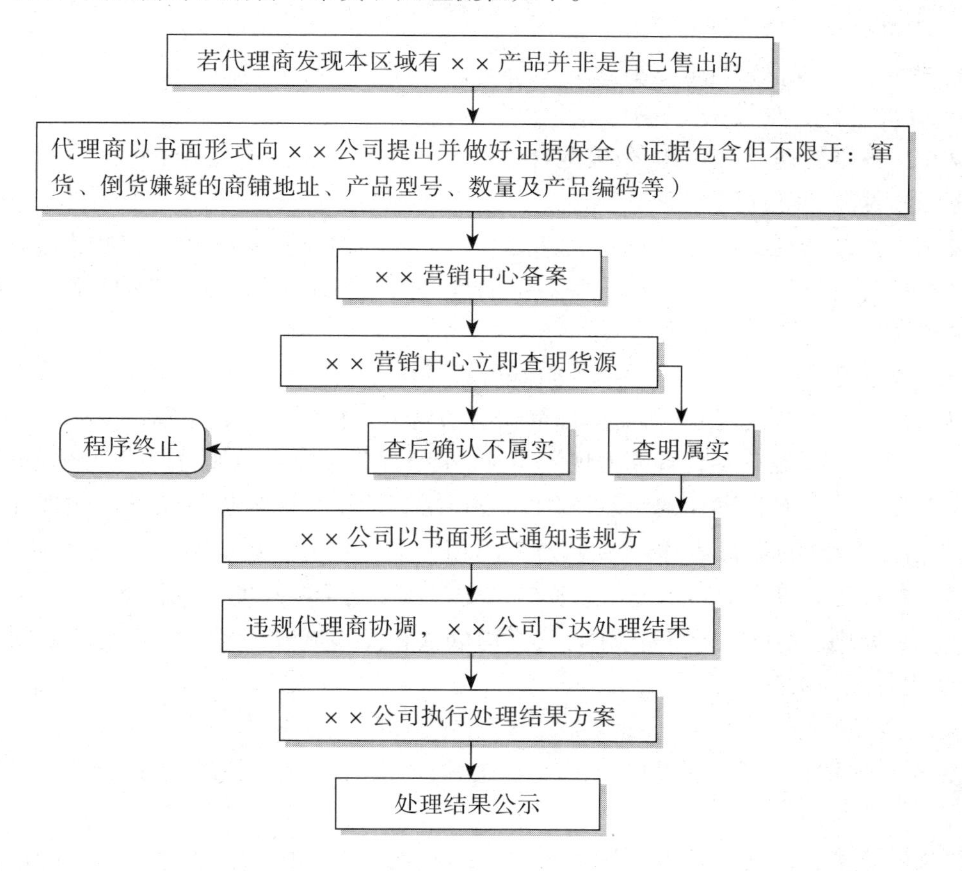

4.5 代理商跨区销售（窜货）处罚规定

4.5.1 对第一次窜货的省级代理商，处以1000元以上5000元以下的罚款，对于不能查明数量的，根据本次窜货造成的影响情况给予3000～10000元罚款，罚款金额将全部支付给本次窜货区域的受害方，并将处理结果公示。

4.5.2 对第二次窜货的省级代理商，处以3000～10000元的罚款，对于不能查明数量的，根据本次窜货造成的影响情况给予8000～15000元罚款，罚款金额将全部支付给本次窜货区域的受害方，并将处理结果公示；同时××公司将与窜货省级代

理商沟通，严肃指出窜货造成的后果。

4.5.3 对第三次窜货的省级代理商，处以8000～15000元的罚款，对于不能查明数量的，根据本次窜货造成的影响情况给予30000元以上罚款，罚款金额将全部支付给本次窜货的受害方，并将处理结果公示，××公司视情节的严重性保留单方面终止合同的权利。

4.6 价格管理

4.6.1 市场部经理负责提供信息，制定公司产品价格政策，目前公司产品价格以批发价为主，以后根据市场发展情况分为三个等级。

一级价格：省级代理商享有。

二级价格：授权代理商享有。

三级价格：一般代理商享有。

4.6.2 各级代理/经销商应积极配合公司价格政策，按公司统一售价进行销售，不得未经公司批准擅自提价或降价。

4.6.3 各级代理/经销商之间有义务在市场价格上保持统一性，共同维护市场秩序。

4.6.4 公司依据市场趋势和竞争对手的价格策略，不定期调整产品价格（政策），确保各级代理/经销商具有价格方面的竞争优势。

4.7 货款管理

4.7.1 公司所有代理/经销商的订货款项均以银行转账等方式结算，原则上，本公司营销人员不得接受任何代理商的现金支付，特殊情况必须经营销总监或总经理批准。

4.7.2 公司所有代理商的货款均须以公司指定的银行账号进行结算，代理商货款转入非指定银行账号的，其损失由代理商承担。

4.7.3 代理商携带款项至公司订货的，允许使用现金结算的方式付款。

4.7.4 原则上，公司所有代理商订货均依款到发货方式处理；特殊情况必须经营销总监或总经理批准。

4.8 销售支持

公司为协助代理商拓展和维护市场，为代理商提供一系列销售支持措施，包括以下内容。

4.8.1 价格支持：公司根据区域销售情况和竞争对手的产品价格，为各级代理商提供具有竞争力的产品价格。公司承诺根据市场状况不定期调整产品价格（政策）。

4.8.2 促销活动：公司根据市场拓展需要不定期组织全国性的促销活动，扩大企业和产品在本区域的知名度和影响力。区域代理商也可根据市场竞争状况，向公司申请促销活动支援。

4.8.3 广告牌费用报销：各级代理商使用公司全国统一标识作为店面广告牌的，公司依据代理商提供的店铺广告牌照片报销其相关的喷绘费用；各级代理商也可将专卖店或是店铺广告牌尺寸报给公司，由公司统一设计。

4.8.4 宣传材料：省级代理商可向公司申请发放宣传材料，公司依据其业务情况和实际需要发放适当数量的宣传材料。

4.8.5 人员支持：必要时，公司可选派具有丰富市场拓展经验的市场专员协助和指导代理商拓展市场。

4.9 代理商维护

4.9.1 市场部人员应定期对各级代理商进行回访，了解各级代理商市场开发状况和需求、建议，并协助其解决。原则上，省级代理商至少每季度回访一次，县市级代理商每半年回访一次。区域专员回访客户应编制《代理商回访记录》，呈报营销中心。

4.9.2 市场部应定期对公司各级代理/经销商实施电话回访，回访的内容包括代理/经销商对于公司产品、价格、包装等方面的建议和意见。

4.9.3 各级代理/经销商可根据市场反馈，对产品、价格、包装等方面提出合理的建议，并收集本公司产品或同类产品的市场信息，及时传递经营状况、销量、库存量等信息至公司，公司市场部将各级代理/经销商反馈信息做详细记录并备案，对代理商提供的相关信息进行分析总结，报营销中心批准后提供必要的援助。

4.9.4 公司为各级代理商提供下列形式的技术服务支持。

（1）提供销售解决方案。

（2）电话咨询与技术指导。

4.9.5 公司定期向各级代理商提供最新产品信息和行业资讯，以帮助各级代理商及时了解市场最新动态。

4.9.6 必要时，公司将对代理商提供产品技术知识和销售技能等方面的培训，协助代理商建立和培养销售队伍，快速拓展市场。

4.10 代理商考核

4.10.1 市场部于每年年初对代理商上一年度业绩实施考核，考核项目参照考核表。

4.10.2 市场部对代理商的考核应覆盖所有的省级代理商，但下列情况例外。

（1）当年5月份及以前与公司签订经销合同的，从第二年起参与考核。

（2）当年5月份以后与公司签订经销合同的，从第三年起参与考核。

4.10.3 市场部应对考核结果进行汇总统计和分析，并将分析报告呈报公司营销总监和总经理。

拟定		审核		审批	

10-04 跨区冲货管理办法

××公司标准文件		××有限公司 跨区冲货管理办法	文件编号××-××-××	
版次	A/0		页次	第×页

1.目的

为了规范市场行为，保证渠道的合理利润，建立良好的品牌形象，特制定本办法。

2.适用范围

本办法针对所有经营产品的批发商，包括经销商下属分公司以及项目客户。经销商特指有直接生意往来的客户。批发商特指通过经销商经营产品的客户。项目客户特指直供的零售客户。

3.跨区冲货的定义和界定

（1）“跨区冲货”是指在本地区批发市场或零售终端发现有非本地区的产品并以低于“批发商建议最低出货价格”售卖的现象。

（2）“批发商建议最低出货价格”仅限于出货给二级批发商。

（3）“二级批发商”的定义：固定从当地批发商处进货、拥有固定的下游客户的二级批发客户，它主要存在于大型批发市场或批发商没有能力覆盖的二、三级城市。二级批发商仅限于ETMS（面向企业的交易管理系统）内列明的二级批发客户，二级批发商的增加须经大区总监和价格管理部门批准，并在申请时提供其下游客户名单。

（4）界定跨区冲货的证据。

①必要的证据：两者必备。

a.产品激光码或二维码。

b.产品照片（近拍、远拍）。

②充分的证据：三者居一。

a.出货单、收据、发票等。

b.零售终端以低于“批发商建议最低出货价格”销售。

c.在3个或3个以上的零售终端或批发档口销售。

（5）“地区”特指××年定义的××个小区。

（6）KA（重点）客户“后门出货”同样受该办法约束。

4.管理规定

4.1 跨区冲货的处罚措施

4.1.1 跨区冲货的商务人员处罚措施。

（1）第一次跨区冲货：给予口头警告，并处扣除当季季度奖金。

（2）第二次跨区冲货：给予书面警告，并处扣除全年季度奖金。

（3）第三次跨区冲货：解除劳动合同。

对象包括批发商负责人、城市负责人、地区经理或KA执行人员或总部负责人。

4.1.2 跨区冲货批发商的处罚措施。

（1）第一次跨区冲货：扣除3个月返利作为生意基金。

（2）第二次跨区冲货：扣除6个月返利作为生意基金。

（3）第三次跨区冲货：终止合同，取消经销权利。

计算周期为24个月。

4.2 内部低价出货的定义和界定

4.2.1 “内部低价出货”是指批发商以低于“批发商建议最低出货价”向下游客户出货但尚未构成跨区冲货的行为。

4.2.2 内部低价出货的界定。

从营销通系统（DMS）直接选取批发商出货的原始数据。

4.2.3 “批发商建议最低出货价”仅适用于ETMS系统定义的二级批发商。

4.3 内部低价出货的处罚措施

第一次发现，限期3天调整价格。

第二次发现，扣除商务人员当月奖金的价格管理部分，扣除相应批发商返利。

4.4 内部低价出货特殊情况处理

4.4.1 批发商内部调拨低于规定建议价格：可以，但须提供证明文件备查。

4.4.2 批发商出货给重要门店低于规定建议价格：须取得大区总监、KA总监和全国销售总监的批准，并在价格管理部门备案。

4.5 冲货的投诉流程

证据充分的投诉需在10个左右工作日内处理。

4.5.1 地区销售部发现本区域/城市的批发市场、零售终端有跨区冲货现象后，提供相关证据（必要证据和充分证据），并且填写“冲货投诉表”，以邮件附件方式投诉至总部冲货协调小组。

4.5.2 冲货协调小组汇总收集地区投诉后，与公司总部进行沟通，总部在2个工作日内以邮件方式反馈冲货产品查询信息。若地区销售部提供的冲货投诉证据不充分，则直接提交总部冲货仲裁组进行裁决，由总部冲货协调人将裁决结果填写进“冲货记录表”，同时发送至冲货地区及被冲货地区地区商务经理，抄送大区商务总监。

4.5.3 若地区销售提供的冲货投诉证据充分，则总部冲货协调人直接填写“冲货记录表”，同时发送至冲货地区及被冲货地区地区商务经理，抄送大区商务总监。

4.5.4 地区商务经理对于结果无异议的，则在2个工作日内以邮件方式反馈无异议，总部随即以邮件通知冲货区及被冲区销售，进入冲货处罚执行流程；地区商务经理对结果有异议的，则在2个工作日内以邮件方式反馈有异议的部分，由总部协调人组织仲裁组和双方当事人，做出终审裁决。在2个工作日内通知冲货区及被冲货区，

<table>
<tr><td colspan="6">总部最后进入冲货处罚执行流程。
4.6 跨区冲货的处罚执行流程
4.6.1 针对商务人员处罚的执行流程。
（1）最终处罚决定邮件发出后2个工作日内，价格协调小组制作处罚决定书，以邮件方式通知销售支持部门。
（2）销售支持部门根据处罚决定书，在下次奖金发放时执行。
4.6.2 针对批发商处罚的执行流程。
（1）最终处罚决定邮件发出后2个工作日内，口头传达至批发商双方。
（2）财务部根据最终处罚决定，在下月或下季度返利时执行。
（3）财务部每月提供批发商返利明细备案。
4.7 当事人双方的权利和义务
4.7.1 投诉方的义务：密切关注市场状况，提供真实、有效的证据，不要刻意夸大事实。
4.7.2 被投诉方的义务：积极配合调查，督促批发商提供出货单据（包括数量、价格）供核查。</td></tr>
<tr><td>拟定</td><td></td><td>审核</td><td></td><td>审批</td><td></td></tr>
</table>

第11章 客户管理制度

本章阅读索引：

11-01 销售客户管理办法

××公司标准文件		××有限公司 销售客户管理办法	文件编号××-××-××	
版次	A/0		页次	第×页

1. 目的

为了进一步规范和加强销售有限公司（以下简称“本公司”或“公司”）对销售客户的管理，防范销售风险，根据公司《销售管理制度》有关规定，制定本办法。

2. 适用范围

本办法适用于购买公司主营产品的法人或个人，对于偶发的购买公司固定资产、原材料等其他的客户不适用本办法。

3. 管理规定

3.1 销售客户的选择

3.1.1 公司对区域内的用户群、消费市场份额，结合当地市场销售状况，提出市场规划，确定区域代理商的数量和级次。

3.1.2 公司深入了解区域内经销商的资质情况、资金实力、信誉度、销售能力、售后服务等综合实力，与经销商进行初步洽谈。

3.1.3 公司根据初步洽谈的结果，提出发展经销点的建议。

3.2 客户的分级管理

3.2.1 公司按照市场规划以及客户的实际情况，对分销商客户进行分级。

依照客户订单的大小及未来发展潜力，根据其销售金额、回款金额、占有率、战略影响等标准，在经过一年正常的商业往来后，将客户进行评分，分为“A”“B”“C”三类等级。

（1）销售金额（主要参考客户过去一年或半年度实际合同金额及回款额）。

①当年度合同金额大于等于1000万元，评为10分。

②当年度合同金额大于等于800万元小于1000万元，评为8分。

③当年度合同金额大于等于500万元小于800万元，评为6分。

④当年度合同金额大于等于100万元小于500万元，评为4分。

⑤当年度合同金额小于100万元，评为2分。

（2）销售回款率（当年回款金额占当年销售额比例）。

①回款率在100%以上，评为10分。

②回款率大于等于80%小于100%，评为8分。

③回款率大于等于50%小于80%，评为6分。

④回款率大于等于30%小于50%，评为4分。

⑤回款率小于30%，评为2分。

（3）客户年底应收账款。

①年末应收账款小于等于1万元，评为10分。

②年末应收账款大于1万元小于等于20万元，评为8分。

③年末应收账款大于20万元小于等于80万元，评为6分。

④年末应收账款大于80万元小于等于200万元，评为4分。

⑤年末应收账款大于200万元，评为2分。

（4）战略影响（指客户对公司现有市场或目标市场的影响程度）。

①当处于行业的龙头地位时，评为10分。

②当处于比较关键的地位，具有较大的影响力时评为8分。

③当处于重要客户的地位，只具有一定的影响力时评为6分。

④当处于一般客户的地位，只具有较小的影响力时评为4分。

⑤当处于零星客户地位，基本不具备影响力时评为2分。

注：此条款需业务部经理以上领导评定。

综合得分=销售金额得分×30%+销售回款率得分×25%+应收账款得分×30%+战略影响×15%。

当客户综合得分不低于8分时，评为“A”级，此客户为公司的重要客户。

当客户综合得分不低于5分时，评为“B”级，此客户为公司较重要客户。

当客户综合得分低于5分时，评为“C”级，此客户为公司一般性客户。

注：新开发的客户，不管规模大小，一年之内都列为C等级。

3.2.2 客户级别的评定每年末进行一次，由销售公司牵头，财务部参与共同评定。

3.3 客户的信用管理

3.3.1 公司根据不同的分销商客户等级，制定不同的信用政策。

3.3.2 公司销售信用的政策。

（1）对评定为A级的重要客户，可采用赊销，赊销期不得长于50天，累计赊销金额不得高于100万元。

（2）对评定为B级的较重要客户，可采用赊销，赊销期不得长于50天，累计赊销金额不得高于50万元。

（3）对评定为C级的一般客户，原则上不允许赊销。

3.3.3 对于特殊情况下，需要超过客户信用的销售，应严格按照以下审批后方可执行。

（1）对A级重要客户超过规定赊销限额20%（含）以内由销售分管副总经理审批，超过规定赊销限额20%～30%（含）由总经理审批，超过规定赊销限额30%以上由总经理办公会审议。

（2）对B级较重要客户超过规定赊销限额在10%（含）以内由销售分管副总经理审批，超过规定赊销限额在10%～20%（含）由总经理审批，超过规定赊销限额20%由总经理办公会审议。

（3）对C级一般客户，原则上不赊销。如需赊销，需先提出申请，赊销申请需经销售分管副总经理审批通过。

3.3.4 对客户评级和信用确定后，由销售部编制“客户信用明细表”，报主管副总经理审核后，报总经理审批后执行。

3.4 销售发货的管理

3.4.1 仓储物流部应严格按照客户的信用审核情况进行发货，信用外未得到审批，严禁销售发货。

3.4.2 对应收账款超期较长的客户，销售部要严格把握对其的供货，必要时可款到发货，或需偿还部分旧欠款后方可予以发货。

3.5 销售回款的管理

3.5.1 对货款的回笼按照公司规定的回款期考核，超过时间期限计算和收取滞纳金，对经销商要求延期付款的特殊情况，应及时报告主管经理审批。

3.5.2 公司规定的最长回款期为50天，由客户收到产品之日开始计算。超过回款期后，客户除应归还欠款外还需向公司支付欠款滞纳金。滞纳金为每超期一天欠款的万分之二。欠款滞纳金可以累积计算，并在次年核算年终返利奖时扣除。

3.5.3 按公司销售政策和经销商实际完成情况，计算对经销商的各项奖励，经公司各部门批准后及时予以兑现。

3.5.4 销售部建立应收账款台账，及时登记客户应收账款余额增减变动情况和信用额度使用等情况；客户的信用额度和信用期限原则上每季度进行一次复核，财务部根据反馈的有关客户的经营状况、付款情况随时予以跟踪调整其信用标准及信用条件。

3.5.5 对于应收账款余额超过信用额度的客户，要及时提醒业务员催要货款；对于账龄超过回款期（50天）的货款，按应收账款催收流程进行催收。

3.5.6 对有超期货款的客户，按以下程序催收。

（1）先与其电话沟通，了解超期原因，并通知相关业务员进行催收。

（2）对于短期内确实无法还款且资信良好的客户，由销售部报主管副总经理审批后与客户签订《应收账款还款协议书》，协议书上写明超期应收账款总额、还款办法及具体还款期限等。

（3）对于客户长期欠账，恶意拖欠的，经咨询公司法律顾问后可采用法律手段追讨货款。

3.5.7 对于客户以物抵账等形式偿还欠款，公司应进行评估，确认该项资产价值，同时报经主管领导、财务总监审核后，报总经理审批。财务部按照企业准则的规定进行账务处理。

3.5.8 对于确实无法收回的应收款，由销售业务员提出申请，报公司主管领导、财务部审核后，报总经理审批，财务部进行账务处理。

财务部及销售部应建立坏账核销登记簿，继续催收。审计部不定期向客户核实催收情况，对销售款的回收进行监督检查。

3.6 客户的维护

3.6.1 客户拜访是客户维护的重要渠道，是以及时研究市场、了解竞争对手同时强化与客户的感情联系，达到推动开发新客户、推广新产品、提高公司产品的覆盖率为目的。

3.6.2 拜访对象。

（1）业务往来的客户。

（2）目标客户。

（3）潜在客户。

（4）同行业。

3.6.3 拜访作业。

（1）拜访计划：销售人员每月底提出拜访计划书，报部门负责人审核。

（2）客户拜访的准备。

①每月底应提出下月客户拜访计划书。

②拜访前应事先与拜访单位取得联系。

③确定拜访对象。

④拜访时应携带物品的申请及准备。

⑤拜访时相关费用的申请。

（3）拜访注意事项。

①注重仪容，言行举止要体现本公司一流的形象。

②尽可能地建立一定程度的私谊，使之成为核心客户。

③拜访过程中可以适当赠送物品及进行一些应酬活动（提前申请）。

④拜访客户是公务出差，出差行为依相关规定管理。

（4）拜访后续作业。

①拜访后应于两天内将拜访结果报告主管。

②拜访过程中答应的事项或后续处理的工作应及时进行跟踪处理。

③拜访后续作业的结果列入员工考核项目。

3.6.4 销售人员应依据“拜访日报表”所订的内容，按时前往拜访客户，并根据结果填写客户意见。

如因工作因素而变更行程，除应向主管报备外，还须将实际变更的内容及停留时间记录于“拜访日报表”内。

3.6.5 销售人员拜访时应将客户关于服务质量、产品质量方面的意见和建议记录于“拜访日报表”意见栏。

3.6.6 对于产品质量类问题，业务人员应将客户意见通报质量管理部、技术中心以及生产车间。对于服务类问题，由销售部定期总结，改进服务质量。

销售部将各单位反馈处理意见及时回复客户。

拟定		审核		审批	

11-02　客户分级管理制度

<table>
<tr><td colspan="2">××公司标准文件</td><td rowspan="2">××有限公司
客户分级管理制度</td><td colspan="2">文件编号××-××-××</td></tr>
<tr><td>版次</td><td>A/0</td><td>页次</td><td>第×页</td></tr>
</table>

1.目的

为针对不同类别客户，对客户分类进行规范化、系统化管理，提高对客户的服务水平，进而培育优质客户，保障公司市场网络长期稳定的发展，增强市场竞争能力，合理运用公司的资源，特制定本制度。

2.适用范围

公司的所有客户。

3.职责

（1）营销中心负责对客户的具体分类管理与服务、维护与提升工作。商务部负责提供客户销售数据分析等相关资料。业务部负责定期对公司所有客户，组织进行分类级别的评定和修改更新。

（2）财务部负责客户资信等级的评定、货款核实、及时对账调账等相关结算工作。

4.管理规定

4.1 分类等级指标

根据销售本公司产品年度销量、信用水平及客户在当地的影响力等多项综合指标，对公司所有客户分四级进行评估管理。

4.1.1 销量指标

序号	客户级别	销售额界定	备注
1	VIP（贵宾）客户	年度销售超过1000万元的客户	各区域每月汇总销售，分析客户的稳定性及影响因素、成长与提升空间、是否该放弃客户；在销售服务与跟进上切实实行“保大扶中放小”原则
2	A级别客户	年度销售额在500万～1000万元的客户	
3	B级别客户	年度销售额在200万～500万元的客户	
4	C级别客户	年度销售额在200万元以下的客户	

4.1.2 综合指标

序号	评定指数	评定内容（以好、较好、一般、差为四等标准）
1	销售实现	年度销售实现是否在列定计划以上的客户，销售状态是否稳定
2	综合实力	经济实力如何，是否在当地有一定的客户与市场资源，有无专卖店店面（位置如何）
3	资源优势	所在地城市级别，区域市场辐射面
4	经营理念	有无良好的经营理念与管理经验以及品牌忠诚度
5	合作忠诚度	合作时限，有无长期共同发展的意愿
6	资信度	信誉度，回款及时准确率和账务工作规范性
7	经营管理能力	管理经验，市场拓展与活动策划能力，店面维护规范与售后服务能力
8	与公司的协作	能否配合公司的各种营销活动与销售政策，积极推广新品与提供有效建议等信息

4.2 客户分类评定办法

4.2.1 客户分类评定的时间：每年进行一次客户分类的综合评定，包含VIP客户及客户的资信等级的审定。一般在每年12月的25～30日。

4.2.2 客户分类评定的组织：各区域主管负责事先对所管辖区域的客户，根据客户的销售额、合作状况及发展趋向等相关指标对其进行初步评级，并填写“客户资信评估表”。由业务部经理牵头，召集各部门区域，以会议形式进行讨论复评，并修正“客户资信评估表”，按以下几个类别进行分类汇总。

（1）关于VIP客户：VIP客户资格的延续、提报新的VIP客户、VIP客户的撤销。

（2）关于A类或B类客户：列定A类与B类客户的名单，对A类与B类客户给予提升计划。

（3）关于享有公司特殊政策的客户：核实已给予了特殊政策的客户的稳定性，以及提出建议新政策或需调整的政策。

（4）关于客户资信等级的审定：按公司规定的结算政策中部分客户享受特别方式的稳定性、对新增特殊结算方式客户的提请或调整撤销。

（5）新合作的客户：按C类级别客户处理，合作满六个月后，再进行评估。

4.3 客户分类管理的实施

由营销中心在日常的各项工作中认真贯彻实施，由业务部经理具体安排与组织实施中定期抽查。

4.4 VIP客户的管理

4.4.1 VIP客户和管理概念：VIP客户是公司营销网中的重点客户。VIP客户因为有与公司共同发展的愿望和意识，所处市场容量大，与本公司合作忠诚、信誉好，竞争力与实力强，并且有良好的发展潜力，成为本公司营销网中的领导者、基本力量和最主要的合作者。VIP客户的确认与管理是软的服务与硬的优惠结合的过程管理。VIP客户不采用终身制，依季度评定。

4.4.2 VIP客户的内部管理与服务支持。

（1）VIP客户合作协议的拟定、修正：由商务部经理会同业务部经理执行。

（2）VIP客户的申报评估与确认，每年度一次，具体时间依年度安排而定；由区域主管（经理）申报，营销总监负责审核，总经理批准。

（3）VIP客户档案独立管理，由区域经理更新内容，相关商务助理负责存档。

（4）每季度由商务部经理组织填写“VIP客户工作报表”，及时向客户通报销售情况，获得客户反馈后一并入档保存。

4.5 A、B、C类客户的管理

4.5.1 对A类客户参照VIP客户管理办法进行管理。具体政策弹性依客户的具体情况届时制定。

4.5.2 对B类客户参照VIP客户管理办法进行管理；不执行VIP政策。

4.5.3 对C类客户按正常流行操作，品牌部每月列定一定数量的C类客户的提升计划。

4.6 管理办法

4.6.1 未按本流程要求作业者，处10元/次罚款。

4.6.2 未按本流程规定时间完成工作者，一律处以10元/天罚款。

拟定		审核		审批	

11-03 客户信用管理制度

××公司标准文件		××有限公司 客户信用管理制度	文件编号××-××-××	
版次	A/0		页次	第×页

1.目的

为了建立和规范客户信用管理工作体系，科学严谨地评估客户信用等级，制定合理的客户信用额度，有效规避和预防公司经营风险，保障销售应收账款按时回收，特制定本制度。

2.适用范围

本制度适用于本公司客户信用的管理工作。

3.术语解释

（1）延期付款：是指在销售活动中，货物的控制权及与此相关的风险和报酬已经向客户发生转移，但客户未支付货款的情况。

（2）信用调查：是指公司财务、销售部门对客户的资质和信用状况所进行的调查。

（3）授信：是指公司对特定客户所规定的信用额度和回款期限等政策。

（4）信用额度：是指给予特定客户延期付款的最高额度。

（5）回款期限：是指给予客户的信用持续期间，即自发货日至要求的客户结算回款的期间。

4.职责划分

客户信用管理涉及多部门通力合作，相关职责划分如下表所示。

客户信用管理职责划分说明表

相关部门	职责界定
客户服务部	（1）收集客户资料，对相关资料的真实性进行初步审核并核实结果，对客户进行信用调查 （2）提出初始信用额度及其调整的申请，并负责及时更新客户信用档案 （3）已授信客户公司状况发生重大变化时负责及时向公司财务部及分管领导汇报
财务部	（1）负责信用管理制度的推进和完善 （2）负责客户信用调查资料的审核、相关信息的了解、测评及核实 （3）负责对客户信用等级及信用额度的审定 （4）编制客户授信额度执行评价月报表，及时填写结款通知单、催款通知单、公司对账函等财务书面文件，向销售部通报当期客户逾期付款的发生情况，并督促销售部及时催要逾期的应收账款
销售部	（1）协助财务部向信用客户送达结款通知单、催款通知单、公司对账函等 （2）根据财务部提供的欠款明细，及时主动催要超过信用期限的欠款

续表

相关部门	职责界定
法务部	（1）核对销售合同是否与信用政策一致，是否符合公司相关规定及国家法律规定 （2）协助销售部办理相关法律事务，必要时对长期拖欠货款的信用客户进行法律诉讼

5.管理规定

5.1 客户信用调查

5.1.1 客户信用调查的内容。

（1）客户服务部进行客户信用调查的内容均需通过客户盖章确认，销售部和财务部应严格按规范执行。

（2）客户服务部进行客户资信调查主要包括五个方面的内容，具体如下表所示。

客户信用调查内容说明表

序号	信用调查内容	具体说明
1	客户基本信息	包括公司简介、公司章程、股权结构图、营业执照复印件、信用评级机构对客户的信用评级证书复印件等资料
2	银行结算信息	主要往来银行账户结算情况，包括公司全称、开户行、银行账号、银行评估的信用等级复印件等
3	财务信息	过去三年的年度财务报告、审计报告及申请信用前最近一个月的财务报告，包括资产负债表、利润表、现金流量表等
4	业务信息	该客户的过往业务记录，包括近三年在本公司的发货、回款情况及是否有不良信用记录
5	其他信息	如客户口碑、业内评价等

5.1.2 客户信用调查方法。

客户服务部对客户进行资信调查，一般包括但不限于如下五种方式。

（1）向客户寻求配合，收集有关资料。

（2）通过接触法和观察法获取。

（3）向工商、税务、银行等单位查询。

（4）财务、销售部门所存客户档案及与客户往来交易的资料。

（5）委托中介机构调查。

5.1.3 客户信用调查结果处理。

（1）客户服务部调查完成后应及时编写“客户信用调查报告”，并在规定时间内递交审核。

（2）客户服务部撰写调查报告时，切忌主观臆断，应以资料和事实说话，尽量以量化数字说明问题，调查项目应保证明确全面。

（3）财务部会计负责对报送来的客户资信资料和“客户信用调查报告”进行审核，审核无误后建立“客户信用调查评定表”，该表需重点审核五项内容，具体如下图所示。

- 客户提供的相关资料之间有无自相矛盾、前后不一
- 本公司与该客户的过往业务往来情况是否准确
- 对客户的财务报表进行详细分析
- 该客户的过往业务信用记录是否准确
- 其他需要重点关注的事项

客户信用调查审核的内容

5.1.4 客户信用的复审。

“客户信用调查评定表”要求至少每年度全面更新一次，如发生变化，应及时对资料进行补充修改。

5.2 客户信用等级评定

5.2.1 信用评级原则。

客户信用等级评定遵循统一标准、严格程序、分级管理、动态调整的原则。

5.2.2 评级维度及指标。

客户服务部对客户进行评级，可从客户企业基本状况、信用情况、偿债能力、盈利能力及资本情况五个维度进行评估。具体指标设计可参照下表所示。

客户等级评分表

评估维度	评估指标	指标说明	权重设置/%
基本情况	行业地位	根据客户在经营区域内的市场占有率评定	5
	业务关系持续期	与本公司交易时间	5
信用情况	注册资本	注册资本额的多少	5
	营业增长率	$\frac{\text{本季的销售收入}-\text{上季销售收入}}{\text{上季销售收入}}\times 100\%$	10
偿债能力	按期履约率	$\frac{\text{上年累计偿还到期信用额}}{\text{上年累计到期信用额}}\times 100\%$	15
	呆/坏账记录	有无呆、坏账记录	15

续表

评估维度	评估指标	指标说明	权重设置/%
盈利能力	流动比率	$\frac{上季末流动资产总额}{上季末流动负债总额}\times 100\%$	15
	资产负债率	$\frac{上季末总负债}{上季末总资产}\times 100\%$	15
资本情况	销售毛利率	$\frac{上一年销售毛利}{上一年销售额}\times 100\%$	5
	销售净利率	$\frac{上一年净利润}{上一年销售额}\times 100\%$	10

5.2.3 客户信用评级报告编制。

评级报告主要应包括客户资信调查、财务分析、综合评价和信用等级初评结果等内容。

5.2.4 客户信用评级频率。

（1）客户信用等级每年评定一次，原则上于年度财务报表形成后评级。

（2）对新拓展客户可随时评级，原则上使用上年度财务报表数据。

（3）已评定信用等级客户年中发生改制、注册资本变化等情况的，若客户生产经营及财务状况未发生明显变化，可沿用原信用等级评定结果；若客户生产经营及财务状况发生重大变化的，应该重新评级。

5.2.5 降级条件。

发生以下情况的，客户服务部须对客户进行降级处理。

（1）客户提供的财务报表和有关资料明显失实或相互矛盾。

（2）客户出现重大经营困难或财务指标明显恶化。

（3）客户法定代表人及主要管理人员涉嫌重大贪污、受贿、舞弊、抽逃资本金等违法经营案件的。

（4）客户出现主要店面关闭或核心管理人员发生重大变更等可能对本公司造成重大不利影响的情形。

（5）客户对本公司发生重大违约行为。

（6）关联公司发生重大经营或财务困难，可能对客户产生重大不利影响的。

（7）其他本公司认为需要降低信用等级的情形。

5.3 客户授信政策制定

5.3.1 客户回款期限确定。

（1）客户服务部可确定一个最高限额，根据实际情况和客户评定等级设定不同的回款期限。例如，对于A类，其回款期限可以不受限制；对于B类，可先确定一个限度基数，以后再逐渐放宽限制；对于C类，则应仔细审核，适当地给予少量的信用限度。

（2）对同一客户的信用限度也不是一成不变的，应随着实际情况的变化而有所改变。

（3）销售人员所负责的客户将超过规定的回款期限时，须向销售经理、总经理汇报。

5.3.2 客户信用额度确定方法。

（1）销售额测定法，即客户总购入额（预计销售额 × 成本率）× 本企业供货比率 × 信用期限。

（2）周转资产分割法，即周转资产（流动资金 – 流动负债）÷ 供货商数量。

（3）流动比率法，如果流动比率高于一般水平，可确定高于一般水平的信用限度。

（4）净资产分割法，即（资产 – 负债）× 供货商数量。

（5）综合判断法，即根据客户收益性、安全性、流动性、销售能力、购货情况、员工素质等各种因素，综合确定一个大致的信用限度额，然后根据支付状况和交易额大小，适当地逐步调整信用限度额。

5.4 客户授信执行

5.4.1 客户授信原则。

（1）货到付款原则。

（2）总量控制原则。

（3）区别对待原则。

（4）及时调整原则。

（5）风险控制原则。

5.4.2 客户授信执行。

（1）销售部门及业务人员应严格执行已批准的客户授信，同时加大货款清收的力度，确保公司资产安全。

（2）财务部会计人员具体承担对销售部门授信执行情况的日常监督职责，加强对业务单据的审核，非经财务总监、总经理书面批准，对于超出信用额度的订单，不得审核发货。

（3）公司所有延期付款必须在每年12月31日前进行彻底清收。

（4）销售部应建立健全的回款责任制度，将货款回收情况与销售专员的考核相挂钩，以加大货款清收力度。

5.4.3 回款责任。

（1）公司财务部每月必须稽核销售部的授信及执行情况并向财务总监汇报。

（2）对客户进行信用评级及授信的过程中，销售专员、销售部经理和营销总监为回款责任人。

（3）若由于回款责任人的故意或重大过失导致授予信用额度的客户在办理赊销业务后出现违约，没有在规定的时间内偿还货款的，由相应责任人负部分赔偿责任。

①自超过约定回款日期30天起，每月按违约金额的0.5%扣除上述责任人的当月工资，由上述责任人按照5 ∶ 3 ∶ 2的比例承担损失。

②约定回款日期120天的，视为呆账，按欠款金额的20%扣除上述责任人的当月工资，由上述责任人按照5 ∶ 3 ∶ 2的比例承担。

③呆账后期完全回收后，扣除的责任人工资在货款全部回收的当月予以补发。

拟定		审核		审批	

11-04　客户信用风险管理制度

××公司标准文件		××有限公司 客户信用风险管理制度	文件编号××-××-××	
版次	A/0		页次	第×页

1.目的

为有效防范和控制由于客户信用风险给公司经营可能造成的损失，保证公司信用付款（预付账款、赊销账款）的安全回收，特制定本制度。

2.适用范围

公司各业务部在业务活动过程中必须遵守本制度。

3.管理规定

3.1　客户信用风险及评定适用范围

3.1.1　客户信用风险是指与公司存在业务关系的客户，其在自身经营过程中由于经营者素质、管理方法、资本运营、生产水平、经营能力等各方面因素造成其在资金支付、商品交付过程中出现危机，使公司对其预付款项、赊销款项无法安全回收，致使公司出现损失的可能性。

3.1.2　公司与客户在交易结算过程中采用预付款、赊销方式时使用客户信用单据评定指标对客户进行信用等级评定。公司按客户信用评定等级设定预付、赊销额度或比例，客户信用风险等级越高，与其交易的安全性越低，公司对其信用额度越低；客户信用风险等级越低，与其交易的安全性越高，公司对其信用额度越高。

3.2　客户信用等级评定要素

3.2.1　客户信用等级评定指标由客观评价指标（财务数据、非财务数据）和主观评价指标组成。

其中：财务数据指标权重占50%

非财务数据指标权重占30%

主观评价指标权重占20%

3.2.2 财务数据指标包含资产负债率、流动比率、净资产收益率、销售收入总额、经营性现金流量、资产总额六项指标。

其中：资产负债率权重占10%

流动比率权重占10%

净资产收益率权重占10%

销售收入总额权重占10%

经营性现金流量权重占5%

资产总额权重占5%

六项指标权重合计50%。

3.2.3 非财务数据指标包含国别、营业年限、所有制、公司品牌、质量认证、政策性业务六项指标。

其中：国别权重占5%

营业年限权重占5%

所有制权重占7%

公司品牌权重占4%

质量认证权重占4%

政策性业务权重占5%

六项指标权重合计30%。

3.2.4 主观数据指标包含客户经营稳定性、客户人员总体素质、客户对公司的依存度、客户与公司合同履约率、客户市场知名度、客户经营发展趋势六项指标。

其中：客户经营稳定性权重占4%

客户人员总体素质权重占3%

客户对公司业务依存度权重占3%

客户与公司合同履约率权重占4%

客户市场知名度权重占3%

客户经营发展趋势权重占3%

六项指标权重合计20%。

3.2.5 各项指标分值为10分制，具体评分标准参见《客户信用风险评估标准》，公司ERP（企业资源计划）系统已设定分值参数计算程序，业务部评分后，系统将自动生成客户风险考核分值表。

3.3 客户信用风险等级申请管理

3.3.1 各业务部在与客户进行商品交易时，均需向公司风险管理部提出客户信用额度申请。

3.3.2 各业务部申请客户信用额度需提交以下资料。

（1）客户基本信息表。

（2）客户基本信息表附属资料（上一年度经年检的营业执照复印件、上一年度资产负债表、损益表、现金流量表）。

3.3.3 业务员根据取得的资料，将客户信息及相关财务数据输入公司ERP系统，并对信用风险进行主观评估。公司ERP系统将根据输入信息自动生成“信用风险考核分值表”，各业务部总经理应对本部门的申请资料及业务员评分结果进行审核并负责。

3.3.4 风险管理部根据业务部提出的申请，对申请资料及附属资料进行审核，审核无误后，对“信用风险考核分值表”进行汇总，并由ERP系统自动计算客户信用等级。

3.3.5 风险管理部根据客户信用等级评级结果，提出客户授信额度或预付款比例，并将评级结果、授信额度通知业务部。如无异议，报主管副总经理和总经理审批。

3.3.6 业务部如对评级结果或授信额度有异议，可将有关意见提交风险管理部，并报主管副总经理、总经理审批。

3.4 客户信用风险等级使用管理

3.4.1 各业务部在编制业务合同预算时，若对客户需预付款或赊销，由业务员提出使用额度申请，报业务部总经理审核。业务部总经理审核后，报风险管理部进行额度使用复核。

3.4.2 业务员可在信用额度内，与客户进行涉及信用额度的结算和交易。在业务进行中，按公司付款审批流程进行款项支付的申请，在额度内的信用付款，经有权审批人同意后可以付款。该授信额度如未使用完毕，可以在下次交易中继续使用，但实际占用时点数不能超过额度总额。

3.4.3 如因业务需要，对客户的信用支付超过信用额度，由业务部提出申请，经业务部总经理同意后报风险管理部，由风险管理部根据业务实际情况、客户历史交易情况等提出意见，报主管副总经理、总经理审批。

3.4.4 同一客户只能申请一个授信额度，如公司内多个业务部与同一客户有业务关系，则信用额度的使用按优先原则。若某一业务部门申请使用时，客户信用额度使用完毕，则参照3.4.3执行。

3.4.5 对客户预付款采购货物入库、赊销的货款入账后，客户使用的信用额度即清除。某一客户的信用额度的使用在时点上不能超过其信用额度余额。如需超额使用，则参照3.4.3执行。

3.4.6 客户信用额度原则上每年审批一次，中间不做调整。

3.5 信用风险评估岗位职责

3.5.1 公司领导、各部门总经理、业务人员应在客户信用风险评估过程中严格遵守公司相关规定，严格按照授权操作，对各自经办和审核的内容负责。

3.5.2 业务部业务员应负责取得申请授信额度客户的相关资料，对取得客户相应资料来源的真实性负责；审核录入信息是否准确；保证评分的客观性。

3.5.3 业务部总经理应对业务员输入的信息进行初审，并审核业务人员评分结果是否合理。

3.5.4 风险管理部应对业务部输入的信息进行审核，保证输入的基本信息准确无误；对业务部评分结果进行复核，对不合理的内容有权要求业务部重新核定；根据评级结果确定客户信用额度，应保证核定额度客观、公正；负责对业务部提供的客户文字资料进行保管，并建立客户资料数据库，保证客户资料的完整、连续；每年年终后，对客户评级进行年度审核和更新；定期向公司通报和即时提供客户资信评级；跟踪客户及业务部授信额度余额，审批单笔放账额度。

3.5.5 主管副总经理应对风险管理部评定等级、确定额度进行审核，对不合理的内容有权要求业务部、风险管理部重新核定。

3.5.6 公司总经理对客户信用评级及信用额度享有最终审批权，并对审批结果负责；对业务部、风险管理部评定等级、额度如有异议，有权要求业务部、风险管理部做出解释，并要求重新核定。

拟定		审核		审批	

11-05 客户信用期限、信用等级和信用额度管理制度

××公司标准文件		××有限公司 客户信用期限、信用等级和信用额度管理制度	文件编号××-××-××	
版次	A/0		页次	第×页

1.目的

为规范往来客户的信用评级授信及其后续管理工作，有效地控制商品销售过程中的信用风险，减少应收账款的呆坏账，加快资金周转，结合本公司实际制定本制度。

本制度的具体目标包括以下内容。

（1）对客户进行信用分析、信用等级评定，确定客户的信用额度。

（2）迅速从客户群中识别出存在信用风险、可能无力偿还货款的客户。

（3）财务部和营销部紧密合作，提供意见和建议，尽可能在扩大销售额的同时避免信用风险。

2.适用范围

适用于与本公司往来客户的信用评级授信业务及其后续管理工作，是该项业务操作的基本依据。

3.职责分工

（1）营销部负责客户评级授信的操作及其后续管理工作。

（2）财务部负责对该项业务的初审和监督。

（3）总经办对该项业务进行终审。

4.管理规定

4.1 信用期限

4.1.1 信用期限是公司允许客户从购货到付款之间的时间。

4.1.2 根据行业特点，信用期限为30～90天不等。对于利润高的产品，能给予较长的信用期限；对于利润率低的产品，给予的信用期限较短甚至采用现款现货。

4.2 新客户的评级与授信

包括首次交易的客户授信，不适用临时额度申请的客户。营销业务主管对于客户进行首次往来交易时，必须进行资信调查，填写新客户信用等级、信用额度、信用期限申请表。

4.3 老客户的评级与授信

4.3.1 包括有历史交易但尚未授信过的客户授信；已授信过客户的重新授信；不适用临时额度申请的客户。

4.3.2 营销业务主管需填写老客户信用等级、信用额度、信用期限申请表。

4.4 临时额度申请

包括各种特殊情况下的额度、临时额度调整（如超额度发货特批等），营销业务主管需填写临时额度申请表样表。

4.5 信用等级评定

4.5.1 信用等级共设定AAA、AA、A、B、C五个等级，等级标准如下。

信用等级标准

等级	类别	标准
AAA级	超优级客户	得分90分以上，且对本公司到期货款偿还状况、在本公司的采购状况两项指标得分分别在35分及27分以上，有一项不达标的下调一个信用等级
AA级	优良客户	得分80～89分，且对本公司到期货款偿还状况、在本公司的采购状况两项指标得分分别在30分和24分以上，有一项不达标的下调一个信用等级
A级	基础客户	得分70～79分，且对本公司到期货款偿还状况、在本公司的采购状况两项指标得分分别在25分和21分以上，有一项不达标的下调一个信用等级

续表

等级	类别	标准
B级	一般客户	得分60～69分，且对本公司到期货款偿还状况、在本公司的采购额状况两项指标得分分别在20分和18分以上，有一项不达标的下调一个信用等级
C级	存在风险客户	合作价值小，得分59分以下

4.5.2 出现以下任何情况的客户，应评为信用C级。

（1）过往2年内与本公司合作曾发生过不良欠款、欠货或其他严重违约行为（对于本条需进行具体分析，客户不按照合同规定的期限进行付款的原因是本公司出现了某些不符合合同的事项，例如产品质量投诉、交货不及时，引起客户不满，此种情况排除在外）。

（2）经常不兑现承诺。

（3）出现不良债务纠纷，或严重的转移资产行为。

（4）资金实力不足，偿债能力较差。

（5）生产、经营状况不良，严重亏损，或营业额持续多月下滑。

（6）最近对方产品生产、销售出现连续严重下滑现象，或有不公正行为（例如以质量投诉为由，拖欠正常无投诉货款）。

（7）开具空头支票给本公司。

（8）出现国家机关责令停业、整改的情况。

（9）客户已被其他供应商就货款问题提起诉讼。

（10）对于出口业务，为保证货款的安全性，对客户的信用额度定为C级，即通常采用款到发货的形式。

4.5.3 原则上新开发客户或关键资料不全的客户不应列入信用AA级（含）以上。少数行业内声誉较高的客户首次交易可列入信用AA级（含）以上，需要经过特批。

4.6 授信原则

4.6.1 新客户授信额度=客户预计月平均销售额×信用期限×风险修正系数。

老客户授信额度=客户历史月平均销售额（按照实际有发货月份的销售额）×信用期限×风险修正系数。

AAA级客户：信用状况相当良好，极具合作前景，信用额度需要考虑战略合作协议等因素。

AA级客户：形象良好，信用度高。

A级客户：偿债能力和信用状况一般。

B级客户：存在风险，授信额度从严控制。

C级客户：风险很大，不能给予授信，业务往来采取预付定金或款到发货方式进行。

风险修正系数的规定

风险级别	修正系数/%
AAA	150 ～ 300
AA	100
A	80
B	60
C	0

4.6.2 原则上信用等级越高，给定的授信额度越大，具体按客户的实际情况确定。

4.6.3 对于首次交易的客户，通常不进行授信（行业内实力较强的新客户可以给予授信）；对零散客户和交易量少的客户通常不进行授信，交易采取现款现货等方式进行。

4.6.4 对于新客户的信用额度逐步放大，采取如客户按时付款则逐步增加信用额度的方式。对于新客户给予3个月的考察期，随着与客户往来的增多，客户能够证明他们可以支付更多的金额，则可以提高其信用额度。

4.6.5 如客户支付能力不足，财务部将维持现有额度以限制客户的购买，甚至降低额度。

4.6.6 授信时，应实施以下控制措施。

（1）公司对实施授信总额进行控制，原则上授信总额不能超过最近一个月月末合并财务报表流动资产总额的40%。

（2）公司应根据客户的信用等级实施区别授信，确定不同的信用额度。

（3）对信用额度在100万元以上或信用期限在1个月以上的客户，营销主管每季度应不少于走访一次；信用额度在200万元以上，信用期限在1个月以上的，除营销主管每季度应不少于走访一次外，营销经理（在有可能的情况下副总经理或总经理）每年必须走访一次以上。在客户走访中，应重新评估客户信用期限、信用等级和信用额度的合理性，并结合客户的经营状况、交易状况及时调整信用等级。

4.7 评级与授信后的业务运作

信用等级、信用额度及信用期限的复测原则上每季度全面更新一次；期间如果需要对个别客户进行紧急调整，应及时对相关资料进行补充修改。

4.8 责任的划分

4.8.1 信用等级、信用额度及信用期限的管理部门为公司的营销部和财务部，财务部负责数据传递和信息反馈，营销部负责客户的联系、资信调查和款项催收，财务部和销售部共同负责客户信用等级、信用额度及信用期限的确定。

4.8.2 营销业务主管负责进行客户资信前期调查，保证所收集客户资信资料的真实性，认真填写“客户信用等级、信用额度、信用期限申请表”，经营销业务主管复核后，由营销部文员输入ERP系统，经营销部经理在ERP系统中审核，财务总监审批，副总经理进行最终审批。填表人应对“客户信用等级、信用额度、信用期限申请表”内容的真实性负全部责任。

（1）信用额度申请审批流程如下。

营销业务主管填写信用额度申请表→销售文员输入ERP系统→营铫部经理审批→财务总监审批→副总经理终审。

（2）超信用额度申请审批流程如下。

营销业务主管填写临时额度申请表→销售文员输入ERP系统→营销部经理审批→财务总监审批→副总经理终审。

4.8.3 营销部经理和财务总监具体承担对营销部授信执行情况的日常监督职责。

4.9 注意事项

4.9.1 信用额度审批的起点，是在接受销售订单之前，进行信用额度的审批；如客户信用额度超额，业务员将无法下订单。

4.9.2 单个客户的信用额度不得超过500万元。

4.9.3 超过信用额度的客户订单需要审批。

4.9.4 所有货物的发出都需经过财务部审批；如客户应收账款余额超过信用额度，客户仍未回款，财务部有权停止发货。

4.9.5 对于超出信用额度的发货，财务部审批人员必须在填写并完成“临时额度申请表”的审批程序或是得到上级相关部门的正式批准文书后，方可放行发货。如发生超越授权和重大风险情况，应及时上报。

4.9.6 对于款到发货销售的发货指令由财务部发出，财务部确认收到款项，营销部才能发出货物。

4.9.7 收到客户远期支票，将不会恢复客户的信用额度，只有当远期支票到期后，才能恢复信用额度。

4.10 资料存档

4.10.1 客户的信用等级、信用额度、信用期限申请表信息资料为公司的重要档案，所有经管人员须妥慎保管，确保不得遗失，如因公司部分岗位人员的调整和离职，该资料的移交作为工作交接的主要部分，凡资料交接不清的，责任自负。

4.10.2 在完成客户的信用等级、信用额度、信用期限审批后，“信用等级、信用额度、信用期限申请表”由销售部和财务部各备存一份。

拟定		审核		审批	

11-06　大客户管理制度

<table>
<tr><td colspan="2">××公司标准文件</td><td rowspan="2">××有限公司
大客户管理制度</td><td colspan="2">文件编号××-××-××</td></tr>
<tr><td>版次</td><td>A/0</td><td>页次</td><td>第×页</td></tr>
</table>

1.目的

为了与大客户建立日常沟通机制，实现双向式的信息共享，通过信息交换在第一时间发现问题并加以解决，提高大客户服务水平，规范大客户管理部人员的工作，提高销售额，增加销售效益，特制定本制度。

2.大客户岗位人员岗位职责

2.1 大客户经理

2.1.1 大客户经理的职责：在零售部经理的直接领导下，制订大客户年度销售计划，负责大客户开发、关系维护与管理工作，推广企业产品及增值服务项目。

2.1.2 主要工作具体如下。

（1）负责制定、组织实施和完成大客户年度目标。

（2）负责大客户的开发与维系工作，与目标大客户建立良好的工作关系，挖掘大客户的需求，高效灵活地完成销售任务。

（3）参与市场调查、竞争对手研究、营销策划等，并定期或不定期地为营销决策提供相关市场信息和市场开拓的意见，及时反馈市场开发和营销进展的情况。

（4）安排人员做好大客户的咨询和相关服务，及时处理大客户投诉等事宜。

（5）负责建立大客户信息档案和管理工作，并进行科学的客户管理，及时有效地为大客户提供高品质服务。

（6）对本部门员工进行指导和培训，提高业务能力与服务水平，并对其实施考核。

（7）按期核对并负责应收账款的回收与催讨工作，保证销售回款。

（8）组织制订售后服务计划、标准并监督实施。

2.2 大客户主管

2.2.1 大客户主管的职责：向大客户经理报告，直接接受大客户经理领导，并指导和管理区域内的大客户专员的工作。

2.2.2 主要工作如下。

（1）制订销售计划和开发计划。

（2）完成公司部署的销售任务、业绩目标。

（3）配合公司关于市场调查、竞争对手研究、营销策划等，并定期或不定期地为营销决策提供相关市场信息和市场开拓的意见。

（4）督导、指挥大客户专员执行任务。

（5）下属员工的培训、管理，公司相关制度的落实、监督。

（6）定期召开大客户专员例会，传达布置任务，提升团队学习氛围。

（7）负责应收账款的回收与催讨工作，保证销售回款。

（8）了解企业新产品信息及各项拓展服务项目，并做好传达工作。

2.3 大客户专员

2.3.1 大客户专员的职责：根据上级部署的工作内容，积极开展市场调研、客户拜访及客户开发等业务工作，按考核期完成销售任务。

2.3.2 主要工作如下。

（1）服从上级领导安排，开展具体工作，完成各项任务。

（2）按照计划开展市场调研工作，进行信息的收集、汇总与整理。

（3）根据业务拓展的需要定期进行客户拜访工作，与客户保持良好关系；收集反馈信息并完成市场开拓目标和新客户发展的目标，不断提高产品在市场上的占有率。

（4）接受客户的咨询与投诉，解答客户的疑问，宣传本企业的品牌战略。

（5）按照计划完成推广工作，按时按量完成任务。

（6）负责应收账款的回收与催讨工作，保证销售回款。

（7）完成上级领导临时交办的任务。

（8）对合同执行情况进行跟踪、督促，建立与客户之间签订的销售合同或协议。

（9）定期与客户进行电话回访，并做好记录。

（10）对客户反馈的意见进行及时传递、处理，建立客户档案。

（11）适时将企业营销策略传递给客户，了解企业重点品种目录。

3.管理规定

3.1 大客户定义、业务类型、选择原则及选择程序

3.1.1 大客户定义。

大客户是实现企业利润和可持续发展的重要保障之一，对于企业具有无与伦比的重要性和战略意义。

大客户又被称为重点客户、主要客户、关键客户、优质客户等，大客户是指对产品（或服务）消费频率高、消费量大、客户利润率较高而对企业经营业绩能产生一定影响的重点客户，而除此之外的客户群则可划入中小客户范畴。

（1）A一级客户：指年用量在50万元以上且用量大、回款信誉好的客户。

（2）A二级客户：指年用量在20万元以上30万元以下且用量较大、回款信誉较好的客户。

（3）B一级客户：指年用量在5万元以上10万元以下且具有较大潜力增长的客户。

（4）B二级客户：指年用量在2万元以上5万元以下且增长潜力较小的客户。

（5）C类客户：此类客户用量较大，但对公司利润贡献率较低。

（6）D类客户：此类客户用量较小，但对公司利润率较高，有一定发展潜力。

3.1.2 大客户业务类型。

（1）协议大客户：指与公司具有长期合作意向且签有《VIP客户协议》的政府单位、企事业单位等终端客户。

（2）会员大客户：个人年用量较大、消费频率较高的忠实客户。

3.1.3 大客户选择原则。

（1）大客户须达到较高的诚信度，具有较强的财务能力和较好的信用。

（2）大客户须具有积极的合作态度。

（3）大客户须遵守双方在商业和相关业务技术上的保密原则。

（4）大客户的成本管理和成本水平必须符合公司要求。

3.1.4 大客户选择程序。

（1）一般调查。

①了解该客户概况、最新年度决算表等文件。

②与该客户的负责人交谈，进一步了解其情况、方针和对本公司的基本看法。

（2）实地调查。根据一般调查的总体印象做出总体判断，衡量新客户是否符合上述基本原则。在此基础上，会同大客户经理、大客户主管等对新客户进行实地调查，调查结束后，提交客户认定申请表。

3.1.5 开发选择认定。

根据调查结果，提出大客户选择申请报告，该报告主要包括以下项目。

（1）与大客户交易的理由及基本交易方针。

（2）交易商品目录与金额。

（3）调查资料与调查结果。

3.1.6 签订供应合同。

由公司大客户部人员及客户的法人代表或指定人员签订正式《销售协议》或《VIP客户协议》。

3.2 大客户开发管理实施细则

3.2.1 大客户开发计划，其步骤包括以下内容。

（1）确定新客户范围，选择新客户开发计划的主攻方向。

（2）搜集资料，制作潜在大客户名录。

（3）分析潜在客户情况，为大客户开发活动提供背景资料。

（4）将上述资料上报大客户经理。

3.2.2 实施大客户开发计划，确定与潜在客户联系的渠道与方法。

3.2.3 召开会议，交流业务进展情况，总结经验，提出改进对策，布置下一阶段工作。

3.2.4 按公司对外接待办法接待客户，按贵宾级别接待重要客户。

3.2.5 对一些较重要、未来将发展的新客户，公司应有两个以上的人员与之联系，并建立联系报告制度。

3.2.6 负责与大客户联系的员工调离公司时，公司应及时通知有关客户，指派其他员工迅速与该客户建立联系。

3.2.7 组织实施潜在客户调查，根据调查结果，筛选评价，确定重点开发客户。

3.2.8 大客户主管和大客户专员在与新大客户接触过程中，应力争与其建立业务联系，同时对其信用、经营能力等方面进行调查。在调查过程中，如果发现客户存在信用问题，须向上级汇报，请求中止调查和业务洽谈。

3.3 公司大客户信息管理办法

3.3.1 为保证公司对大客户的管理规范化、有效化，保证稳定开展，特制定本办法。

3.3.2 大客户信息管理。

（1）大客户档案的建立：每发展、接触一个新大客户，均应建立客户档案；客户档案应标准化、规范化，包括客户名称、法定代表人、地址、邮编、电话、传真、经营范围、注册资本等内容。

（2）大客户档案的更新、修改：大客户的重大变动、与本公司的业务交往，均须记入档案；积累大客户年度业绩和财务状况报告。

3.3.3 公司各部门与大客户单位接触的重大事项，均须报告大客户部，不得局限在销售或业务人员个人范围内。

3.3.4 遵守客户信息保密制度。客户信息、经营数据、合作协议、资金往来、财务数据等机密直接关系到企业利益，每位员工都有保守企业经营机密的义务。不得随意透露客户资料、经营数据、合作协议等相关信息。员工调离公司时，不得带走大客户资料，其业务应会同大客户部主管接收、整理、归档其客户资料。

3.3.5 公司各部门与大客户单位接触的重大事项，均须报告大客户部，不得局限在销售或业务人员个人范围内。

3.3.6 设定大客户信息查阅权限制，未经许可，不得随意调阅大客户档案。

3.3.7 客户资料分为交易往来客户原始资料和交易往来客户一览表两种，前者存于大客户经理处备用，后者可分配到具体负责主管使用。

3.3.8 按严格的登记程序，向大客户部经理借阅交易往来客户资料，大客户部经理对于资料保管应尽职尽责，避免资料污染、破损和遗失。

3.3.9 大客户部应一年两次定期调查交易往来客户，如果有变化，应在交易往来客户名册及交易往来客户一览表中记录和修正。

3.4 大客户部工作管理规定

3.4.1 工作期间应面带微笑，工作认真积极有耐心，负有责任心。

3.4.2 与客户沟通的过程中，应积极主动地全面了解客户的情况，及时为其解决问题。

3.4.3 根据当天的工作情况，详细地把与客户接触的不同情况以工作报表的形式进行登记，并向部门经理汇报。

3.4.4 应严格遵守公司和部门的各项规章制度，按时出勤上下班，做好签到。

3.4.5 在工作期间，代表公司的形象，应注意语言的技巧，不得与客户发生争执，不得做有损公司利益的事情。

3.4.6 在上班时，应积极努力工作，不得从事任何与工作无关的事情；不得私自会客，不得接打私人电话，不得拨打信息台、浏览与工作无关的网站及打游戏等。

3.4.7 在工作期间应保持严谨的工作态度，不应破坏公司的形象及管理制度，每天递交完整、真实、标准的工作报告。

3.5 大客户拜访管理制度

3.5.1 拜访目的。

（1）市场调查、了解市场。

（2）了解竞争对手。

（3）客情维护：增进并强化与客户的感情联系，建立核心客户，提升销量，结清货款。

（4）开发新客户。

（5）新产品推广。

（6）提高公司产品的市场占有率。

3.5.2 回访次数。

依据老客户的年采购量、财务信用状况及销售潜力确定回访事宜，对于年采购量大、财务信用优、销售潜力大的老客户回访频率要高于年采购量小、财务信用一般、销售潜力小的老客户。老客户回访次数规定针对的是专门的老客户回访工作，正常业务联系拜访除外。

（1）对于A类一级客户：直接负责该业务的大客户专员每两周电话联络一次，每月上门回访一至两次，回访对象为客户经办层面的联系人及经办层负责人，部门直接主管每季度上门回访一次，回访对象为客户相关业务负责人如办公室主任、采购部经理等。年末由大客户专员派送或邮寄公司挂历、贺卡，逢传统重大节日如中秋节、春节由公司高层与客户关键决策人进行高层与高层之间的沟通。

（2）对于A类二级客户：直接负责该业务的大客户专员每两周电话联络一次，每个月上门回访一次，回访对象为客户经办层面的联系人及经办层负责人，部门直接主管每半年上门拜访一次，回访对象为客户相关业务负责人如办公室主任、采购部经理等。年末由大客户专员派送或邮寄公司挂历、贺卡，逢传统重大节日如中秋节、春节由公司高层与客户关键决策人进行高层与高层之间的沟通。

（3）对于B类一级客户：直接负责该业务的大客户专员每三周电话联络一次，每两个月上门回访一次，回访对象为客户经办层面的联系人及经办层负责人，年末由大客户专员派送或邮寄公司挂历、贺卡，部门直接主管每年上门回访一次。回访对象为客户关键决策人。

（4）针对招投标客户：直接负责该业务的大客户专员每月电话联络一次，每年上门回访两次，回访对象为客户经办层面的联系人及经办层负责人，年末由大客户专员派送或邮寄公司挂历、贺卡，部门直接主管每年上门回访一次。回访对象为客户关键决策人。

3.5.3 拜访实施。

（1）拜访计划。依据销售计划执行销售工作，并依据工作内容，填制拜访计划呈部门主管核阅。部门主管核阅后，大客户专员按拜访计划表中所订的内容，按时前往拜访客户。

（2）客户拜访的准备。

①拜访前应事先与拜访单位取得联系。

②确定拜访对象。

③拜访时应携带的物品准备。如公司资质文件、宣传画册、产品手册、价格表、相关证明文件以及随身带的名片、笔记本、笔等。

④拜访时相关费用的申请。拜访时如需赠送礼品必须提前申报部门主管，经部门主管同意后执行。拜访中如需其他的应酬活动费用，必须提前请示部门主管，经部门主管同意后方可执行。

（3）拜访注意事项。

①服装仪容、言行举止要体现公司的一流形象。

②尽可能地与客户建立一定程度的私谊，使其成为核心客户。

③拜访过程可以视需要赠送物品及进行一些应酬活动（必须提前请示部门主管，经部门主管同意后方可执行）。

④拜访中答应客户的事项或后续待处理的工作应及时进行跟踪、处理。

3.5.4 拜访管理制度。

（1）大客户专员应于每周六填写下周的“周拜访计划表”，并提交直接部门主管核阅。

（2）大客户专员依据“周拜访计划表”所规定的内容，按时前往拜访客户，并根据拜访结果填制“周拜访记录表”“月度客户拜访记录表”。大客户专员每周六须提交本周的“周拜访记录表”至部门主管，由部门主管，核阅并提出指导意见，每月5日前提交上月的“月度客户拜访记录表”至部门主管由主管核阅并报送至大客户管理部。

（3）大客户专员如因工作因素而变更行程，除应向主管报告外，并须将实际变更的内容及停留时间记录于“周拜访计划表”“周拜访记录表”内。

（4）大客户部门主管审核“周拜访记录表”时，应与“周拜访计划表”对照，了解大客户专员是否依计划执行。

（5）大客户部门主管每周应依据大客户专员的“周拜访计划表”与“周拜访记录表”，以抽查方式用电话向客户查询，确认大客户专员是否依计划执行或不定期亲自拜访客户，以查核大客户专员是否依计划执行。

（6）大客户部门主管查核大客户专员的拜访计划作业实施时，应注意技巧，并监督相关报表的执行落实，根据报表完成情况等与人力资源部相关文件一起作为员工绩效考核有效的参考依据。

3.6 绩效考核

3.6.1 考核周期。

（1）季度考核，当季考核于季度结账日结算。

（2）年度考核，当年考核于次年1月15日之前进行。

3.6.2 考核内容。

（1）大客户销售任务完成情况。

（2）考核期内大客户开发量。

（3）考核期内大客户流失情况。

（4）大客户销售合同履行情况和回款情况。

（5）大客户关系管理。

（6）大客户投诉解决处理情况。

（7）大客户信息管理、保密情况。

拟定		审核		审批	

11-07　客户拜访区域规划制度

××公司标准文件		××有限公司 客户拜访区域规划制度	文件编号××-××-××	
版次	A/0		页次	第×页

1.目的

为了提高客户拜访工作的效率，掌握渠道，圆满完成客户拜访任务，进一步了解客户的需求，特制定本制度。

2.适用范围

适用于客户服务部的客户拜访区域规划工作。

3.权责

由客户服务部经理负责客户拜访区域规划方案制定并监督客户服务人员执行。

4.管理规定

4.1 客户拜访区域规划

4.1.1 客户拜访区域规划的准则。

（1）可行性。区域规划应该使客户服务人员经过努力可以实现。

（2）全面性。必须进行科学全面的规划，将所有客户包括其中。

（3）易读性。尽量实现数字化，表述明确，容易让人理解。

（4）顺序性。目标的设置要体现出实现目标过程中的努力因素。

4.1.2 明确客户拜访区域的边界，避免重复工作及与其他区域的业务摩擦。

4.1.3 客户拜访区域规划的要素。

（1）合理的客户拜访顺序：距离短、客户数多、用时少、拜访效率高。

（2）适宜的地理区域规划：地理条件、特殊限制、行政管制区域。

（3）有效的市场规划：市场反馈、销售区域、客户满意、同行业动态、渠道组织发展。

4.1.4 高额的成本效益。

4.1.5 适当的交通工具。以节省时间为目的，以节约经费为原则。

4.2 客户拜访路线规划的工作程序

4.2.1 客户资料的分析。

（1）客户服务经理根据策划资料及客户服务人员获得的客户登记资料，列出客户明细资料（区域内客户发布状况、客户的等级）。

（2）填写统一的客户拜访表，内容包括拜访客户的基本信息，拜访目的、拜访区域、拜访日期、拜访顺序。

（3）客户服务人员注销无效客户。

（4）客户服务人员对客户明细资料进行修改、确认。

（5）客户服务人员对客户基本信息、拜访时间、交通时间及有效客户进行确认。

4.2.2 时间分析，明确各渠道客户数量或频次。

（1）确认拜访客户的时间、频次。

（2）客户服务人员说明重新规划的目的，并听取建议。

4.3 画图作业

将区域内客户标注在地图上，以目标明确、线路明了、节约时间为原则。

4.4 考察交通情况

主要考虑配送便利程度。

4.5 按客户数量划分路线

按客户数量划分路线时要满足交通、配送、拜访频率的要求。

4.6路线变化

（1）运用管理科学的知识来优化客户服务人员每日拜访客户的路线。

（2）确定路线。 （3）根据工作要求，确认路线拜访标准。 客户人员根据实际工作状况及时调整拜访内容、拜访频次。					
拟定		审核		审批	

11-08　公司客户接待管理规定

××公司标准文件		××有限公司 **公司客户接待管理规定**	文件编号××-××-××	
版次	A/0		页次	第×页

1.目的

随着公司业务量日益增多，外来客户参观考察越来越多，为进一步规范接待工作，提高接待工作效率和质量，确保圆满完成各项接待任务，特制定本规定。

2.适用范围

公司所有需要接待客户的部门。

3.职责

（1）公司接待由行政部统一负责，若涉及其他部门，其他部门应积极、主动配合。

（2）行政部在接到客户信息后，安排专人接待，落实来访客人名单、身份、人数、性别、目的、路线等具体信息。

（3）行政部统筹安排入住酒店档次、用餐酒店标准、陪同人员、礼品等相关工作，与公司领导沟通，沟通后按照计划实施。

4.定义

热情礼貌、服务周到、厉行节约、对口接待，严格标准，统一管理，使客人高兴而来，满意而归。

5.程序

5.1　销售接待流程

5.1.1　各相关部门应积极、主动配合，以销售部门为主，并设立接待负责人，对来访客户接待工作进行统一协调、沟通、安排、跟进、落实。

5.1.2　行政部在第一时间接到客户来访信息时，应由专人负责落实并与相关项目负责人联系，确定来客时间、人数、性别、身份、职务、停留时间、目的、路线等具体信息，然后反馈至销售部门内务主管。

5.1.3　行政部落实各相关信息和要求后，依据来访客户级别及要求，统筹安排入住酒店档次、用餐酒店标准、参观考察地点、陪同人员、准备物品、礼品等相关工作，报部门经理同意后下发通报，发至各相关部门。各相关部门依据通报要求准备接

<table>
<tr><td colspan="6">待工作，销售部门接待负责人对各部门接待工作进行监督、检查、落实，确保无误。
5.1.4 在接待过程中，遇突发事件或更改、变动行程时，由接待负责人及时与相关部门沟通，及时变更。
5.2 在接待完成后，由销售部门（接待负责人或销售内勤）在两日内填写“来访客户接待记录表”，填写内容具体详见“来访客户接待记录表”，以销售部门为主，其他部门配合为辅，各相关部门接待人员按表格要求填写完毕后交行政部经理审核，审核后行政部、销售部各备存一份。
5.3 借款及报销
5.3.1 公司接待。
（1）公司接待费用由行政部统一打借条（注明：接待哪里的客户，谁的客户等内容），由行政部经理审批后至财务部借款，费用由行政部统筹安排资金使用。
（2）所有接待费用报销，由经办人粘贴票据后交至行政部经理审核，总经理审批签字后方可报销。
5.3.2 销售部门接待。
（1）销售部门接待所需支出费用暂由销售部门接待负责人打借条（注明：接待哪里客户，谁的项目），由销售部门经理审批，至财务部借款，销售部门接待负责人统筹安排资金使用。
（2）行政部负责可签单费用支出（如酒店、住宿等）。
（3）所有接待费用报销，由经办人粘贴票据及写清明细后交至销售部门接待负责人，经行政部经理审核（注明已单列）、总经理审批签字后方可报销。
5.3.3 在接待完成后，行政部两日内将所有接待费用汇总表报销售部门内务主管，由销售人员核对认可签字后交至财务部。销售人员根据汇总表所列总金额补办借款手续，由销售部门内务主管持销售人员借款手续到财务部及时挂账。
5.3.4 签字认可费用汇总表，财务部、行政部、销售人员各存一份。
5.4 考核
若因协调、配合、落实不到位，造成接待脱节，给客户带来不好影响者，给予相关责任人2～10分的经济考核。</td></tr>
<tr><td>拟定</td><td></td><td>审核</td><td></td><td>审批</td><td></td></tr>
</table>

第12章 销售业务过程管理制度

本章阅读索引：

- 销售计划管理规定
- 销售过程控制程序
- 销售合同管理细则
- 销售合同执行跟踪管理规定
- 发货（发样）管理制度
- 销售货款回收管理制度
- 销售退货管理规定
- 销售档案管理制度

12-01 销售计划管理规定

××公司标准文件		××有限公司 **销售计划管理规定**	文件编号××-××-××	
版次	A/0		页次	第×页

1.目的

为通过建立本公司全年、季度及月度的销售目标计划、回款目标计划、市场目标计划以及相应的费用预算计划，以保证所对应各产品的销售数量的供给和各月份销售中心对资金的需求额度，协助供应链保证产品交付能力，同时为公司整体的经营决策提供有效的数据支持，特制定本规定。

2.范围

全年销售计划适用于某公司，其余子计划适用对象为销售中心。

3.管理规定

3.1 销售计划内容及提交规定

3.1.1 公司年度销售计划。

依照公司现有产品及在研产品的情况，结合公司市场经销渠道、人力资源、资金实力及产能等实际情况，同时参考国家在政治、经济、社会等诸多方面的因素，由管理中心及销售中心牵头，参考过去年度本公司和竞争对手的销售实绩，结合三大中心提供各自的基础数据，拟定出全年的经营销售计划（销售目标、回款目标、市场目标、费用预算计划）。

计划完成时间：每年的12月31日前提交下一年度的全年销售计划。责任部门：管理中心、销售中心。协助部门：研发中心、运营中心。责任人：总经理、销售总监。

3.1.2 销售中心年度及季度销售计划。

以公司全年的经营计划为基础，分部门按产品分解年度计划，制定出综合销售部、渠道销售部及行业销售部的年度销售计划，内容为年度销售目标、回款目标、市场目标及费用预算计划。

计划完成时间：每年的12月31日至次年的1月15日，提交下一年度的全年销售计划，季度计划在每季度末的最后一周提交。责任部门：综合销售部、渠道销售部、行业销售部及服务部，其中服务部只提交费用计划和服务收费计划。责任人：主要责任人为销售总监，协助责任人为综合销售部、渠道销售部、行业销售部及服务部经理。

3.1.3 销售中心月度计划。

每月的月度销售计划要以年度及季度计划为基础，同时结合各部门在各区域实际需求、竞争状况、在谈项目等具体情况，以及本公司产品在各地区的使用运行情况制定出切合实际同时又具备一定挑战性的月度计划目标。

计划完成时间：每月底最后一周内，提交下一个月的销售计划，内容为月度销售目标、回款目标、市场目标、月度费用预算、在谈项目表。责任部门：综合销售部、渠道销售部、行业销售部及服务部，其中服务部只提交费用计划和服务收费计划。责任人：主要责任人为综合销售部、渠道销售部、行业销售部及服务部经理，协助责任人为各区域经理。

3.2 销售计划输出管理

3.2.1 年度销售计划。

年度销售计划须经总公司批复同意，其中的销售目标计划分产品及数量汇总之后由销售中心销售助理提交给运营中心物控部计划员；销售目标、回款目标及费用预算计划提交给财务部主管；销售目标、回款目标、费用预算计划及市场目标下达至各部门经理。时间：总公司批复同意之后一周内。

3.2.2 季度销售计划。

季度销售计划要结合上季度实际完成情况，经四大中心共同商讨确认并总经理批复同意后，由销售中心销售助理提交给运营中心物控部及管理中心财务部，内容同年度计划。销售目标、回款目标、费用预算计划及市场目标下达至各部门经理。同时将分解后的销售计划下达到各个办事处的区域经理。时间：总经理批复同意之后一周内。

3.2.3 月度销售计划。

月度销售计划是对季度销售计划的细分，由销售中心总监结合季度销售计划、近月实际完成情况及与各部门经理和区域销售经理就所有在谈项目进行充分沟通之后确认。其中的销售中心月度费用预算由所有销售人员的月度费用预算及销售中心的其他销售预算（广告宣传、展会、培训交流等费用）组成。所有计划的收集汇总工作都由销售助理完成。

3.3 销售计划的提交及输出结果考核

销售中心对销售计划的提交及输出结果实行月度考评、季度考核制，根据月度考评结果输出季度考核结果。

3.3.1 销售计划提交的考核。

销售人员按照公司规定时间提交销售计划，包括月度销售计划、月度回款计划、6个月滚动备货计划、市场计划、费用计划等。销售中心记录每次计划反馈的及时性。

3.3.2 销售计划输出结果的考核。

（1）月度销售计划考核：每月初销售中心输出各销售人员上月销售业绩，结合其当月销售计划，输出月度销售完成率。

（2）月度回款计划考核：每月初销售中心输出各销售人员上月回款总额，结合其当月回款计划，输出月度回款率。

（3）滚动备货计划考核：每月初销售中心输出各销售人员上月实际销售数量，结合其当月备货计划，输出备货计划准确率。

（4）市场目标计划考核：市场目标计划主要包括渠道拓展、举办展会等，以实际完成与计划的比率进行考核。

（5）费用计划考核：每月初管理中心财务部协助提供销售中心销售人员月度实销费用，销售中心结合每个销售人员月度销售额、月度费用计划，输出费用计划准确性。

以上考核项目的输出结果由销售助理全面负责，各考核项目均纳入销售中心季度考核KPI指标。

拟定		审核		审批	

12-02　销售过程控制程序

××公司标准文件		××有限公司 销售过程控制程序	文件编号××-××-××	
版次	A/0		页次	第×页

1.目的

为确定和实施与客户的沟通，充分了解和评审客户对产品的要求，确保满足客户的需求，并不断增进客户的满意度，特制定本程序。

2.适用范围

适用于本公司与客户的沟通，确定客户对产品的要求，并对所有销售合同的评审。

3.术语

3.1 特殊合同

特殊合同是指符合以下一条或多条的合同，新产品开发合同均属特殊合同。

（1）全新产品开发。

（2）超生产能力。

（3）超技术要求。

（4）有收汇风险。

（5）利润低于常规。

3.2 常规合同

除特列合同以外的合同，旧产品订单均属常规合同。

4.职责

4.1 业务部

4.1.1 业务部为本程序的归口管理部门。

4.1.2 负责与客户沟通、确定客户对产品的需求、组织合同（订单）的评审，以及有效、及时处置客户反馈信息（含投诉、抱怨、建议等）。

4.1.3 负责合同的合法性、完整性和明确性以及售后服务（培训、技术支持等）质量保证期限与评审。

4.1.4 做好与客户沟通的记录和每次合同评审记录，并妥善保存。

4.2 技术部

针对合同技术要求、技术标准评审要求是否违反法律法规，对合同指定的产品进行分类，特殊合同需评审研发、设计能力以及设计开发周期能否满足交期的要求。

4.3 生产部

根据客户对产品交期的要求评审生产周期、设备工装、模具配置、人员配置是否满足交付周期要求。

4.4 质检部

评审合同的质量条款、产品验收标准以及厂内产品生产检验验证的能力。

4.5 采购部

对组织生产材料的采购能力、客户指定部件供货单位资质的要求能否满足进行评审。

4.6 财务部

负责对合同产品销售价格、结算方式、付款期限及相关费用予以评审。

4.7 总经理

负责销售合同最终意见的签署。

5.管理规定

5.1 产品要求的确认

业务部通过走访、调查、信函传真、电话等方式，了解并确定客户对产品的要求。这些要求应包括以下内容。

（1）客户明示的要求（技术要求、交货期、价格、售后服务、质保期、付款方式等）。

（2）隐含的要求和法律法规的要求（安全性、可靠性、辐照防护等）。

（3）本公司自己的附加要求（品牌和预期使用寿命要求等）。

5.2 合同签订的前期工作

5.2.1 业务部负责答复客户其所需产品的经营性报价。

5.2.2 业务部负责针对客户提供的产品规格书，通知技术部门制定产品技术协议草稿，技术协议经分管副总经理批准后，由业务部递交客户审核、签订。

5.2.3 如客户采取招标方式确定设备供应商的，业务部还需针对客户提供的招标书，组织技术、生产、质检、采购、财务等部门主管进行标书会议评审，标书评审由分管副总经理、总经理批准后，由业务部编制投标书，参加投标。无论投标成功与否，业务部均应保持对客户规格书、技术协议、标书及其评审的全部记录。

5.3 合同评审

5.3.1 本公司规定：无论是我方拟定的销售合同还是客户提供的购销合同，都要进行评审，评审应在正式签订合同前进行，只有确认能满足合同的全部要求时，才能签订正式合同。

5.3.2 合同评审及签订的程序。

5.3.2.1 对于与客户签订了技术协议，确立了合同签订意向的或经过标书评审并中标的产品合同，由业务部发放“订单标书/合同评审表”给有关职能部门，相关部门在职责范围内，分别对合同进行评审，填写评审意见。

5.3.2.2 评审结果应确定以下事项。

（1）客户的各项要求（价格、产品规格、技术要求、型号、数量、交付日期、质量的要求等）是否合理。

（2）各项规定是否明确，或有关特殊内容在合同中是否得到说明。

（3）合同的各项要求，本公司是否有履行能力。

（4）与合同不一致的要求是否得到解决。

（5）是否符合法律、法规的要求。

5.3.2.3“订单标书/合同评审表”经分管领导、公司总经理确认后，评审即告结束。

5.3.2.4 合同评审方式分为会议评审、传递评审两类，可任选一种方式或交叉进行，通常情况下，常规合同传递评审即可。

5.3.2.5 评审结论。

（1）正常可行。

（2）通过采取额外管理措施可行：如通过加班、外协外购、添置设备、加强控制等，职能部门负责人要落实相关的措施、责任人和完成时间。评审中出现内部意见分歧时，由总经理协调解决。

（3）修订要求可行：如改变交货时间、方式、质量要求、付款方式等，由业务部与客户协商，取得一致意见。

5.4 合同的签订

在通过评审，确保本公司已具有满足合同全部要求的前提下，业务部方可与客户签订正式合同，并妥善保存已有的销售合同和技术协议。

5.5 合同的履行

合同一经正式签订即具有法律效力，业务部应即时将合同相关信息通过“产品生产任务通知单”的形式，传递给技术、生产、采购、质检等部门，以便实施设计开发、采购、质检和生产准备。

5.6 合同的修订

5.6.1 当客户提出合同修订意见或补充条款要求时，业务部应及时征求本公司有关职能部门的意见，在取得一致意见的情况下方可进行修订。重大的修订（如产品重要特性、生产数量、进度、交期等要求发生变化时）必须重新进行评审，在取得一致意见并确认能满足客户提出的修订要求后，方可进行修订。

重大修订结果应通过会议传达、有效邮件、重新下发“产品生产任务通知单”等任一方式通知到位。

5.6.2 本公司提出的修订，业务部应先征得客户的书面同意，并将合同修订的内容及时传递到有关职能部门。

5.7 标书、合同、技术协议、评审记录、修订备忘、补充条款等相关文本的管理

5.7.1 无论合同生效与否，所有与客户相关的记录，必须按客户分类实施档案管理。业务部要对客户档案逐一进行编号，做好《合同卷内文件目录》，并登记在“合同记录表”中。

5.7.2 对正在执行的销售订单形成电子版本的“销售情况汇总表”，每发生一笔，信息更新一次，并用邮件方式发送到副总经理以上级别人员。

5.7.3 生效的销售合同文本，须发财务部一份备份。

业务部应及时了解合同执行情况，定期向总经理以及必要时向客户报告。

5.8 客户信息反馈的处置

5.8.1 销售人员应及时地对客户的信息反馈予以处置。

5.8.2 对有关产品的信息、合同（订单）的处理结果的查询、售后服务的执行等一般信息反馈，由业务部按客户要求及时处理，并做好相应记录。

5.8.3 对客户提出的建议、投诉、抱怨等信息，业务部应立即按照《不合格品控制程序》填写“客诉处理单”，经部门负责人审核签字后，报送管理者代表，由管理者代表按程序组织相关部门采取相应的纠正和预防措施。业务部应将改进情况及时向客户报告。

业务部按程序要求妥善保存全部相关的记录。

拟定		审核		审批	

12-03　销售合同管理细则

××公司标准文件		××有限公司 **销售合同管理细则**	文件编号××-××-××	
版次	A/0		页次	第×页

1.目的

为严格规范公司合同签订的全过程，加强相应管理及执行力度，保障公司的经济利益，减少呆账、死账的发生，特制定本细则。

2.适用范围

适用于本公司销售合同签订的全过程。

3.术语和定义

3.1　销售合同

销售合同是指卖方同意销售，买方同意购买一批货物、一项工程或一个系统集成项目的书面记载。

3.2　合同拟签订人

合同拟签订人是指持有有效法人委托书并在有效范围内进行合同前期工作，但尚未签订正式销售合同的销售人员。

3.3　合同签订人

合同签订人是指持有法人委托书并在有效范围及时间内签订了合同的市场销售人员。

3.4　代表处合同联系人

代表处合同联系人是指在代表处协助实体签订合同时，代表处负责联系该合同业务的人员。

3.5　到期应收款

到期应收款是指进入合同付款期，应收回的货款部分。

3.6　迟收货款

迟收货款是指超过合同付款期，而未收回的货款部分。如某合同规定从1月1日起5天内对方应付合同款1万元，则此货款在1月1～5日统计为到期应收款，在1月6日（含）以后如未收回，则统计为迟收货款。

4.管理规定

4.1　法人委托书的管理

4.1.1　市场总部商务部是法人委托书的主管部门，负责法人委托书申请的接收、初审、报批、制作、发放、回收、归档。

4.1.2　申请程序。

办理法人委托书时应由事业部根据工作需要向商务部提出书面申请，填写《法人委托书申请书》，并明确以下内容。

（1）申请人姓名及自然情况。

（2）申请人与公司的劳动合同期限。

（3）表明申请人正在从事销售工作。

（4）明确申请人签订合同的权限（产品/最高金额）及申请期限。

（5）事业部负责人签字确认。

（6）申请人一寸免冠近照一张。

4.1.3 审批程序。

（1）商务部对《法人委托书申请书》进行初审，合格者由商务部制作《法人委托书》，并报市场总部副总经理、主管市场副总裁审核，总裁批准。

（2）签发后的法人委托书由总裁办公室盖骑缝钢印，经营财务部盖法人名章后，由商务部发放。

4.1.4 发放程序。

制作完成的法人委托书由商务部登记，发放给申请部门的相关管理人员。发放时要填写“法人委托书发放登记表”。

4.1.5 法人委托书的保管。

（1）事业部应设专人（即法人委托书管理员）对法人委托书进行管理，负责本部门法人委托书的申请、领取、发放、回收等管理工作并留有记录。

（2）法人委托书由持有者妥善保管，不得遗失或转借。

4.1.6 法人委托书的回收。

（1）发生下列情况之一时，法人委托书管理员应于事情发生之日起5个工作日内将法人委托书收回，并交市场总部商务部。

①超出法人委托书规定的授权期限的。

②法人委托书持有人因工作变动，不再从事法人委托书授权范围内的工作。

（2）商务部办理回收手续后交档案室归档保存。

4.2 销售合同专用章的管理

4.2.1 销售合同专用章由公司总裁办公室统一刻制并发放。

4.2.2 事业部申请销售合同专用章时应具备：该事业部至少有一名持有有效法人委托书的销售人员。

4.2.3 销售合同专用章由事业部向总裁办公室提出书面申请。

4.2.4 审批。

（1）总裁办公室销售合同专用章管理人员核实申请书内容准确无误后报主管市场副总裁审核，总裁批准。

（2）总裁签发后由总裁办公室负责登记、发放。

4.2.5 发放：总裁办公室将销售合同专用章发放给事业部合同管理员，并做书面记录。

4.2.6 保管：事业部设专人（通常为合同管理员）对销售合同专用章进行管理，负责本事业部销售合同专用章的申请、领取、登记、保管、使用、上交等管理工作。

4.2.7 使用。

（1）销售合同专用章只能在签订销售合同时使用。

（2）合同管理员在收到合同评审记录、资信调查结果后方可向签订合同人员提供销售合同专用章，并把销售合同专用章使用情况记录在案。

（3）销售合同专用章不得转借或遗失。

（4）总裁办公室应不定期对各单位销售合同专用章的使用情况进行监督检查。

4.2.8 回收。

（1）事业部变更名称、机构调整、撤销时，合同管理员应在变更名称、机构调整或撤销后5个工作日内将销售合同专用章及使用审批记录交总裁办公室。

（2）销售合同专用章使用审批记录由总裁办公室交档案室归档保存。

4.3 销售合同文本的管理

4.3.1 标准销售合同文本的提出和使用。

（1）标准销售合同文本的提出。

①市场总部负责《标准合同文本》的制作，并负责组织对标准合同文本的评审。

②市场总部根据需要制作《标准合同文本》。

③需用部门可以向市场总部提出制作《标准合同文本》的需求或本部门制作《标准合同文本》草稿后交市场总部审核，然后组织评审。

④对标准合同文本的评审应由市场总部组织总裁办公室法律事务专员、经营财务部、技术管理部及相关单位负责人参加。总裁办公室开会讨论通过后即为标准销售合同文本。

（2）标准销售合同文本自发布之日起使用。销售人员在进行营销工作的过程中应优先使用公司的标准销售合同文本。

4.3.2 非标准销售合同文本的提出和使用。

（1）非标准销售合同文本使用条件：当标准销售合同文本不能满足销售的实际需要时，事业部应根据实际需要拟制销售合同文本。

（2）非标准销售合同文本必须具备的内容：合同号、买方和卖方的名称、地址、货物名称、数量、质量、货款金额、付款时间/期限、付款方式、交货时间、地点、争议解决。建议写明：货物验收标准、售后服务、合同生效时间、运输费承担等。

（3）非标准销售合同文本必须由法律事务专员出具法律意见书方可使用。

4.4 对合同对方进行资信调查的管理

4.4.1 与对方初次合作，或合作的间断时间超过6个月的，合同签订前应进行资信调查，并将调查结果填入“资信调查表”。

4.4.2 资信调查由合同签约人组织实施，作为合同评审的一项参考条件。

4.4.3 资信调查分常规和非常规项目。对于合同金额在50万元（含）以上的需方单位为初次合作的（其中不包括中国电信、移动、联通、网通、铁通、邮政等系统运营商和煤炭、电力、石油、军队、医院及集团内部），必须填写资信调查表的非常规项。

4.4.4 在充分了解客户要求、与对方达成初步合作意向后，拟制合作草稿，在正式合同签订之前，销售人员应保留在合同谈判过程中的会谈纪要、书面承诺、信函、传真、合作意向书等材料。

4.5 销售合同号的管理

各部门签订的合同要统一编号，合同编号由八位组成，如aa##bbcc，含义如下。

aa代表年份，如01、02。

##代表签订合同单位的汉语拼音缩写。

bb代表签订人编号（各单位自定）。

cc代表签订人当年签订合同顺序号01 ～ 99。

注：各部门汉语拼音缩写规定如下。

数据网络事业部缩写为SJ。

宽带产品事业部缩写为KD。

4.6 合同评审

4.6.1 合同评审的内容。

（1）客户的各项要求是否合理、明确并形成文件。

（2）合同是否符合有关法律法规的要求。

（3）公司现有的生产和技术能力［包括公司集成或OEM/ODM（贴牌生产或原始设备制造商/委托设计与制造或原始设计制造）产品］能否满足合同、标书的技术和质量特性的要求。

（4）产品交付的时间、地点、方式、联系人等是否明确。

（5）公司有否履行合同（或订单）中产品要求的能力（包括供货周期、安装调试、开通验收、售后服务、付款条件等因素）。

4.6.2 合同评审的时机：合同评审应在合同正式签订及修改之前进行。

4.6.3 合同评审的实施。

（1）合同签订部门组织相关部门及人员对合同进行评审。

（2）合同签订人员将合同草案、资信调查资料报本部门合同管理员，合同管理员根据合同内容组织采购、生产、技术、质量等方面的人员进行评审。参加评审人员根据合同内容适当增减。必要时邀请公司内部相关职能部门、人员参加。

① 对金额在100万元以上或没有采用标准合同文本签订的合同，应由总裁办公室法律事务专员出具法律意见书。

② 如本单位仅能完成一部分用户订购的产品，另一部分可由公司内部其他实体或公司外部单位完成，则公司的技术管理部和相关实体应参加评审并出具意见。

③对金额在100万元以上的合同，市场总部、财务部应参加评审并出具意见。

（3）合同评审可采用会议、会签方式。

（4）合同评审应填写“合同评审记录表”，由参加评审人员签字并报批。

4.6.4 合同评审的审批。

（1）合同批准的权限。

①合同金额在200万元以内（含）的由实体总经理或副总经理审批。

②合同金额在200万元以上的由主管副总裁审批。

（2）合同审批人根据经营的目标、参考合同评审记录、法律意见书、合同草稿等，做出“批准”“不批准”“继续修改”的决定。

如“批准”，则与客户正式签订合同并执行合同。

如“不批准”，则该项目终止。

如“继续修改”，则与客户继续协商，经修改后，再进行评审、审批。

4.6.5 对投标书的评审应在递交标书前进行，评审办法参考合同评审程序执行。

合同签订人权限如下。

合同签订人	合同最高金额/万元			
总裁	100000以上			
副总裁	100000（含）			
各事业部	宽带产品事业部		数据网络事业部	
	总/副总经理	1000（含）	总/副总经理、市场总监	7000（含）
	部门经理	500（含）	网络集成经理	3000（含）
	区域经理	300（含）	销售经理	500（含）

（1）任何合同签订都应进行书面评审。

（2）合同评审可以以会签或会议形式进行。

（3）合同签约人是合同评审的组织者，如合同签约人公差在外，该部门合同管理员负责组织该合同的评审工作。

（4）合同评审参与单位。

①事业部内部：生产/供货部门、售后服务部门、事业部负责人、合同评审组织者、合同管理员。

②其他部门（视情况参与评审）：经营财务部、市场总部商务部、总裁办公室法律事务专员。

（5）评审记录及结果应由合同管理员填写并由参与评审人签字确认，评审结果应明确（可/否），如合同草案未通过评审可以修改后再次评审。

（6）评审结果的审批：评审结果应由有权审批人审批后生效。

（7）有权审批人的权限。

①事业部内低于总/副总经理合同签订权限的评审结果可由事业部总/副总经理审批。

②总/副总经理合同签订权限以上（含）的评审结果由其上级领导审批（总裁合同签订权限的评审结果由总裁办公室开会审批）。

4.7 合同的签订

4.7.1 合同签约人应具备的条件。

（1）合同拟签约人持有的法人委托书或授权书。

（2）合同内容在法人委托书、授权书的范围、时间内。

4.7.2 合同的签订。

（1）如签约人具备其应具备的条件，经合同评审通过，合同签约人方可在合同上签字并加盖销售合同专用章。

（2）合同书优先采用市场总部提供的《标准合同文本》，填写时要字迹清晰、语言准确，按合同书内容逐项填写（不许有空项）。出现划改时，应在划改处双方签字或盖章确认。

（3）合同中设备的质量要求、技术标准，要对应设备型号标出国家或行业或企业标准号。

（4）对各种系统产品的销售应把系统配置的内容、接口参数等作为合同附件，与合同正本有同等效力。

（5）合同中应明确需方对出厂设备的验收方式和验收标准。

（6）产品的保修期限应参照国家相关规定及公司相关管理办法。

（7）销售人员对所签订合同的货款回收负责。

（8）合同正本一式两份，供方、需方各一份。

4.8 合同的生效

合同经双方签字盖章后依合同约定生效。如合同无明确约定的，自双方签字盖章之日起生效；如双方签字盖章的日期不同时，合同于最后签字盖章完成之日起生效。

4.9 合同的执行

合同签订单位对合同执行的全过程进行管理和控制。

4.10 货款回收工作的管理

4.10.1 货款回收的责任及管理。

（1）市场总部是货款回收工作的主管部门。

（2）事业部是货款回收工作的直接责任单位。

（3）合同签订人及合同签订批准人对其签订（或批准）的合同的货款的回收工作负主要责任。

（4）代表处对其协助由实体签订的合同，如该合同经相应实体核实确为代表处协助签订并经确认该合同额度计入代表处订单，且公司实体、事业部保质、保量、按时履行的合同，货款未按时回收，则该合同货款回收由合同签订人与代表处合同联系人共同负责，并同时受本办法的考核与处罚。

（5）公司内实体、事业部的合同管理员每月25日前向市场总部商务部上报“合同登记表”，同时向经营财务部上报。

（6）货款应按时回收，不许拖延，实际收到时间以公司财务部入账时间为准。

（7）例外条款：由于本公司原因致使合同不能按约定正常履行的，实体、事业部应采取各种措施使合同继续正常履行或终止该合同未收回部分不计入迟收货款。本公司原因包括但不限于：本公司未及时发货以及发出货物的质量、数量有问题等情况，导致对方未及时付款。

4.10.2 迟收货款的统计和报告。

对未及时收回货款的合同签订人和合同签订批准人，上报主管领导和相关单位。

（1）公司内实体、事业部每月25日前向市场总部商务部上报“货款回收统计表”。

（2）市场总部按月制作“货款回收统计表”，该表对每份合同的迟收金额、迟收发生日、欠款人（单位）合同号和产品名称、签约部门、签约人、当月迟收总额、当月新增迟收金额等事项做出统计和记录。

（3）《迟收货款情况报告》主送主管副总裁，抄送相关实体、总裁办公室法律事务专员。市场总部依据档案相关管理规定将此文件归档备查。

（4）应付款人（单位）出现以下异常情况，合同签约部门应立即通知市场总部和总裁办公室法律事务专员。

①付款人（单位）明确表示拒绝付款。

②应付款人（单位）发生严重财务危机，可能导致支付困难。

③应付款人（单位）停业、破产、法人代表失踪。

④应付款人（单位）发生可能导致大额支付的诉讼、仲裁。

⑤其他可能导致货款不能收回或不能按时收回的重大异常情况。

（5）单笔货款超过付款时间5日未收回，签约部门应在5个工作日内书面通知市场总部和总裁办公室法律事务专员，并将与该笔货款有关的合同、买方接收和检验货物的证明、买方付款的证明（复印件）以及其他与该合同有关的全部资料归入专档（合同签订人负责专档的建立、收集证据及相关工作）。

4.10.3 迟收货款催收。

（1）一般迟收，是指单笔迟收货款金额在30万元以下，且迟收期限在两个月以内的，由合同相关责任人负责催收。

（2）重大迟收，是指单笔迟收货款金额在30万元以上、100万元以下，或迟收期限在2个月以上、4个月以内的，由合同相关责任人负责。

（3）特别重大迟收，是指单笔迟收货款金额在100万元以上，或者迟收期限在4个月以上的，由合同相关责任人共同负责。

（4）如一笔迟收货款同时符合上述（2）（3）两种迟收标准划分，则视其为情节严重者。如一笔金额为115万元的货款，迟收时间为80天，既符合重大迟收标准又符合特别重大迟收标准，则视此笔迟收货款为特别重大迟收。

（5）迟收货款催收流程。

①合同签订人在自货款逾期之日起5个工作日内应向对方以传真、邮件或快递发出催收函。催收函应由合同签订人留底。

②催收函设定的答复期限应与合同的约定一致。签订合同时，催收函答复时间建议定为5个工作日。

③答复中要求延期还款的，应要求其出具欠款确认函。

④出具欠款确认函后，应签订延期还款协议，延期还款协议应在自出具欠款确认函之日起5个工作日内签订。

⑤下列情况，应及时与总裁办公室法律事务专员沟通，采取适当的方式解决。

a.明确对欠款提出异议的。

b.不在期限内答复催收函的。

c.提出延期还款请求，但拒绝出具欠款确认函的。

d.出具确认函，但未按期签订延期还款协议的。

e.签订延期还款协议后，不能按照约定提供担保的。

f.签订延期还款协议后，再次逾期金额超过逾期金额的50%的。

g.签订延期还款协议后，再次逾期金额超过5万元，而且再次逾期时间超过6个月。

（6）下列迟收货款应移交总裁办公室法律事务专员以法律手段进行催收。

①欠款人（单位）出现上述异常情况的。

②根据我方掌握的情况，总裁办公室法律事务专员认为不迅速采取法律行动，可能导致收回欠款难度加大或不能收回的。

③迟收期限已超过6个月。

④其他必须通过法律手段催收的情况。

（7）法律事务专员参与催收，应由法律事务专员或者合同签订部门向公司主管市场工作副总裁提出建议，建议获得批准的，合同签订部门应在收到批准2个工作日内将与合同有关的全部资料原件移交法律事务专员。

（8）案件由法律事务专员参与后，合同签订部门仍是该合同货款回收工作的责任单位。

4.11 合同变更/终止

4.11.1 合同变更/终止的条件。

（1）客户主体资格发生变更/终止。

①客户单位名称的变更/终止。

②客户组织机构和场所的变更。

③客户经营范围的变更。

（2）合同一方或双方对合同存在重大误解。

（3）情况发生变化使得合同的履行有失公平。

（4）不可抗力导致合同不能按约定履行/终止。不可抗力是指不能预见、不能避免并不能克服的客观情况，包括但不限于水灾、旱灾、地震、台风等自然原因及战争或其他军事行动等原因。

（5）合同双方协议同意变更合同。

①因客户原因进行的变更/终止。

a.客户在合理情形下要求延后/终止合同履约（包括交货、验收、付款、开通时间）。

b.其他导致客户要求变更/终止合同的原因。

②因本公司原因进行合同变更/终止。

a.因本公司原因交货期延后/终止。

b.因本公司不能及时开具或送达完整的发票导致合同变更/终止。

c.因本公司原因导致验收期延后/终止。

（6）其他法律规定的合同变更/终止的情形。

4.11.2 变更/终止合同的审批程序。

变更/终止合同的审批程序及审批权限参照合同签订的审批程序进行，如出现以下情形中任意一种，则该合同变更/终止的审批人应为原合同审批人的上级主管领导（如原合同审批人为总裁，则应由总裁办公室开会讨论决定；如原合同审批人为总裁办公室，则应由总裁办公室开会再次讨论决定）。

（1）放弃原合同中本公司应享有的权利。

（2）增加或加重原合同中本公司应履行的义务。

（3）变更司法管辖地或法律适用。

4.11.3 合同变更/终止的通知过程。

合同单位应在变更/终止合同的审批程序确定合同变更/终止之日起2个工作日内将合同变更/终止通知送达本单位相关部门及市场总部商务部。

4.12 对合同责任人的考核

4.12.1 合同的签约人在签订、履行合同的过程中应尽职尽责，确保货款按期收回。

4.12.2 合同签订人、合同管理员、档案保管员及合同签订批准人有以下行为，由事业部决定交人力资源部给予当事人扣减绩效奖金，直至降职处理（薪随职变），股份公司保留要求其赔偿损失的权利。

（1）法人委托书不得遗失，如有遗失，事业部应及时报商务部，并写出书面检讨，公司对事发人进行通报批评。

（2）销售合同专用章不得转借或遗失，如有违反，该事业部应做出书面检讨，公司给予通报批评，并视造成的影响和损失在合同管理员、事业部负责人及相关当事人当期以其绩效奖金的10%～50%作为惩罚。事业部如将销售合同专用章遗失，应自遗失之日起在两个工作日内报总裁办公室，该事业部应做出书面检讨，并办理遗失声明事宜，公司给予通报批评，并视造成的影响和损失在合同管理员、事业部负责人及相关当事人当期以其绩效奖金的20%～100%作为惩罚，直至降职处理。

（3）未按规定制作、收集、移交、保存合同书（合同变更书）、货物交接和检验的证明、付款证明以及其他资料，造成货款迟收或不能收回的，视造成的影响或损失扣发责任人当期绩效奖金的5%～50%，直至降职处理。

（4）未按规定及时、准确地统计和通报迟收货款，造成货款迟收或不能收回的，视造成的影响或损失扣发责任人当期绩效奖金的5%～50%，直至降职处理。

（5）未按规定及时通报本规定列举的异常情况，造成货款迟收或不能收回的，视造成的影响或损失扣发责任人当期绩效奖金的5%～50%，直至降职处理。

（6）不按规定积极催收，造成货款迟收或不能收回的合同负责人（合同签订人、代表处合同联系人）应采取的处罚措施如下。

①一般迟收：市场总部及合同单位共同责令合同负责人一个月内回收迟收货款，并扣发责任人当期绩效奖金的5%～15%。

②重大迟收：市场总部及合同单位共同责令合同负责人一个月内回收迟收货款，并扣发责任人当期绩效奖金的15%～40%，直至降职处理。

③特别重大迟收：市场总部及合同单位共同责令合同签订人降职回收货款并视造成的损失扣发责任人当期绩效奖金的30%～100%，直至降职处理。

（7）对合同签订批准人的考核。

①对该事业部的迟收货款情况负责，每月根据市场总部提出的《迟收货款情况报告》对合同签订人进行考核。

②如合同单位或合同签订人调动或机构进行调整，则由合同签订批准人负责或其指定专人对合同的货款回收工作负责。

（8）不按规定积极催收，造成货款迟收或不能收回的代表处，按照《驻外代表处考核办法》中经营指标完成业绩进行考核。

（9）对合同签约批准人的考核。

①对该部门的迟收货款情况负责，每月根据市场总部提出的《迟收货款情况报告》对合同签订人进行考核。

②如合同单位或合同签订人调动或机构进行调整，则由合同签约批准人负责或其指定专人对合同的货款回收工作负责。

4.13 对已签署合同文本及相关文件记录的制作和保存

4.13.1 在签订和履行销售合同的各个环节，相关责任人必须按照要求制作和保存以下文件。

（1）合同中必须写明买方和卖方的名称、货物名称、数量、质量、货款金额、付款时间、付款方式、交货时间、地点。建议写明：货物验收标准、售后服务、合同生效时间、运输费承担、争议解决等。可以采用合同书、协议书、订货单等形式。必须有买方盖章或法人代表签字。

（2）买方接收货物的证明，指买方收到货物时出具的，表明其已收到货物的证明。证明应写明：货物名称、数量、接收日期、地点、接收人、交货人。必须有买方盖章或者其指定的接收人签字。

（3）买方检验货物结果的证明，指合同定有检验条款时，买方按照合同对货物进行检验后出具的证明检验结果的文件。必须有买方盖章或者其指定的检验人签字。

（4）买方付款的证明，指能够证明买方付款的文件，如增值税发票存根、银行到账通知等。

4.13.2 上述第（1）～（3）项所列文件由合同签订人负责制作、收集。上述第（4）项所列文件，由股份公司财务部负责制作、收集。

4.13.3 各部门应有专人负责档案保管，合同签订人应自合同签订之日起3个工作日内将该合同原件及相关文件归档，合同签订人及合同管理处可保留复印件，上报合同时也应将合同复印件同时上报。

4.13.4 各部门档案保管员应督促合同签订人将上述第（1）～（3）项资料原件交其统一保管。按照集团档案管理规定，由档案室保管的材料，各部门档案保管员应联系移交档案室保管。

4.14 合同纠纷的处理

4.14.1 合同双方协商解决并可依实际情况进行合同变更。

4.14.2 协商不成时可依合同约定的纠纷解决方式进行诉讼或仲裁。

拟定		审核		审批	

12-04 销售合同执行跟踪管理规定

××公司标准文件		××有限公司 销售合同执行跟踪管理规定	文件编号××-××-××	
版次	A/0		页次	第×页

1.目的

为通过对销售合同（包括产品订单、要货传真件等要约性文件）执行过程的跟踪，提高合同履行质量，提高公司合同履行信誉，减少公司资金风险，特制定本规定。

2.范围

对所有有效的销售合同（包括产品订单、要货传真件等要约性文件）的执行过程的管理。

3.职责

（1）业务办负责所有销售合同跟踪的组织协调，监督销售合同执行的效果。

（2）各办事处负责其所管辖区域销售合同具体的跟踪执行，并为公司及时提供合同执行的相关信息。

（3）相关领导对销售合同执行偏差做出处理决定。

4.工作流程

4.1 工作流程图

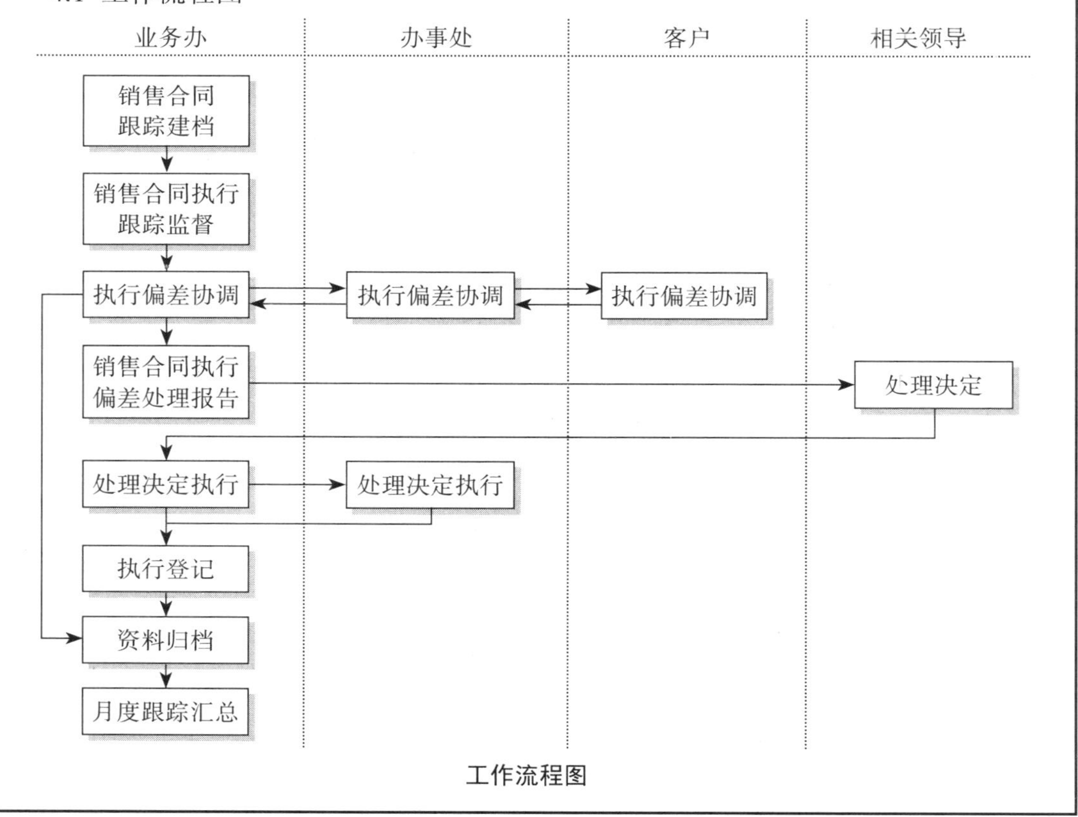

工作流程图

4.2 工作流程说明

工作流程说明

序号	流程块	工作标准	期量标准
1	销售合同跟踪建档	及时建立销售合同跟踪文档，内容见“销售合同跟踪记录表”	销售合同签订后一天内
2	执行偏差协调	（1）业务办在销售合同执行过程中对“销售合同跟踪记录表”上的每一项内容进行记录，并检查每一项业务执行是否与合同约定一致，如不一致必须及时与相关部门进行协调。其中：与客户相关部分通过办事处与客户协调，并把协调过程和结果传至业务办进行记录，包括问题原因、问题的处理建议、如何处理、信息传达形式（即文字或是口头的）、由谁经办等。如协调未果，则报告相关领导处理 （2）办事处在销售合同执行过程中，发现合同执行与合同约定不一致时，应分别与客户和业务办进行协调，并把协调结果传递给业务办进行记录 （3）重要内容必须通过《销售合同执行协调书》进行协调	业务发生的当天
3	销售合同执行偏差处理报告	销售合同执行出现严重偏差或主要内容出现偏差，协调不成的由业务办通过提出《销售合同偏差处理报告》以及《风险发货申请报告》（如需要发货时）交主管业务副总经理（如业务副总经理出差，则可提交其他领导）决定	业务发生的当天
4	处理决定执行	业务办、办事处及相关部门依据领导的处理决定意见执行	1～2天
5	执行登记	业务办在执行决定完毕后的5天内把执行决定过程和结果填写到《销售合同偏差处理报告》中	1～2天
6	资料归档	每一份销售合同执行完毕后，其有关记录均与销售合同文本一起归档保存	当天
7	月度跟踪汇总	业务办每月把销售合同跟踪情况进行汇总（填写“销售合同执行月度记录表”，并报相关部门及领导审阅备用）	每月的10日前

拟定		审核		审批	

12-05　发货（发样）管理制度

××公司标准文件		××有限公司 发货（发样）管理制度	文件编号××-××-××	
版次	A/0		页次	第×页

1.目的

为服务公司客户的产品销售，满足客户的发货要求，保证发货的及时性、准确性

和有效实施发货数据管控的原则，防止因管理不善和失误而给公司造成经济损失，确保公司发货流程的顺畅，提高公司和客户的经济效益，特制定本制度。

2.适用范围

公司营销部、财务部、物控部所辖职责内工作。

3.责任

（1）销售部区域经理或销售部经理（含副经理），负责制定发起发货申请。

（2）销售部文员负责根据发货申请初审，提交初审报告给销售部经理（副经理）。

（3）销售部经理（副经理）负责发货终审。

（4）生产部负责生产客户所需产品。

（5）物控部负责发货及发货回执给销售部文员存档。

4.管理规定

（1）销售部区域经理、部门经理、网络销售人员负责发起发货申请，填写“发货申请单”。若因工作场所不便等情况，可电话口述或发信息至销售文员填写“发货申请单”。

（2）在发起人不满足发货条件下，需书面或短信证明，在“发货申请单”上面担保货款安全。

（3）销售部文员根据发货条件初审“发货申请单”，并按“发货申请单”所定内容签订意见，交销售部经理终审。

（4）销售部经理（副经理）负责最终审核“发货申请单”，交销售部文员执行流转。对不具备发货条件的“发货申请单”也要做出批示，交销售文员回复发货申请人。

（5）销售文员负责及时将销售部经理（副经理）批准发货的“发货申请单”以书面或传真方式交物控部发货。对于量较少的发货需求，可在物控部经理在“发货申请单”上签订由销售部代发意见的情况下，由销售文员在销售备用库存中发货。

（6）物控部负责根据“发货申请单”进行发货，并将货运信息最迟在第二个工作日告知销售文员存档。在缺货或不能按“发货申请单”要求正常发货的情况下，应当即告知销售文员，同时告知可以发货的时间。

（7）销售文员负责将物控部流转的货运信息转发至“发货申请单”发起人。在得知缺货或不能正发货的情况下，应当即与“发货申请单”发起人取得联系，协商发货时间或取消发货。

（8）销售文员在发货完成后，认真将发货信息记录填写入“销售统计表”，同时每月上报财务部与物控部。

（9）样品的发放同样按照本制度流程执行，在样品发放后，样品发起人需跟进好样品的发货过程、及时通知客户取货，并做好样品试用后结果的跟踪。在样品试用周期完成后，样品发起人需出具书面总结报告，报销售文员处，由销售文员转发到研发部经理。

（10）每件样品的发放试用周期完毕后，均要写试用完成后的总结报告。

（11）样品的发放条件如下。

①新客户必须填写详细的信息，且单个新客户试用样品的总质量不超过3千克。

②由研发部发起的特定发货对象。

（12）正常发货条件如下。

①货款已收或已列入公司优质客户名单的客户。

②不属于发样且已签购销合同，“发货申请单”发起人担保的情况。

③公司董事长或总经理特批。

（13）提保上限条件如下。

①区域经理4000元以内。

②销售部经理8000元以内。

③总经理5万元以内，董事长10万元以内；10万元以上的情况需公司董事长、总经理、财务部经理、销售部经理召开短会协商。若在实际操作中担保超出岗位上限数值，需向上级请示，同时超出部分出现的责任由同意发货终审人负责。

（14）凡超出本制度所辖范围内的发货需求情况，均报请董事长批准。

（15）销售部在每月第一个星期一向物控部提交本月产品销售计划。

（16）物控部在每月第一个星期一向销售部提交上月成品库存表。

拟定		审核		审批	

12-06　销售货款回收管理制度

××公司标准文件		××有限公司 销售货款回收管理制度	文件编号××-××-××	
版次	A/0		页次	第×页

1.目的

为了规范企业销售货款的回收管理工作，确保销售账款能及时收回，防止或减少企业呆账的发生和不良资产的形成，特制定本制度。

2.适用范围

适用于本企业销售货款的回收管理。

3.职责

（1）销售部负责销售回款计划的制订与应收账款的催收工作。

（2）财务部负责应收账款的统计及相关账务处理工作，并督促销售部门及时催收应收款。

4.管理规定

4.1 结算

4.1.1 信息交流与反馈。

（1）在日常销售业务中，对购销方通过银行汇入公司银行账户的货款，销售部应当日通知财务部。

（2）财务部进行查询和确认后将结果当日反馈给销售部。

4.1.2 收据管理事项。

（1）销售部收到客户的预付款或应收款等款项（转账支票、银行汇票、银行承兑汇票等）要及时送交财务部出纳进行登记并开具收款收据。

（2）出纳人员对收到的票据要分清客户单位，确认票据是否齐全、清晰，单位名称是否相符，对不符合支付和结算要求的票据要退回，对收到款项要及时送存银行或转付公司财务部，确保销售货款的安全。

4.1.3 收到的货款以汇到公司账户或出纳人员开具收款收据的日期为准，作为考核业务员的依据。

4.2 合同履行

4.2.1 销售部按照合同的要求，对有预付款的客户，应掌握和控制发货数量，以免造成应收款项与发货不符。

4.2.2 销售部对收到的销售货款，要按合同要求的结算方式，及时申请到财务部开具发票，并与购销单位办理结算手续。

4.3 未收款的管理

4.3.1 当月到期的应收货款在次月5日前尚未收回，从即日起至月底止，将此货款列为未收款。

4.3.2 未收款处理程序。

（1）财务部应于每月10日前将“未收款明细表”交至销售部。

（2）销售部将“未收款明细表”及时通知相应的销售业务员。

（3）销售业务员将未收款未能按时收回的原因、对策及最终收回该批货款的时间于5日内以书面的形式提交销售经理，销售经理根据实际情况审核是否继续向该客户供货。

4.3.3 销售经理负责每月督促各销售业务员回收未收款。

4.3.4 财务部于每月月底检查销售业务员承诺收回货款的执行情况。

4.4 催收款的管理

4.4.1 未收款在次月5日前尚未收回，从即日起此应收账款列为催收款。

4.4.2 催收款的处理程序。

（1）销售经理应在未收款转为催收款后的3日内将其未能及时收回的原因及对策，

以书面的形式提交总经理批示。

（2）货款列为催收款后，销售经理于5日内督促相关销售业务员收回货款。

4.4.3 货款列为催收款后的30日内，若货款仍未收回，企业将暂停对此客户供货。

4.4.4 货款列为催收款后的30日内，若货款仍未收回，对销售业务员按每日1‰的利息进行扣款。

4.4.5 货款列为催收款后的30～90日内，若货款仍未收回，对销售业务员按每日1.5‰的利息进行扣款。

4.4.6 货款列为催收款后的90天以外，若货款仍未收回，对销售业务员按每日2‰的利息进行扣款。

4.5 准呆账的管理

4.5.1 财务部应在下列情形出现时将货款列为准呆账。

（1）客户已宣告破产，或虽未正式宣告破产但破产迹象明显。

（2）客户因其他债务受到法院查封，货款已无偿还可能。

（3）支付货款的票据一再退票而客户无令人信服的理由，并已供货一个月以上者。

（4）催收款迄今未能收回，且已停止供货一个月以上者。

（5）其他货款的收回明显存在重大困难，经批准依法处理者。

4.5.2 企业准呆账的回收以销售部为主力，由财务部协助。

4.5.3 通过法律途径处理准呆账时，以法律顾问为主力，由销售部、财务部协助。

4.5.4 财务部每月月初对应收款进行检查，按照准呆账的实际情况填写“坏账申请批复表”报请财务部经理批准。

拟定		审核		审批	

12-07 销售退货管理规定

××公司标准文件		××有限公司 销售退货管理规定	文件编号××-××-××	
版次	A/0		页次	第×页

1.目的

为了规范销售退货管理流程，明确退货责任和损失金额，确保每批退货产品均能得到及时、妥善的处置，特制定本规定。

2.适用范围

销售点退回的所有成品，包括呆滞品、不良品、报废品。

3.职责分工

（1）销售点负责退货原因的确认、退货申请、包装防护、分类标识、开具通知单，

物资的托运交付。

（2）销售部负责各销售点退货信息、数据的登记、传递以及产品的交接、退货运输损失的统计。

（3）分厂物流负责销售退货的临时存放保管、登账，通知质量部、生产分厂和销售部评审退货产品。

（4）质量部负责销售退货的质量评审、责任认定、统计汇总、整改报告的回复。

（5）分厂负责销售退货的报废、返修，提供返工返修费用、原因分析。

（6）生产计划部负责退回物资的价值估算和损失测算。

4.流程说明

4.1 确认

4.1.1 退货的原因。

（1）质量原因：材料、外观、外形结构、尺寸、性能和货物错发等不合格造成的退货，包括样品不合格。

（2）销售原因：计划下达错误，装卸及运输导致变形或损坏（包括产品退货时的防护不当）；主机厂计划变更、下达的订单计划未履行或未完全履行、产品使用损坏、产品改型。

（3）技术原因：图纸设计分解或变更错误、变更不及时、包装防护设计不合理等造成的退货。

4.1.2 任何原因导致的退货，销售负责人或由其安排的人员都应到主机厂现场对退货原因进行确认，对于有争议的质量问题，销售点有必要通知公司质量部或分厂派人前往一同确认、商谈。经确认需退货的产品在退货前，业务员应向销售部报告。

4.2 办理退货

4.2.1 销售业务员根据确认结果，有质量问题的，根据清退要求办理退货。

4.2.2 可以返修的，由销售业务员联系生产计划部，安排分厂相关人员到主机厂进行返修处理，无须退回公司。

4.3 货物退回的处理

4.3.1 因计划取消或改型而需退回的完好成品，销售点需按原样进行包装、防护。

4.3.2 有质量问题的，退回相对应的分厂进行整理分类、清点数量、做好标识。

4.3.3 货物退回后，由物流员将“销售退货通知单”交于销售部签字登记。销售部在“销售退货通知单”上注明退货产生的运输费用，以便生产计划部统计。

4.3.4 分厂物流部在接收到销售点的退货产品后，根据退货明细在1个工作日内将退货产品的型号、数量清点清楚，确认无误后在“销售退货通知单”上签注实收数。若和实收数有差异，需及时向销售部汇报，由销售部落实对型号、数量差错的处理，分厂物流部根据“销售退货通知单”，建立手工退货台账，开具红冲出库凭证。

4.4 退货评审

4.4.1 分厂物流部在接受退货申请后半个工作日内通知质量部进行评审，质量部应组织生产分厂、销售部、技术部等相关部门在2天内对退货产品进行原因分析、责任认定，填写“销售退货评审单”，签署评审处理意见（合格、返工、报废、待定），相关部门人员进行会签（技术原因需技术部会签，销售原因需销售部会签，质量原因需分厂会签）。

4.4.2 若评审后需返工，由分厂巡检开返工、返修通知单，技术工艺部提供返工、返修方案，分厂进行返工，返工后通知检验员检验，合格后流转入库。报废产品按不合格品流程执行。分厂需统计退货品返工产生的人工及材料损失，在两个工作日内以书面形式交生产计划部。

拟定		审核		审批	

12-08　销售档案管理制度

××公司标准文件		××有限公司 销售档案管理制度	文件编号××-××-××	
版次	A/0		页次	第×页

1.目的

为了规范本公司销售业务和客户信息的收集及管理工作，增强档案的实用性和有效性，保证公司信息管理工作顺利进行，促进公司营销工作，特制定本制度。

2.适用范围

适用于本公司的销售档案管理。

本制度所称的档案是包括销售业务流程管理和客户信息管理，本着“科学、真实、全面、完整、准确、及时”的原则，从客户潜在分析、初期接触到签订合同直至日常维护的全过程管理，建立起以市场和客户为导向的流程体系和管理制度，对公司的营销业务提供可靠的数据支持和操作程序。

3.管理规定

3.1 档案管理程序

3.1.1 公司的档案按照业务发展流程编制，实行动态化管理，具体内容如下。

（1）营销业务员负责填写客户的基本信息，具体内容参见“客户基本信息卡”。

（2）由营销业务员提供销售合同，档案管理员填写合同重要条款电子档，并收录销售合同复印件。

（3）营销业务员依据自己日常工作收集的客户市场信息，在客户档案中填写补充信息。

（4）销售业务部部长依据营销业务员提供的客户信息及回款情况进行客户资质状况分析，并提交客户资质评估报告。

（5）统计员每周向营销业务员提交销售统计表。

（6）档案管理员对每月、每季度、每年度销售市场分析材料存档管理。

3.1.2 档案的基本内容如下。

（1）客户基本信息卡。

（2）客户资质评估报告。

（3）销售合同。

（4）销售统计报表。

（5）销售市场分析报告。

3.2 档案管理的内容

3.2.1 基础资料。即企业所掌握的客户的最基本的原始资料，是档案管理应最先获取的第一手资料。基本内容包括：客户的名称、注册地址、电话、法定代表人及其个人性格、兴趣、爱好、家庭、学历、年龄、能力、经历背景等，创业时间、生产的产品、与本公司交易时间、组织形式、企业规模（职工人数、销售额等）。日常运营中一些重要数据资料进行归档，如各级会议记录，客户日常来信、传真，客户预订货记录，销售合同、客户访问表，日销售报表，月、季、年销售报表及计划总结，市场分析，客户的表扬、投诉及处理意见，各大活动方案的计划、实施、收效等文献档案。日常档案要时时更新，重要记录及时归入各大类档案中。

3.2.2 客户特征。客户所属的行业及行业地位、市场区域、业务范围、经济规模、采购能力、发展潜力、经营观念、经营方式、经营政策、经营特点等。其中对大客户，还要特别关注和收集客户市场区域的政府贸易政策动态及信息。

3.2.3 业务状况。客户目前及以往的销售业绩、经营管理者和业务人员的素质、与其他竞争公司的关系、与本公司的业务联系及合作态度等。

3.2.4 交易活动现状。销售活动状况、存在的问题、具有的优势、未来的对策；信用状况、交易条件、以往对本公司产品及服务的意见和建议、对本公司的投诉及处理（包括投诉退货、折价，投诉退货及折价审批，退货及折价原因，责任鉴定）情况等。

3.3 档案管理方法

3.3.1 档案由多个部分构成，需要从不同的部门收集信息。需要确认档案的主要管理部门、主要管理人和文档的归集方法及交接标准。

3.3.2 建立“客户基本信息卡”。由营销业务员填写，并在同客户接触的一个工作日内交给档案管理员。“客户基本信息卡”主要记载各客户的基础资料，取得基本资料主要有以下四种方式。

（1）由销售业务员进行市场调查和客户访问时整理汇总。

（2）向客户寄送客户资料表，请客户填写。

（3）通过公开披露的信息收集。

（4）委托专业调查机构进行专项调查。

档案管理员根据各种渠道反馈的信息，进行整理汇总，填入客户档案卡。

3.3.3 根据客户的基本信息，对公司的客户进行分类，提高销售效率，促进营销工作的展开。

（1）按客户的性质分类。可分为中间商、终端客户。逐步压缩中间商，发展终端客户。

（2）按客户的规模分类。可分为大客户、中等客户、小客户。开拓大客户，稳定中等客户，压缩小客户，以便于对客户进行商品管理、销售管理和货款回收管理。

（3）按销售区域分类。可分为华北地区、华南地区、华东地区、华中地区、东北地区、西南地区、西北地区。按照不同区域的销售比重，制定营销策略和物流方案。

（4）按信用等级分类。根据实际情况，确定客户等级标准。可分A、B、C三个等级。根据信用等级的级别，确定营销对策和货款回收管理。

（5）按产品分类。可分为旧产品、新成品。

3.3.4 根据客户分类情况，对合同签订及履行情况进行登记。

（1）合同签订情况。客户与公司签订的合同、协议情况，包括历次签订合同协议记录，具体合同协议文本。按签订的时间先后登记。

（2）合同履行情况。客户历次货款的支付方式、支付时间。拖欠货款的数量、时间，拖欠款还款协议，延期还款审批单。如有诉讼，应明确登记诉讼标底、还款方式、生效判决的执行过程等。

3.3.5 销售公司内部人员激励机制的执行情况，详细记录销售产品、价格、数量、区域等业绩，包括销售业务员、管理人员、其他业务员、内勤的奖罚结果。

3.3.6 档案应当填写完整的目录并编号，以备查询和资料定位；档案每年分年度清理，整理成电子文档和纸面文档两大类。纸面文档按类装订成固定卷保存。负责管理档案人员应正确、详尽地填写档案封面的各项内容，以便方便、快捷地进行业务操作。

3.3.7 重要文件（包括自制文件）应及时存档。如有必要，可进行多份复制。

3.3.8 在销售业务过程中发生的往来传真等，如需长期存放，必须复印。这类传真包括：提单、订单、合同、关键性的客户确认等。

3.3.9 出口业务档案按年度业务发票号排放，内销业务档案按客户名称排放。已执行完业务档案归档封存管理。

3.4 客户档案的查阅审批

3.4.1 客户档案由公司档案管理员统一管理。

3.4.2 营销员在提交档案前要认真审核、校对，确保档案的真实准确性。

3.4.3 所有客户档案均需有经办人、部门领导审批签字方可入档。

3.4.4 每位营销员有权随时查阅自己所负责客户的档案记录。

3.4.5 总经理、市场部部长有权查阅公司所有客户的档案记录。其他营销员或部长需查阅不属本部负责的客户档案时，需办理“借阅档案申请表”，送销售经理审批后方可查阅。

3.4.6 管理档案人员应注意档案的存放，应在方便取用的同时，注重档案的保密。档案借阅者必须做到以下两点。

（1）爱护档案，保持整洁，严禁涂改。

（2）注意保密，严禁擅自翻印、抄录、转借，防止遗失。

3.5 客户档案的增加、修改、销毁

3.5.1 档案管理应当保持动态性，根据新的行业发展趋势、竞争对手的最新动态等，不断地补充新资料。

3.5.2 客户档案存在差错，应当及时进行修改。对客户档案进行修改前要经过销售公司经理的同意批示，并留存修改记录和修改原因。

3.5.3 销售分公司会同大客户关系管理中心及客户信用评级办公室每年召开一次客户档案补充更新专题会，确定年度重点关注的客户名单。每年召开一次营销分析会，并根据客户订单及履行情况，对其进行各类客户档案动态转换。

3.5.4 对错误和过时行业情报、死档进行及时的销毁和删除。由档案管理员填写“档案资料销毁审批表”，提交市场部部长审核，经总经理批准后，指定专人监督销毁。档案管理员应当认真核对，经批准的“公司档案资料销毁审批表”和将要销毁的档案资料做好登记并归档。

附：销售档案管理流程

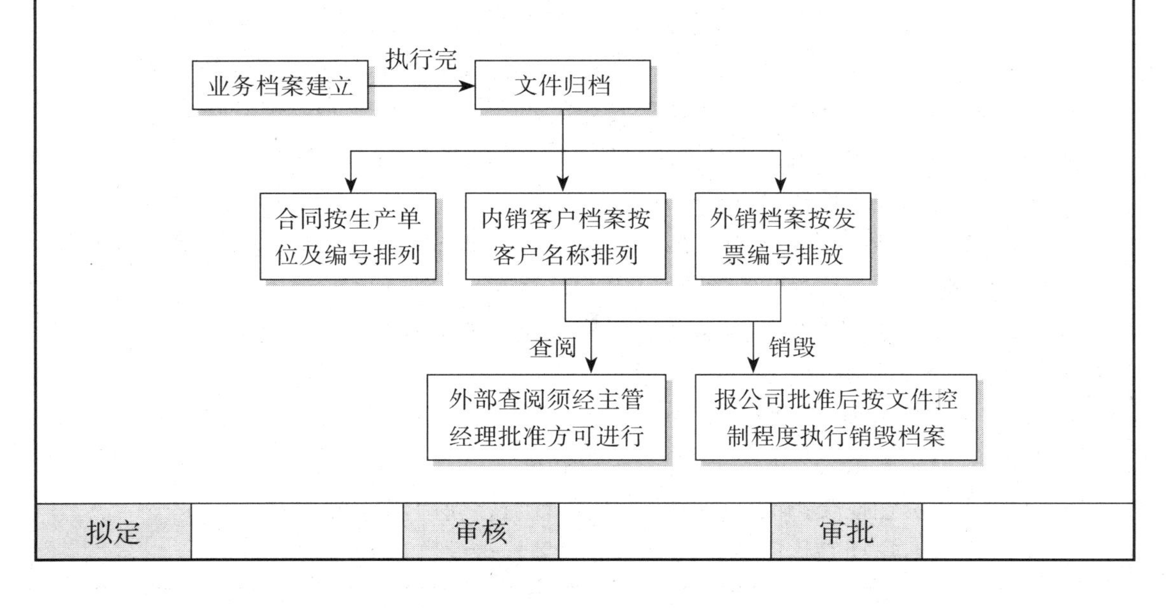

拟定		审核		审批	

第13章 销售团队管理制度

本章阅读索引：

13-01 销售部薪资及绩效考核管理方案

××公司标准文件		××有限公司 销售部薪资及绩效考核管理方案	文件编号××-××-××	
版次	A/0		页次	第×页

1. 目的

为了促进公司业务的发展，激发销售部员工的工作热情，实现公司的销售目标，特制定本方案。

2. 适用范围

适用于公司销售部所有人员。

3. 管理规定

3.1 销售部组织架构

总经理
→ 销售副总经理
→ 营销经理
→ 营销助理
→ 销售助理、销售内勤、销售会计、区域经理
区域经理 → 市场助理

3.2 薪酬模式

3.2.1 计算公式。

总体收入＝基本工资＋绩效奖金＋津贴补助。

实际收入＝总收入－扣除项目。

绩效奖金＝销售奖金＋绩效工资。

津贴补助：通信费补助、差旅费补助等。

扣除项目：个人所得税、社保个人支付部分及其他应扣款项等。

3.2.2 各项目说明。

（1）绩效奖金：公司销售业绩达到一定标准，为奖励员工辛勤工作而设立的薪资项目，绩效奖金分为月度奖金和管理奖。

（2）津贴补助：此处是指对营销人员在工作过程中所产生的费用给予一定的补助。

（3）销售奖金：根据区域销售业绩给予的一种激励奖金。

（4）绩效工资：通过对员工的工作业绩、工作态度、工作技能等方面的综合考核评估。

3.3 薪酬模式说明

3.3.1 设置原则：奖金高于基本工资，公司通过高奖金的形式鼓励区域经理提高员工的工作积极性，增加产品销量，让销售业绩突出者实现高奖金、高收入。

3.3.2 基本工资。

基本工资＝基础工资＋岗位工资＋工龄工资。

（1）基本工资说明。基本工资：基本工资不是销售人员的主要收入来源，它是销售人员的基本收入，是销售人员最基础的生活和工作保障。

①基础工资：参照当地职工平均生活水平、最低生活标准、生活费用价格指数和国家有关法律法规确定，基础工资在基本工资总额中占45%左右。

②岗位工资：岗位工资根据职务高低、岗位责任繁简轻重、工作条件等确定，岗位工资在基本工资总额中占50%。

③工龄工资：按员工为企业服务年限长短确定，鼓励员工长期、稳定地为企业工作。

（2）基本工资管理规定。

①基本工资调整：根据公司经营效益，经董事会批准可以对基本工资进行调整。原则上是每年月进行调整，基础工资的调整幅度主要根据当地的生活水平和最低工资来调整，岗位工资和工龄工资则根据公司薪酬制度规定。

②岗位工资管理：按照公司薪酬制度有关规定，员工根据聘用的岗位和级别，核定岗位工资等级，初步确定岗位在同类岗位的最下限一级，经半年考核，再调整等级；对于岗位变动的，根据晋升增薪、降级减薪的原则，工资变更从岗位变动的后

1个月起调整。

3.3.3 绩效奖金。

（1）津贴补贴。

①津贴补贴说明：包括通信补贴、市内交通津贴、出差伙食津贴。

②津贴补贴规定：销售人员出差时会给予一定补贴。

（2）绩效奖金。绩效奖金＝销售奖金+绩效工资。

①销售奖金。计算公式：销售奖金＝基准奖金 × 销售达成率。

基准奖金：公司规定的固定值（详见基准奖金部分）。

销售达成率：销售达成率＝实际销售额/目标销售额 ×100%。

目标销售额：在对市场销售情况进行综合调研及切实评估，经公司批准后确定销售金额，目标销售额是在充分遵循市场规则的前提下制定的，不同的销售区域其目标销售额可能不一样，即使同一销售区域因不同阶段其目标销售额也可能不一样。

②绩效工资。为了充分调动各方面的积极性，形成科学合理的绩效管理机制，推动公司业务发展和效益提高，不断提高员工的执行意识和工作绩效，对员工的工作绩效及时进行考核，将个人的收入同其本人的工作绩效直接挂钩，鼓励员工创造更多的效益，同时又不增加企业的固定成本。

严格的、长期的绩效工资体系是一种有效的方法，让公司不断改进员工的工作能力、工作方法，提高员工绩效。

这种方法使绩效好的员工得到了奖励，同时也能获取、保留绩效好的员工。

工资构成表

<table>
<tr><th rowspan="2">项目
薪等</th><th rowspan="2">岗位</th><th rowspan="2">基础工资</th><th rowspan="2">岗位工资</th><th rowspan="2">绩效考核</th><th colspan="2">津贴补贴</th><th rowspan="2">备注</th></tr>
<tr><th>通信费</th><th>交通费</th></tr>
<tr><td>一</td><td>销售副总经理</td><td></td><td></td><td></td><td></td><td></td><td rowspan="8">（1）试用期为3个月
（2）市场助理晋升至区域经理需连续6个月以上100%完成销售任务额，且每月需开发1家以上进货额不低于5万元的客户</td></tr>
<tr><td>二</td><td>营销经理</td><td></td><td></td><td></td><td></td><td></td></tr>
<tr><td>三</td><td>营销助理</td><td></td><td></td><td></td><td></td><td></td></tr>
<tr><td>四</td><td>区域经理</td><td></td><td></td><td></td><td></td><td></td></tr>
<tr><td>五</td><td>市场助理</td><td></td><td></td><td></td><td></td><td></td></tr>
<tr><td>六</td><td>销售助理</td><td></td><td></td><td></td><td></td><td></td></tr>
<tr><td>七</td><td>销售会计</td><td></td><td></td><td></td><td></td><td></td></tr>
<tr><td>八</td><td>销售内勤</td><td></td><td></td><td></td><td></td><td></td></tr>
</table>

3.4 试用期薪酬

3.4.1 试用期间的工资为基础工资+岗位工资。

3.4.2 试用期间被证明不符合岗位要求而终止劳动关系的或试用期间员工自己离职的，不享受试用期间的绩效奖金。

3.4.3 试用期合格并转正的员工，正常享受试用期间的绩效奖金。

3.5 绩效考核

为了调动公司员工的工作积极性，激发员工工作热情，提升工作业绩，增强公司竞争力，保证公司目标的顺利达成，特制定本绩效考核办法。考核内容为员工本人当月工作完成情况及综合表现。

3.5.1 绩效考核管理目标项目

考核项目	权重比率/%	标准分数/分	计算方式
销售业绩	60	100	实际销售额/当月销售任务 ×0.6
业务知识技能	10	100	下错单、发错货、资料错、客诉每次扣10分
开拓新客户数量	10	100	每月至少开发一家新客户，否则扣除全部分数
服从上级领导	10	100	不服从领导工作安排、顶撞领导等每次扣10分
出勤情况	10	100	每缺席一次会议或迟到、上班迟到均扣10分
考核成绩在95分以上发放100%绩效工资，85 ～ 94分发放80%绩效工资，60 ～ 84分发放60%绩效工资，60分以下不发放绩效工资			

注：奖惩方面考核的得分直接加减当月的绩效考核得分。

3.5.2 奖惩方面考核。

（1）奖惩架构。

奖励：记功、记大功。

惩罚：记过、记大过、撤职开除。

全年度累计三小功为一大功；全年度累计三小过为一大过；功过相抵，以一功抵一过，一大功抵一大过；全年度累计三大过者解雇；记功一次加当月考核3分；记大功一次加当月考核9分；记过一次扣当月考核3分；记大过一次扣当月考核9分。

（2）奖励办法。

①开拓“新地区”“新客户”，成绩卓著者，记功一次。

②达成月度销售目标者，记功一次。

③达成半年、全年度销售目标者，记功一次。

④超越年度销售目标20%（含）以上者，记功一次。

⑤其他表现优异者，视贡献程度予以记功。

（3）惩罚方面。

①挪用公款者，一律开除。公司并循法律途径向挪用人追踪。

②做私生意者，一经查证属实，一律开除。直属主管若有呈报，免受连带惩罚。若未呈报，无论是否知情，记大过一次。

③与客户串通勾结者，一经查证属实，一律开除。

④凡利用公务外出时，无故不执行任务者，一经查证属实，以旷日处理，并记大过一次。若是领导协同部属者，该领导记大过一次。

⑤挑拨部门员工的感情，或泄露职务机密者，一经查证属实，记大过一次，情况严重者开除。

⑥上半年销售未达销售目标的70%者，记过一次。

⑦全年度销售未达销售目标的80%者，记过一次。

⑧未按规定建立客户资料经领导查获者，记过一次。

⑨私自使用营业车辆者，记过一次。

⑩公司规定填写的报表等，未按时提交者，每次记过一次。

⑪其他给公司形象造成负面影响者，视影响程度予以惩罚。

（4）奖惩办法的加分或扣分也按月度进行。

拟定		审核		审批	

13-02 销售日常行为管理制度

××公司标准文件		××有限公司 销售日常行为管理制度	文件编号××-××-××	
版次	A/0		页次	第×页

1.目的

为加强公司销售管理，达成销售目标，提升经营绩效，将销售人员的业务活动制度化，特制定本规定。

2.适用范围

凡本公司销售人员的管理，除另有规定外，均依照本制度所规范的体制管理。

3.工作职责

销售人员除应遵守本公司各项管理规定外，还应遵守下列工作职责。

3.1 部门主管

（1）负责推动完成销售目标。

（2）执行公司所交办的各种事项。

（3）督导、指挥销售人员执行任务。

（4）控制产品销售的应收账款。

（5）控制销售部门的经费和预算。

（6）随时审核销售人员各项报表、单据。

（7）按时向上级呈报：产品销售报告、收款报告、销售日报告、考勤报表。

（8）定期拜访客户，借以提升服务品质，并考察销售效果及信用状况。

3.2 销售人员

3.2.1 基本事项。

（1）应以谦恭和气的态度和客户接触，并注意服装仪容的整洁。

（2）对于本公司各项销售计划、营销策略、产品开发等应严守商业秘密，不得泄露给他人。

（3）不得无故接受客户的招待，不得于工作时间内酗酒。

（4）不得有挪用公款的行为。

（5）遵守公司规定，有经验的销售人员帮助和指导新销售人员完成日常工作。

3.2.2 销售事项。

（1）向客户描述公司产品功能、优势特点、价格的说明。

（2）客户抱怨的处理，催收货款。

（3）定期拜访客户，收集并记录下列信息：对产品的反应、对价格的反应，客户需求，客户对竞争产品的反应、评价及销售状况。

（4）整理各项销售资料，即时填写“客户拜访记录表”和“客户资料登记卡”。

3.2.3 货款处理。

（1）收到客户货款应当日缴回。

（2）不得以任何理由挪用货款。

（3）不得以其他支票抵缴收回的现金。

（4）不得以不同客户的支票抵缴货款。

（5）产品不符合客户需求可以交换，但不得退货或以退货来抵缴货款。

4.管理规定

4.1 销售计划。

4.1.1 销售人员每年应依据本公司“年度销售计划表”，制定个人的“年度销售计划表”，并填制“月销售计划表”，主管核定后，按计划执行。

4.1.2 作业计划。

销售人员应依据“月销售计划表”，填制“拜访计划表”，主管核准后实施。

4.1.3 客户管理。

销售人员即时填写“客户资料登记卡”，将客户资料详细录入客户管理系统。

4.1.4 销售工作日报表。

（1）销售人员依据作业计划执行销售工作，并将每日工作的内容填制于“销售工作日报表”和“客户拜访资料登记表”。

（2）“销售工作日报表”应于次日外出工作前，交于主管查看。

4.1.5 月收款实绩表。

销售人员每月初应填制上月份的“月收款实绩表”，呈报主管核实，作为绩效评核，账款收取审核与对策的依据。

（1）产品销售一律以本公司规定的售价为准，不得任意变更售价。

（2）如有赠品亦须依照本公司的规定办理。

4.1.6 销售管理。

（1）销售人员负责客户开发、网络销售、催收货款等工作。

（2）销售主管应与各销售人员共同负起客户考核的责任。

（3）产品售出一律不得退货，更不准以退货抵缴货款；产品本身存在技术问题可依照公司有关规定办理退货。

4.1.7 收款管理。

（1）销售人员收款，必须于收款当日缴回公司财务。

（2）销售人员应于规定收款日期，向客户收取货款。

（3）所收货款如为支票，应及时交财务办理银行托收。

（4）未按规定收回的货款或支票，除依据相关规定惩处负责的销售人员外，若产生坏账时，销售人员须负赔偿的责任。

4.1.8 货款回收：销售人员应对货款回收事宜负责，回收货款必须遵守下列规定。

（1）在受理合同签订或提出方案和报价时，应与对方谈妥付款条件。

（2）产品售出或实施完成后立即提出清款单，付款日向客户提出催款通知。

（3）经常与客户保持密切联络，不断设法使对方如期付款。

4.1.9 无法收款时的赔偿：当货款发生无法兑现，判定已无收款可能时，负责人员须由其薪资中扣除相当于此货款的30%额度，作为赔偿。

4.1.10 不良债权的处理：交货后6个月内，对方仍赊欠货款时，一般视为不良账款，应由负责人员从其薪资中扣除相当于该款项的15%金额，赔偿给公司。但是，前项规定实施后的2个月以内，如果该货款的总额已获回收，则赔偿金的2/3应退还给负责人员。

4.1.11 事前调查：从事销售的业务人员，对于对方的付款能力等，应做事前调查，并衡量本公司的研发是否能满足客户的需求，再行决定是否受理该业务。

4.1.12 严格遵守产品价格及交货期。在销售产品时，除了遵守公司规定的售价及交付实施外，也应确实遵守：付款日期、付款地点、现金或支票、支票日期、收款方式。

4.1.13 合同签订：如前述条件已具备，则应将客户需求书、报价单、实施方案及合同等资料，一起提出给所属的主管。

4.1.14 免费追加产品：产品销售和实施后，若基于客户的要求或其他情况的需要，必须免费追加产品或功能的情况，必须事前提出附有说明的相关资料给总经理，取得其裁决。

4.1.15 销售价格表：销售价格表须随身携带，但不可借给或流传到第三者手中。经过公司许可借出的资料，也应迅速设法收回。

4.1.16 宣传资料：产品配套的宣传册和彩页等必要资料，必须慎选对象后发放。

4.1.17 产品退货：当发生订货取消或要求退货的情况，应立即将对方的凭证资料提交给部门负责人，并待公司裁决同意退货时，方可退货。如果事情的责任归属该负责人，则从该负责人的薪资中扣除差旅费、招待费及其他相关的费用，以作为对公司的赔偿。

4.1.18 产品售后的折扣：如产品卖出或实施后，货款被打折，应将对方的相关资料连同合同、订单等提交给所属上司。不管被打折是事出何因，负责人都应从薪资中扣除相当于折扣金额的款项给公司，作为赔偿。

4.1.19 实施技术人员的派遣：关于派遣技术人员到其他公司服务时，须事先向所属主管请示，取得许可，填写派遣委托书后方可派遣。

4.2 工作移交规定

销售人员离职或调职时，除依照《离职工作移交办法》办理外，还应符合下列规定。

4.2.1 销售单位主管。

（1）移交事项：财产清册，公文档案，销售账务，货品及赠品盘点，客户送货单签收联清点，已收未缴货款结余，领用、借用的公物，其他。

（2）注意事项：销售单位主管移交，应呈报由移交人、交接人、监交人共同签写的《移交报告》；交接报告的附件（如财产）应由移交人、交接人、监交人共同签字确认；销售单位主管移交由总经理监交。

4.2.2 销售人员。

（1）移交事项：负责的客户名单，应收账款单据，领用的公物，其他。

（2）注意事项：应收账款单据由交接双方会同客户核认无误后签字确认；应收账款单据核认无误签章后，交接人即应负起后续收款的责任；交接报告书由移交人、交接人、监交人共同签字后呈报总经理室（监交人由销售主管担当）。

4.3 纪律及出差规定

销售人员应依照本公司《员工管理办法》的规定，办理各项出勤考核。但基于工作的需要，销售部人员应按规定的出勤时间上下班。

4.3.1 工作时间必须高度集中注意力，行走坐立要讲究风度仪态，始终保持良好的精神状态。

4.3.2 员工在对外交流中，必须严格保守公司的秘密。

4.3.3 接待来访者必须主动、热情、大方，使用文明礼貌语言。遇有询问，应诚恳、详尽解释，如自己不清楚，应主动将其引导给其他了解情况的人员。

4.3.4 接听电话时，必须主动报公司名称，对自己不熟悉的业务事项，应尽快找熟悉的人接听，要找的人不在时，须做好记录并及时转告，接电话让顾客等待超过一分钟时要主动致歉。通话要简明扼要，尽量放低声音，以免影响他人工作。

4.3.5 公司电话只能用于工作事由。

4.3.6 因公外出必须告知本部门负责人，部门经理外出须告知总经理。

4.3.7 必须重视公司安全保卫工作，注意防火防盗。下班前必须清理文件，锁入文件柜，保持桌面整洁，关闭电灯、空调、门窗及其他仪器设备电源。

4.3.8 接待来访必须在业务室进行，不准随意将外来人员带进财务办公室。

4.3.9 在接待访客或洽谈中，避免使用消极词汇和太多炫耀意味的形容词，避免厚此薄彼。无论何时，不准与客户和外来人员争吵。

4.3.10 洽谈业务或回答有关咨询时，应根据公司已有的原则和规定予以答复，不准对外做与自身职务不相适应的承诺。

4.3.11 不准使用粗俗、污秽语言，禁止诽谤、侮辱以致损害他人，禁止酗酒、赌博、吵架。

4.3.12 工作时间不准擅离职守或妨碍他人工作；禁止聚集聊天、办私事、吃零食、大声喧哗；不准在办公室内抽烟、吃东西。

4.3.13 工作时间衣着合适得体，协调大方，不准穿破、脏衣服，女士不准穿短于膝盖上三寸的裙子；男士头发长不过耳，衣领、胡须保持干净，女士化妆清淡相宜，不浓妆艳抹。鞋要保持干净，皮鞋常上油。

4.3.14 不论有无报酬，未征得公司同意，不准在外兼任第二职业。

4.3.15 公司所有报纸、杂志和书籍，仅限于职工在公余时间借阅，阅后放归原处，勿污损、丢失。上班时间不准看报纸、杂志和书籍。

4.3.16 保持工作环境整洁，不准随地吐痰，乱丢纸屑或其他杂物。

4.3.17 爱护公司财物，不准随意损坏、丢弃、浪费各种办公用品，努力降低损耗。

4.3.18 严格遵守公司一切规章制度。遵守职业道德，爱岗敬业，做好自律。

4.3.19 团结互助，互相学习，积极进取，不得拉帮结派，不酗酒、不赌博。

4.3.20 销售人员每月出勤不低于23天，否则按旷工处理，每月出勤天数少一天罚款××元，超过3天后扣除半个月工资，超过一周扣除一个月工资。

4.3.21 销售部人员出差期间，每逢5日、10日用当地固定电话向公司汇报，每月出差前、后到公司登记，以便考核工资。

4.3.22 业务员每月出差回公司后，必须按时上班，每天早上8:30签到，如有事请假要办理请假手续，经主管审批后方可离开公司。

4.3.23 业务员出差期间，手机不得关机，否则每次罚款××元。

4.3.24 出差期间应合理安排工作时间，要有工作计划，出差日记要详细，每月要按时交回公司，交回公司的奖励××元，未交的罚款××元。

4.3.25 正确处理客户异议，注意工作方式，树立个人形象，打造产品品牌。

4.3.26 不得私自截留公款，一经查出移交公安机关处理。

4.3.27 每月30日回公司报到，参加每月例会，不得无故缺席，否则每次罚款××元（特殊情况除外）。

4.3.28 每月出差回公司后，应积极核对账目，以免长时间不对账，发生账目混乱现象。

4.4 营销用语规定

4.4.1 自我介绍与打招呼。与客户会面时，应主动与客户问好、打招呼，然后做自我介绍。

（1）问好时，态度要真诚，面带微笑，动作要规范，声音要适中，努力给对方留下良好的第一印象。

（2）对其他人也要点头致意。

（3）做自我介绍时应双手递上名片。

（4）随身携带的物品，在征求对方同意后，再放置。

（5）打招呼时，不妨问寒问暖。

（6）若对方负责人不在，应与其上级或下级洽谈，千万不能随便离去。

（7）若对方很忙，要等对方忙完后再洽谈。若自己能帮上忙，应尽力趋前帮忙，边干边谈，与对方尽快亲近是打开局面的良策。

（8）注意察言观色，见机行事，千万不能妨碍对方工作。

（9）准确地称呼对方职务，过高或过低都会引起对方不快。

4.4.2 话题由闲聊开始。推销过程是一个相互交流、相互信任的过程，所以不能开门见山，一见面就让对方拿出订单。所以，通过闲聊，了解对方，也让对方了解自己，是寻找洽谈契机的不可省略的过程。

（1）闲聊的话题是多种多样的，但原则有一个：使对方感兴趣，如天气、人文地理、趣闻轶事、体育、社会时尚、企业界动态等。

（2）注意不要老生常谈，人云亦云，尽量少谈政治、宗教问题，以免因观点不同引起分歧，破坏谈话气氛。

（3）注意不能一个人滔滔不绝，耐心地听对方高谈阔论，更能取得好感。

（4）见好就收，一旦发现对方对某一话题不感兴趣，应立刻谈其他话题。

（5）切勿忘掉与客户闲谈的本意是为了切入正题，因而应将话题向企业管理、信息化建设、网络技术等方面引导。

（6）在闲聊中注意了解对方的故乡、母校、家庭、个人经历、价值观念、兴趣爱好、业务专长等。

（7）在交谈过程中，注意了解客户经营情况、未来发展计划、已取得的成就和面临的困难。

（8）在交谈过程中，善于征求对方对市场走势、畅销产品、经营对策、产品价格、需求动向的意见。无论对方意见如何，都要虚心听取，不能反驳。

（9）在交谈过程中，始终要给予对方优越感。

（10）在交谈过程中，应不断地向对方提供与其业务相关的实用信息。

4.4.3 业务洽谈的技巧。在闲聊过程中，由双方共同感兴趣的话题直接转入业务洽谈，往往是顺理成章的。一旦时机成熟，推销员就可以与对方直接洽谈业务。

（1）洽谈过程中，不能强硬推销，首先讲明本企业产品的优势、企业的信誉和良好的交易条件。

（2）洽谈过程中，根据对方的决定行事，尊重对方。

（3）适时地给客户演示公司的产品，辅助推销。

（4）不能因小失大，以哀求的口吻要求对方订货。

（5）注意战略战术，进退适宜，攻防结合，“勿追穷寇”。

（6）在洽谈商品价格时，一方面申明本企业无利可图（列举成本、利润等数字）；另一方面列举其他企业产品价格高不可攀。

（7）在涉及其他企业及产品时，注意不能使用攻击性语言，不能出口伤人。

（8）更多地列举实例，说明某企业使用本公司的产品取得了多大的经济效益。

4.4.4 推销受阻应急技巧。推销受阻是经常遇到的，对推销员来说，最重要的是乐观地对待失败，有坚定的取胜信心。而且，推销受阻并不意味着失败，所以不必垂头丧气，更不能自寻台阶，顺势而下。这时须保持冷静的头脑，化被动为主动，冲破障碍，方能柳暗花明，绝处逢生。

（1）当对方拒绝购买我们产品时，首先应问清原因，以便对症下药。

（2）若对方提出资金周转困难时，应强调我们产品对企业的好处（列举具体数字说明）。

（3）若对方回答负责人不在，应问明负责人什么时间回来，是否可以等候，或什么时间可再来联系，也可请对方提出大致意向。

（4）若对方提出现在很忙，无暇洽谈时，要判断这是对方有意推辞，还是确实没有时间。无论如何，都要对在百忙之中打扰对方提出歉意，并提出与对方仅谈5分钟（可视情况递减）。注意洽谈一定要按约定时间结束。

（5）若对方嫌价格太高时，应首先申明公司奉行低价优质政策，然后列举实例，与同类产品比较。强调一分钱一分货的道理，强调我们优质的售后服务系统。

（6）若对方提出购买其他公司产品时，首先要问清原因。然后以数字进行比较，说明我们产品的优越性。

（7）若对方犹豫不决时，应集中力量，打消其顾虑。

（8）若对方对自己的推销工作提出讥讽时，如“你的嘴可真厉害”“你可真难对付”之类。推销员首先应向对方表示歉意，讲明为了工作，属不得已而为之，全无恶意，旨在与对方建立良好的业务关系，基于对对方的充分信任等。

（9）若对方提出已经购买其他公司产品时，应转问是否需要我们公司的其他产品，举例说明我们产品的优势，说明对方产品功能上的弱点。

（10）若对方提出退货，应首先问明退货的理由。如果理由成立，应引导客户购买我们公司其他产品，或者功能修改（需要指明与公司商量）。

（11）若对方偏好其他企业产品，则应用具体数字说明我们产品绝不逊于其他产品，且有其他产品不可替代的特性。

（12）若对方对本企业抱有成见，或以往发生过不愉快的事，或对推销员本人抱有偏见时，首先要向对方赔礼道歉，然后问明缘由，做出解释。最后，诚恳地希望对方对本企业和本人工作提出建设性意见，并利用这一时机，进一步与客户洽谈业务。

（13）若对方提出我们公司实施不及时，销售员应首先表示歉意，然后讲明事出有因。最后保证改进工作，绝不再发生类似问题。

（14）如果对方默不作声，有问无答时，应直接明了地提出自己的看法：这样不利于双方交流，如对本人有什么看法，请明示，然后可采取以下对策。

①反复讲明。

②寻找新话题。

③询问对方最关心的问题。

④提供信息。

⑤称赞对方稳健。

⑥采用激将法，迫使对方开口。

4.4.5 销售要善始善终，当洽谈结束后，并不意味着大功告成。销售员应从未来着眼，为下一次上门推销打下基础。

（1）向对方在繁忙中予以接待表示谢意。

（2）表明以后双方加强合作的意向。

（3）询问对方下一次洽谈的具体时间。自己可以提出几个时间，让对方选择。

（4）询问对方是否有个人私事，需要自己帮忙。

（5）向对方及其他在场人员致谢、辞行。

4.5 拜访客户的要点

4.5.1 销售经理对客户进行访问，不同于销售员上门推销，但意义与后者同样重要。通过对客户的访问，可以获取以下信息。

（1）了解市场动态，听取客户意见，收集市场信息。

（2）开拓新市场，争取到更多的新客户。

（3）把握客户的信用状况。

（4）促销重点、促销方法、交易方法的调整。

4.5.2 拜访客户的主要目的。

（1）与客户打招呼、问候、联络感情。

（2）实地考察客户是否进一步扩大产品功能和客户端数量的余地。

（3）直接向客户说明本企业产品的特性、优点及价格偏高的原因（如高水平的研发人才，高投入的产品研发过程，与其他企业产品的性能价格比等）。

（4）向客户提出增加功能模块和客户端的要求。

（5）希望客户与公司建立长期稳固的合作联系。

（6）在时机成熟时，向客户提出按期支付货款要求。

（7）与客户交流经营管理经验，互为参考。

（8）把客户访问作为开拓新市场的一种手段。

4.5.3 应正确确定拜访的人及拜访顺序。

（1）客户若是小公司，拜访人员级别与顺序如下。

①店长（或经理，或主任）。

②采购负责人。

③销售负责人。

（2）客户是大公司，拜访人员级别与顺序如下。

①网络管理员（重点访问对象）。

②CIO（首席信息员）。

③总经理（礼节性拜访）。

4.5.4 会面时礼节性问候。与被访者会面时，无论是否已经相识，都要致以礼貌性问候。言词应恳切、热情。主要话题包括以下内容。

（1）祝贺高升。

（2）问候身体情况。

（3）祝贺事业发达。

（4）贸然打扰的歉意。

4.5.5 进入正题时话题要点。

（1）对选择我们的产品表示谢意，对给予我们销售员的照顾表示感谢。

（2）向对方请教我们的产品在哪些方面具有优势，在哪些方面做得不足，原因何在。

（3）请对方介绍其经营情况。

（4）与对方的交谈过程中，有意识地进行客户调查。

（5）听取对方陈述对我们公司和产品的意见或建议，共商解决办法。

（6）听取客户对产品的希望，对我们产品的销售方法、售后服务等忠告。

（7）在适宜场合，介绍我们的新产品。访问结束时，应逐一与被访者辞行、致谢。辞行顺序是先高后低（即职务或级别高低。）

4.6 销售员业务技巧要点

4.6.1 销售员的素质要求。特殊的工作性质，要求销售员不断提高自身素质，陶冶情操，加强修养。

（1）注意个人身体，有健康的体魄，以胜任繁重的工作。

（2）工作要有计划性、条理性、适应性。

（3）要有坚忍不拔的精神、克服困难的决心、不达目的决不罢休的信念。

（4）在业务上要有进取心，虚心好学，不耻下问，不仅有宽广的知识面，而且对我们的产品要做到精通。

（5）有高超的语言技巧、公关能力和灵敏的反应能力。

（6）面对客户，不管出于怎样的目的，都应以诚待人，以信为本，以义行事。取得客户的信赖，保持责任感，保持良好的人格与节操。

（7）具有较强的统计分析能力，时刻注意搜集信息，判断信息，抓住机会，迎接挑战。

4.6.2 勤务要求规范。

（1）遵守作息时间，不迟到，不早退，休息时间不得擅自外出。

（2）外出联系业务时，要按规定手续提出申请，讲明外出单位、外出目的、外出时间及联系方法。

（3）外出时没有他人监督，必须严格要求自己，自觉遵守企业的规章制度。

（4）外出时，不能公私兼顾，公款私用。

（5）外出使用公司物品时，必须说明使用目的和使用理由，并办理借用或使用手续。

（6）公司与客户达成的意向或协议，销售员无权擅自更改，特殊情况下，必须征得有关部门的同意。

（7）在处理合同、收付款时，必须恪守法律和业务上的各项规定，避免出现失误。

（8）外出时，应节约交通、通信和住宿费用。销售员外出时，应及时向上级汇报业务进展情况，听取上级指示，遇到特殊情况时，不能自作主张。外出归来后，要将业务情况详细向上级报告并记录进入客户管理系统。

4.6.3 非外出时间的工作。

（1）销售员因没有外出业务而在公司时，主要负责客户资料的搜集、整理、准备，货款的核算、与客户及其相关的报价、方案制作等工作。另外还包括下次出差的准备、退货的处理等业务。

（2）销售员将外出时所见所闻，包括市场状况、客户需求趋势与要求、竞争对手的营销动态、价格变动动态、新产品开发情况等及时地向相关负责人反映。

（3）出差前应对下一阶段工作做出计划，包括以下内容。

①对上段工作的总结与回顾。

②上级对下一阶段工作的指示。

③下一阶段具体的业务对象、工作重点与对策。

（4）出差前的准备应包括如下内容。

①产品宣传资料的准备。

②客户地址和乘车路线。

③各种票据、报价、方案的准备。

④计算机演示系统的检查。

⑤差旅费准备。

拟定		审核		审批	

13-03　销售拜访作业计划查核细则

××公司标准文件		××有限公司 销售拜访作业计划查核细则	文件编号××-××-××	
版次	A/0		页次	第×页

1.目的

本细则依据公司《销售人员管理办法》的规定制定，以促使本公司销售人员确实执行拜访作业计划，达成销售目标。

2.适用范围

本公司销售人员拜访作业计划的核查，依本细则管理。

3.管理规定

3.1 计划程序

3.1.1 销售计划。

销售人员每年应依据公司“年度销售计划表”，拟定个人的“年度销售计划表”，并填制“月销售计划表”，呈主管核定后，按计划执行。

3.1.2 作业计划。

（1）销售人员依据“月销售计划表”，每月填制“拜访计划表”。

（2）销售人员应于每月底前，将次月计划拜访的客户及其计划停留时间，填制于“拜访计划表”的“客户”及“计划”栏内，呈主管审核。

（3）经主管审核后，销售人员应依据计划实施；主管则应确实督导查核。

3.2 查核要项

3.2.1 销售人员。

（1）销售人员应依据“拜访计划表”所规定的内容，按时前往拜访客户，并根据拜访结果填制“客户拜访报告表”。

（2）如因工作因素而变更拜访行程，除应向主管报备外，并须将实际变更的内容及停留时间记录于“拜访计划表”内。

3.2.2 部门主管。

（1）审核“销售拜访报告表”时，应与“拜访计划表”对照，了解销售人员是否依计划执行。

（2）每周应依据销售人员的“拜访计划表”与“销售拜访报告表”，通过抽查方式用电话向客户查询，确认销售人员是否依计划执行，或不定期亲自拜访客户，以查明销售人员是否依计划执行。

3.3 注意事项。

（1）销售部主管应使销售人员确实了解填制“拜访计划表”并按表执行的目的，以使销售工作进行更顺畅。

（2）销售部主管查核销售人员的拜访计划作业实施时，应注意技巧，尤其是向客户查询时，须避免造成以后销售人员工作的困扰与尴尬。 （3）拜访计划作业实施的查核结果，应作为销售人员年度考核的重要参考。					
拟定		审核		审批	

13-04 销售工作日报表审核制度

××公司标准文件		××有限公司 销售工作日报表审核制度	文件编号××-××-××	
版次	A/0		页次	第×页

1.目的

为加强本公司销售管理，使销售人员的销售能力得以充分发挥，以提升销售绩效，特制定本制度。

2.适用范围

凡本公司销售人员工作日报表的审核，均依照本制度管理。

3.管理规定

3.1 日报作业流程

3.1.1 销售人员。

（1）每日应将当日拜访的工作内容，详细填入“销售工作日报表”，并呈部门主管。

（2）前一日的“销售工作日报表”，应于次日工作日10时前（外出作业前）交出，不得延误。

3.1.2 部门主管：查核销售人员所呈的“销售工作日报表”后，转呈部门经理批示。

3.1.3 部门经理：将各销售主管转呈的“销售工作日报表”批示后，交内务汇总，转呈企划部。

3.1.4 企划部：核计各销售部送交的“销售工作日报表”，并加以分析，作为制订和修正销售计划的依据。

3.2 审核要领

3.2.1 销售主管。

（1）应依据《拜访作业计划查核细则》的规定，确认销售人员是否按照拜访计划执行。

<table>
<tr><td colspan="6">（2）将销售人员所呈的“销售工作日报表”与客户订单及缴款明细表等核对，以确认日报表的正确性。
（3）对销售人员所提出的问题及处置对策，应予以初步的核示。
3.2.2 销售部经理。
（1）综合审查各销售单位所呈交的“销售工作日报表”。
（2）出现异常情况，应立即加以处理。
3.2.3 企划部门。
（1）核对并统计“销售工作日报表”的各项内容。
（2）依据“销售工作日报表”与“拜访计划表”，计算各销售人员的成功率与变动率。
（3）将统计资料呈核，并拟定对策供销售部门参考。</td></tr>
<tr><td>拟定</td><td></td><td>审核</td><td></td><td>审批</td><td></td></tr>
</table>

第3部分

销售管理表格

第 3 部分
170 张表格
请扫码下载使用

销售管理表格是指企业开展销售活动所留下的记录，是用以证明销售管理体系有效运行的客观证据。销售记录可以提供各项销售过程中各项业务符合要求及有效性运作的证据，具有可追溯性、证据并据此采取纠正和预防措施的作用。

本部分共分为9章，如下所示：

- 销售管理表格概述
- 市场调查管理表格
- 产品策划管理表格
- 促销管理表格
- 广告宣传推广管理表格
- 渠道管理表格
- 客户管理表格
- 销售业务过程管理表格
- 销售团队管理常用表单

第14章 销售管理表格概述

本章阅读索引：

- 表格登记过程中常见的问题
- 表格的设计和编制要求
- 表格的管理和控制
- 销售管理模块及表格概览

企业管理中的各类表格主要用于记载过程状态和过程结果，是企业质量保证的客观依据，为采取纠正和预防措施提供依据，有利于业务标识和可追溯性。

14-01 表格登记过程中常见的问题

表格在登记过程中常见以下问题。

（1）盲：表格的设置、设计目的、功能不明，不是为管理、改进所用，而是为了应付检查（如填写质量报表时，本来应该是真实记录的，为了应付检查而更改）。

（2）乱：表格的设置、设计随意性强，缺乏体系考虑，表格的填写、保管、收集混乱，责任不清。

（3）散：保存、管理分散，未做统一规定。

（4）松：记录填写、传递、保管不严，日常疏于检查，达不到要求，无人考核，且丢失和涂改现象严重。

（5）空：该填不填，空格很多，缺乏严肃性、法定性。

（6）错：写错别字，语言表达不清，填写错误。

14-02 表格的设计和编制要求

（1）表格并非越多越好，正确的做法是只选择必要的原始数据作为记录。

（2）在确定表格的格式和内容的同时，应考虑使用者填写方便并保证能够在现有条件下准确地获取所需的信息。

（3）应尽量采用国际、国内或行业标准，对表格应废立多余的，修改不适用的，沿用有价值的，增补必需的，应使用适当的表格或图表格式加以规定，按要求统一编号。

14-03 表格的管理和控制

表格的管理和控制要满足如表14-1所示的要求才能更好地被追溯。

表14-1 表格的管理和控制要求

序号	管理项目	说明
1	标识	应具有唯一性标识，为了便于归档和检索，记录应具有分类号和流水号。标识的内容应包括：表格所属的文件编号、版本号、表号、页号。没有标识或不符合标识要求的记录表格是无效的表格
2	储存和保管	记录应当按照档案要求立卷储存和保管。记录的保管由专人或专门的主管部门负责，应建立必要的保管制度，保管方式应便于检索和存取，保管环境应适宜可靠，干燥、通风，并有必要的架、箱，应做到防潮、防火、防蛀，防止损坏、变质和丢失
3	检索	一项管理活动往往涉及多项表格，为了避免漏项，应当对表格进行编目，编目具有引导和路径作用，便于表格的查阅和使用，通过查阅各项表格可以对该项管理活动有一个整体的了解
4	处置	超过规定保存期限的表格，应统一进行处理，重要的含有保密内容的表格须保留销毁记录

14-04 销售管理模块及表格概览

本书为企业的销售管理提供了一些实用的表格范本供参考，具体包括如表14-2所示的几个方面。

表14-2 实用的必备销售管理表格

序号	管理模块	表格名称
1	市场调查管理表格	市场调研立项申请单（自行）
		市场调研立项申请单（委托）
		专项（自行）调研审核意见单
		例行调研审核意见单
		专项（委托）调研评估单
		竞争对手详细情况调查表
		同类产品价格调研表
		市场各区域竞争产品对比表
		市场总容量调查估计表
		市场占有率分析表
		新商品销路调查分析表
		产品市场调研分析表

续表

序号	管理模块	表格名称
1	市场调查管理表格	市场调研状况月报表
		市场月度信息反馈报告
2	产品策划管理表格	产品区域厂商结构表
		产品厂商增长表
		产品区域增长表
		竞争产品对比表
		产品目标设定表
		产品目标时间分解表
		产品目标区域分解表
		产品报价表
		软文宣传规划表
		市场活动规划表
		产品损益表
		新产品策划内容表
		新产品上市计划表
		新产品营销策划书模板
		产品售价表
		产品售价计算表
		产品定价分析表
		产品市场性分析表
		产品营销分析表
		产品降价申请表
		价格变动影响表
		定价方案审批表
3	促销管理表格	促销企划表
		促销工作计划表
		K/A促销计划表
		客户促销计划表
		促销活动申请表
		促销安排表
		促销专柜申请表
		促销品领用申请表
		促销费用明细表
		区域月份促销物品申请表

续表

序号	管理模块	表格名称
3	促销管理表格	非常规促销品发放登记明细表
		门店赠品接收表
		赠品发放领取表
		门店赠品回收表
		区域月份促销品发放反馈表
		促销总结表
		促销活动总结报告
		重点客户促销报告表
		临时促销员月度培养状况表
		临时促销员储备名单
		促销成果汇总表
		促销效率分析表
		市场促销活动反馈表
4	广告宣传推广管理表格	广告费用预算表
		年度广告预算表
		年度广告费预算分解表
		媒体年度计划安排表
		广告投入申请表
		广告计划方案表
		广告实施报表
		大型展示会广告方案计划表
		分公司广告费申请报告
		制作横幅等宣传广告申请表
		广告宣传图片设计、制作申请表
		灯箱片设置申请表
		广告投放效果评估表
		广告宣传品需求申请单
		户外广告发布申请表
		日常宣传品领用制作申请表
		媒体广告（广播/电视）发布申请表
		终端形象建设申请表
5	渠道管理表格	经销商资格申请表
		目标准经销商评估表
		新经销商发货申请表

续表

序号	管理模块	表格名称
5	渠道管理表格	区域经理渠道支持工作周志
		×××渠道建设月工作总结
		区域经理渠道拜访计划、总结表
		年度×××渠道规划推进表
		年度×××（分销商、代理商）销售指标完成情况表
		年度×季度销售指标完成情况表
		××渠道动态变化反馈表
		年度×××代理支持档案
		年度×××重点用户档案
		分销商、代理商签约申请表
		代分销（代理）业绩回顾表
		代理商资信调查表
		代理商考核表
		业务代表渠道拜访计划、总结表
		区域市场信息反馈表
		第____季度____类客户计划销售目标
		二批经销商档案表
		直营终端档案表
6	客户管理表格	客户评级综合评定表
		客户资信等级评估表
		客户基本信息采集表
		客户信用风险客观评估表
		客户信用等级、信用额度、信用期限申请表（新客户）
		客户信用等级、信用额度、信用期限申请表（老客户）
		客户信用临时额度申请表
		客户信用额度核定表
		变更信用额度申请表
		各类客户信息管理跟踪调查表
		客户地址分类表
		客户销售分析表
		重点客户管理表
		重要客户对策表
		问题客户对策表
		客户关系评估表

续表

序号	管理模块	表格名称
6	客户管理表格	客户招待申请表
		客户招待报告表
		客户接待安排表
		礼品馈赠计划表
		礼品馈赠申请表
		客户资料管理卡
		新产品潜在客户追踪表
		客户销货统计表
		特殊客户申请表
		客户投诉处理报告表
7	销售业务过程管理表格	年度销售计划表
		市场年度销售计划表
		月工作计划及执行结果说明
		周销售计划及执行结果说明
		客户联络计划表
		客户拜访计划表
		客户拜访记录表
		客户拜访日报表
		日拜访记录表
		销售合同专用章申请书
		资信调查表（合同签订前）
		合同评审记录表
		销售合同评审表
		合同登记表
		销售合同跟踪记录表
		销售合同执行跟踪表
		销售合同执行协调书
		销售合同偏差处理报告
		风险发货申请报告
		销售合同执行月度记录表
		合同变更申请单
		合同变更通知单
		月货款回收统计表
		欠款通知函

续表

序号	管理模块	表格名称
7	销售业务过程管理表格	欠款催收函
		欠款确认函
		延期付款协议书
		产品发货明细单
		销售退货通知单
		销售退货评审单
		客户退货报告
		销售档案借阅申请表
		销售档案资料销毁审批表
8	销售团队管理常用表单	未参加例会赞助单
		晨会主持安排表
		值日主任帮助成长统计表
		营销会议记录单
		营销人员工作日志
		客户拜访计划
		客户拜访报告
		拜访日报表
		部门销售管理月报
		个人月份销售实绩统计表
		部门销售业绩分析报告
		销售部目标完成情况分析表
		销售目标管理分类分析表

第15章 市场调查管理表格

本章阅读索引：

15-01 市场调研立项申请单（自行）

市场调研立项申请单（自行）

编号： 日期：

申请单位/部门		项目负责人	
市场调研名称			
调研目的			
调研时段	注：包括市场调研报告撰写时间		
调研基本内容			
所需支持条件（人员、费用等）			
部门意见			
职能分管领导意见			

15-02　市场调研立项申请单（委托）

市场调研立项申请单（委托）

编号：　　　　　　　　　　　　　　　　　　　　　　　　日期：

申请单位/部门		项目负责人	
市场调研名称			
调研目的			
调研时段	注：包括市场调研报告撰写时间		
调研基本内容			
所需支持条件（人员、费用等）			
部门意见			
职能分管领导意见			
总经理意见			

15-03　专项（自行）调研审核意见单

专项（自行）调研审核意见单

编号：　　　　　　　　　　　　　　　　　　　　　　　　日期：

市场调研责任部门		项目负责人	
市场调研名称			
部门责任人初审意见			
职能分管领导复审意见			

15-04　例行调研审核意见单

例行调研审核意见单

编号：　　　　　　　　　　　　　　　　　　　　　　　　　日期：

市场调研责任部门		项目负责人	
市场调研名称			
调研责任人 初审意见			
营销部意见			

15-05　专项（委托）调研评估单

专项（委托）调研评估单

编号：　　　　　　　　　　　　　　　　　　　　　　　　　日期：

<table>
<tr><td>市场调研责任部门</td><td colspan="3"></td><td colspan="3">项目负责人</td></tr>
<tr><td>市场调研名称</td><td colspan="6"></td></tr>
<tr><td rowspan="5">公司各部门
评估意见</td><td colspan="6">报告肯定点（空白不足，可以另附纸张）：</td></tr>
<tr><td colspan="6">需补充及修改内容（空白不足，可以另附纸张）：</td></tr>
<tr><td>营销部</td><td>市场推广部</td><td colspan="2">工程部</td><td>财务部</td><td>办公室</td></tr>
<tr><td></td><td></td><td colspan="2"></td><td></td><td></td></tr>
<tr><td colspan="6"></td></tr>
<tr><td rowspan="2">公司副总经理审核意见</td><td colspan="2">职能分管副总经理：</td><td colspan="2">副总经理：</td><td colspan="2">副总经理：</td></tr>
<tr><td colspan="2"></td><td colspan="2"></td><td colspan="2"></td></tr>
<tr><td>总经理意见</td><td colspan="6"></td></tr>
</table>

15-06　竞争对手详细情况调查表

竞争对手详细情况调查表

1.销售信息汇总

品牌	××	××	××	××	××	××
公司名称						
注册资金						
注册时间						
生产基地						
占地面积						
年生产能力						
员工人数						
组织架构						
售后服务人数						
主要产品						
价格						
生产设备						
安装方式						
专利技术						
认证						
营销模式						
渠道						
市场占有率						
工程情况						

2.竞争对手企业介绍

企业名称					
行业类别		成立时间		注册资金	
生产基地		工业产值		职工总数	
主要产品					
企业介绍					
企业地址					
联系电话		传真号码			
网址		E-Mail			

注：1.本表填报上一年度相关统计数据。

2.此表只能填写一个产品的资料，多个产品时要复制后相应填写。

3.竞争对手产品资料

企业名称		产品名称	
产品描述			
产品照片		产品编号	
		产品分类	
		专利情况	
		产品水平	
		技术来源	
		是否获得认定的高技术产品	1.是（ ） 2.否（ ）
综合分析			
产品功能			
产品卖点			
年销量			
销售政策			
推广方式			
销售区域	□华北地区：北京、天津、河北、山西、内蒙古 □东北地区：辽宁、吉林、黑龙江 □华东地区：上海、江苏、浙江、安徽、福建、江西、山东 □中南地区：河南、湖北、湖南、广东、广西、海南 □西南地区：重庆、四川、贵州、云南、西藏 □西北地区：陕西、甘肃、青海、宁夏、新疆 □其他		
主要经销商的销量			
分支机构			
营销队伍	业务员人数		
	业务员姓名		
	学历、年龄		
	服务时间		
	业务员口才		
	待遇		
	销售的对象		
	营销能力		
	业务员给客户的印象		
	业务方针及做法		

续表

优势/劣势	
最新动向	
备注	

注：1.专利情况：发明专利、实用专利、外观专利、未申请专利保护。

2.产品水平：国际领先、国际先进、国内领先、国内先进、其他。

3.技术来源：国外、国内、合作研究、自主技术。

4.此表只能填写一个产品的资料，多个产品时要复制后相应填写。

4.竞争对手产品技术研究开发合作

合作项目名称			
合作单位名称			
通信地址		邮政编码	
合作联系人		联系电话	
项目起止时间	年 月 日至 年 月 日		
项目内容简介			
提交材料	合作协议书（复印件）		

注：此表只能填写一个项目的资料，多个项目时要复制后相应填写。

5.竞争对手科技资源

科技经费投入情况：				
科技活动经费/千元		其中：	研究开发经费/千元	
			占收入比例/%	
科技人员投入情况：				
科技活动人员/人			研究与试验发展人员	
获职称人数	高级职称（ ）人 中级职称（ ）人 初级职称（ ）人			
文化程度构成	博士（ ）人 大学（ ）人 大专（ ）人			

注：本表填报上一年度相关统计数据。

6.竞争对手企业动态信息

企业动态	
供求信息	
招聘信息	

15-07　同类产品价格调研表

同类产品价格调研表

调研区域：

产品名称	规格	品牌	单价	价格数据来源
备注				

制表人：　　　　　　　　　　　　　　　　制表时间：

15-08　市场各区域竞争产品对比表

市场各区域竞争产品对比表

调研地点（卖场/超市）	
地址	
品牌名称	
品牌功能与特点	
产品规格	
陈列方式	
包装样式	
零售价	
陈列数量	
备注	

制表人：　　　　　　　　　　　　　　　　制表时间：

15-09　市场总容量调查估计表

市场总容量调查估计表

商品名称或类别：　　　　调查区域：　　　　调查时间：

项目	时间						说明
	××年	××年	××年	××年	××年	××年	
总人口							
消费群体占总人口比例							
物价指数							
居民存款调查							
消费群体购买力总和							
替代品或相关产品销售情况							
区域内市场总容量							
竞争对手销售情况							
企业历史销售情况							
经济景气趋向							
竞争关系发展趋势							
企业销售策略建议							

15-10　市场占有率分析表

市场占有率分析表

商品名称或类别：　　　　调查区域：　　　　调查时间：

项目	过去三年分析			未来三年预测			说明
	××年	××年	××年	××年	××年	××年	
区域内该产品的总销售量①=②							
其中：企业甲							
企业乙							
企业丙							
企业丁							
合计②							
企业在该区域内的销售量③							
企业市场占有率 ④=③÷①×100%							
企业策略建议							

15-11　新商品销路调查分析表

新商品销路调查分析表

填写日期：　　年　月　日

品名			售价		
购入客户			进价		
引进日	年　月　日		发售日	年　月　日	
状况判断 销售商店	销售估计	结果	未购买理由	月份销售预订	备注
可否销售	□可　□否	月份送货量		一次订购量	
标准库存量		最低库存量		销售期间	
保管场所					

15-12　产品市场调研分析表

产品市场调研分析表

调研区域：

项目	内容
推出日期	
销售年数	
利润率	
市场占有率	
价格	
品质	
外观	
竞争优势	
竞争劣势	
技术发展	
行业现状	
综合分析	
备注	

制表人：　　　　　　　　　　　　　　　　　制表时间：

15-13　市场调研状况月报表

市场调研状况月报表

调研区域：

竞争对手本月销量	
竞争对手本月促销活动	
竞争对手本月新品上市	
本品牌本月销量	
本品牌本月促销活动	
本品牌本月新品上市	
销售渠道对本品牌本月业绩的反馈	
本月消费者对本品牌的反馈	
其他需要报告的事项	
备注	

制表人：　　　　　　　　　　　　　　　　　　　　制表时间：

15-14　市场月度信息反馈报告

市场月度信息反馈报告

市场：　　　　　　　　　　促销员：　　　　　　　　　　月份：
促销场所：　　　　　　　　地址：

一、工作执行

1.本月目标：　　　　　　　　　　完成情况：
达成或未达成的原因：
2.促销推广活动效果及原因：
3.赠品、宣传品派送的品种、数量：
4.考勤与纪律：
5.顾客意见：
6.个人建议：

二、获得支持

1.每月培训____次，例会____次，效果：
2.需要哪方面的培训：
3.促销主管巡查____次，现场指导____次，效果：
4.配送货：□很及时　　□一般　　□差。例：
5.其他：

续表

三、竞品信息

1.销售情况：

品牌名称	竞品1			竞品2			竞品3			竞品4		
月销量												
畅销品种												
月销量												

原因：

顾客意见：

2.新进场（指三个月内）的同类产品名称及销量：

其最畅销的品种、规格、单价和数量：

原因：

顾客意见：

其他同类产品促销推广活动的内容及效果：

促销员：　　　　　　　　　日期：　　　　　　　　　营销主管：

注：1.本表交营销主管，并就第二部分内容对促销员保密。

2.营销主管应充分并及时反馈本报告的相关信息，要求培养好促销员准确填制本报告的能力以及习惯。

3.每月收集后编号归档，备上级检查。

第16章 产品策划管理表格

本章阅读索引：

16-01 产品区域厂商结构表

产品区域厂商结构表

事业部：　　　　产品：　　　　填写人：　　　　年份/季度：

细分区域	指标	厂商1	厂商2	厂商3	厂商4	合计	区域比例
区域1	销售/客户量						
	销售额						
	市场占有率						
区域2	销售/客户量						
	销售额						
	市场占有率						
区域……	销售/客户量						
	销售额						
	市场占有率						

续表

细分区域	指标	厂商1	厂商2	厂商3	厂商4	合计	区域比例
合计	销售/客户量						
	销售额						
	市场占有率						

注：1.该表使用对象为市场人员。

2.该表信息来源包括“行业销售数据表”，以及针对该产品的专项市场调查。

3.该表需要在产品市场营销策划前进行统计。

4.该表按照年份或季度进行整理。

16-02　产品厂商增长表

产品厂商增长表

事业部：　　　　产品：　　　　填写人：　　　　填写时间：

年份	指标	厂商1	厂商2	厂商3	厂商4	合计/平均
20××年	销售额					
	市场占有率					
	市场增长率					
20××年	销售额					
	市场占有率					
	市场增长率					
20××年	销售额					
	市场占有率					
	市场增长率					
平均	销售额					
	市场占有率					
	市场增长率					

注：1.该表由市场人员负责填写。

2.该表信息来源于“行业销售数据表”，或者针对该产品的专项市场调查。

3.该表在产品市场营销策划前进行统计。

16-03　产品区域增长表

产品区域增长表

事业部：　　　　产品：　　　　填写人：　　　　填写时间：

年份	指标	区域1	区域2	区域3	区域4	合计/平均
20××年	销售额					
	市场占有率					
	市场增长率					
20××年	销售额					
	市场占有率					
	市场增长率					
20××年	销售额					
	市场占有率					
	市场增长率					
平均	销售额					
	市场占有率					
	市场增长率					

注：1.该表由市场人员负责填写。

2.该表信息来源于“行业销售数据表”，或者针对该产品的专项市场调查。

3.该表在产品市场营销策划前进行统计。

16-04　竞争产品对比表

竞争产品对比表

事业部：　　　　产品：　　　　填写人：　　　　填写时间：

对比要素	竞争产品1	竞争产品2	竞争产品3	竞争产品4	竞争产品5
客户应用					
产品定位					
产品规格					
产品价格					
产品功能					
技术实现					
产品服务					
市场推广					
营销实现					

续表

对比要素	竞争产品1	竞争产品2	竞争产品3	竞争产品4	竞争产品5
客户分布					
产品优势					
产品劣势					

注：1.该表使用对象为市场人员。

2.该表信息来源包括“厂商基本资料表”，或针对该产品的专项调查。

3.该表在进行产品市场营销策划时使用。

16-05　产品目标设定表

产品目标设定表

目标类型	分项	2019年	2020年	2021年	平均增长率
定量目标	销售量				
	销售额				
	区域数量				
	客户数量				
	市场占有率				
定性目标	区域拓展				
	典型案例				
	知名度				
	其他				

16-06　产品目标时间分解表

产品目标时间分解表

目标类型	分项	第一季度	第二季度	第三季度	第四季度	合计
定量目标	销售量					
	销售额					
定性目标	区域拓展					
	典型案例					

16-07　产品目标区域分解表

产品目标区域分解表

目标类型	分项	区域1	区域2	区域3	区域4	区域5	区域6	合计
定量目标	销售量							
	销售额							
定性目标	区域拓展							
	典型案例							

16-08　产品报价表

产品报价表

事业部：　　　　　　　　　　产品：　　　　　　　　　　生效时间：

商品编码	产品名称	型号	产品配置	公开报价	代理价	最低折扣价

注：1.该表使用对象为事业部。

2.该表由市场人员负责维护更新。

3.该表在产品上市前制定，并定期更新。

16-09　软文宣传规划表

软文宣传规划表

事业部：　　　　　　产品：　　　　　　填写人：　　　　　　填写时间：

季度	月份	内容	目的	媒体类型	媒体名称	投放说明	字数或周期	预算
第一季度	1							
	2							
	3							
第二季度	4							
	5							
	6							

续表

季度	月份	内容	目的	媒体类型	媒体名称	投放说明	字数或周期	预算
第三季度	7							
	8							
	9							
第四季度	10							
	11							
	12							
合计								

注：1.该表使用人为市场人员。

2.该表在进行产品市场营销策划时使用。

16-10 市场活动规划表

市场活动规划表

事业部： 产品： 填写人： 填写时间：

季度	月份	名称	目的	对象	形式	内容	预算
第一季度	1						
	2						
	3						
第二季度	4						
	5						
	6						
第三季度	7						
	8						
	9						
第四季度	10						
	11						
	12						
合计							

注：1.该表使用人为市场人员。

2.该表在进行产品市场营销策划时使用。

16-11 产品损益表

产品损益表

事业部：　　　　　　产品：　　　　　　填写人：

项目	2019财年/万元	2020财年/万元	2021财年/万元	2021年占销售净额比例/%
销售量				
销售收入				
减销货折让				
销售净额				
减销售成本				
销售毛利				
毛利率				
减营销费用				
广告				
软文				
公关宣传				
市场推广				
促销				
其他				
管理费用				
销售团队费用				
销售业务费用				
后台人员费用				
杂支				
费用合计				
销售利润				
利润率				

注：1. 该表使用人为市场人员。

2. 该表信息来源于销售预测、内部财务核算和市场推广预算。

3. 该表在进行产品市场营销策划时使用。

16-12 新产品策划内容表

新产品策划内容表

年 月 日

策划主题		策划部门		负责人	
环境					
目标顾客					
产品命名与概念					
产品规格					
产品市场定位					
产品印象					
产品商标					
产品包装					
市场发展分析					
产品价格及相应策略					
产品渠道					
企业技术支持					
促销策略					
诉求重点					
可能的问题及对应措施					
其他					

16-13 新产品上市计划表

新产品上市计划表

架构	负责执行的部门	完成时间
产品用途 特性 利益	由研发部编写	
定价	策划部制定，总经理核准	
销售渠道（即卖给哪些机构，或卖给其他种类的客户）	市场部	
业务员教育训练	研发部 市场部	
促销计划	市场部	

续表

架构	负责执行的部门	完成时间
展示计划	销售部	
潜在客户追踪	销售部	
进度表	市场部	

16-14 新产品营销策划书模板

新产品营销策划书模板

一、引言

（1）新产品名称——未注册的品牌和商标。
（2）目标市场及细分市场的区分与简要描述。
（3）计划的作用时效。
（4）编制计划的人员。

二、形势分析

1.市场描述
（1）消费者或使用者及其他市场参与者。
（2）购买营销成果的过程。
（3）竞争。
①直接的和间接的竞争。
②预测的生命周期阶段。
（4）竞争战略。
（5）总体市场及相应细分市场的市场占有率。
①销售数量/销售金额。
②促销活动。
③利润。
（6）有效的分销渠道及其态度和实践。
（7）经营的关键外部环境因素。
2.新产品描述（包括产品性能、用户反应、包装、竞争产品资料等）

三、机会和问题概述

（1）市场可开发的主要机会。
（2）计划需要解决的主要问题。

四、战略

（1）总体指导战略说明——关键目标和每个目标的主要活动，包括数量和质量目标。
（2）市场细分和产品定位。
（3）总体营销努力。
①产品的总体作用，包括产品计划的变动和增加。
②广告的总体作用。

续表

③个人推销的总体作用。
④其他手段的总体作用（如样品、贸易展销会，商品示范等等）。
⑤批发商与零售商的总体作用。
⑥价格政策及详细说明（包括折扣、协议及计划变动）。
⑦非市场营销部门的特殊角色。

五、经济概述
（1）销售数量预测（对每一时期每一种产品而言）。
（2）销售额预测（对各时期）。
（3）各种活动的费用预算。
（4）对企业间接费用与利润贡献、预计收入。
（5）风险说明——上述计划的安全性。
（6）说明需要的或计划的资金投入及随后的现金流。

六、战术计划
1.手段1（如广告）
（1）手段A（例如电视广告）。
①基本任务或目标。
②细节（规划、商业类型、频率、费用、日期）。
③个人和代理商的责任。
（2）手段B（如印刷广告）。
①基本任务或目标。
②细节（规划、商业类型、频率、费用、日期）。
③个人和代理商的责任。
（3）其他。
2.手段2（如个人推销）
3.其他手段
依次为分销、定价、产品改进、商标、包装、专门促销、公共关系、技术指导、担保等。
4.列出所有即将开发的有创造意义的手段

七、控制
（1）关键控制目标。
（2）有效降低费用的关键市场条件。
（3）信息收集顺序和预算。
①内部的。
②外部的。

八、对主要支持性活动的概述
包括所有非营销部门的活动，如仓储、数据处理、技术服务、研究与开发、财务、人事和公共关系等部门，概述应列出任务、日期和个人责任。

九、活动程序
计划期关键活动应按年月顺序排列。
确定计划的作用时效也是很常见的。短期营销计划适合生命周期短的消费品，期限只有3～4个月，然而一些工业品营销计划的期限却是无限制的。

16-15 产品售价表

产品售价表

编号： 年 月 日 订

<table>
<tr><td colspan="5">产名名称规格：</td></tr>
<tr><td>产品说明及图样</td><td colspan="4"></td></tr>
<tr><td rowspan="5">规定售价</td><td>销售条件说明</td><td>售价范围</td><td>决定者</td><td>备注</td></tr>
<tr><td></td><td></td><td></td><td></td></tr>
<tr><td></td><td></td><td></td><td></td></tr>
<tr><td></td><td></td><td></td><td></td></tr>
<tr><td></td><td></td><td></td><td></td></tr>
</table>

总经理： 审核： 拟定：

16-16 产品售价计算表

产品售价计算表

编号： 年 月 日

<table>
<tr><td colspan="13">产品名称：</td></tr>
<tr><td rowspan="9">材料成本</td><td rowspan="3">成本项目</td><td rowspan="3">用量</td><td colspan="10">售货类别</td></tr>
<tr><td colspan="2">外销A价</td><td colspan="2">外销B价</td><td colspan="2">外销C价</td><td colspan="2">内销批发</td><td colspan="2">内销零售</td></tr>
<tr><td>单价</td><td>成本</td><td>单价</td><td>成本</td><td>单价</td><td>成本</td><td>单价</td><td>金额</td><td>单价</td><td>金额</td></tr>
<tr><td></td><td></td><td></td><td></td><td></td><td></td><td></td><td></td><td></td><td></td><td></td><td></td></tr>
<tr><td></td><td></td><td></td><td></td><td></td><td></td><td></td><td></td><td></td><td></td><td></td><td></td></tr>
<tr><td></td><td></td><td></td><td></td><td></td><td></td><td></td><td></td><td></td><td></td><td></td><td></td></tr>
<tr><td>合计</td><td></td><td></td><td></td><td></td><td></td><td></td><td></td><td></td><td></td><td></td><td></td></tr>
<tr><td>损耗</td><td></td><td></td><td></td><td></td><td></td><td></td><td></td><td></td><td></td><td></td><td></td></tr>
<tr><td>材料成品</td><td></td><td></td><td></td><td></td><td></td><td></td><td></td><td></td><td></td><td></td><td></td></tr>
<tr><td rowspan="6">其他成本</td><td>项目</td><td>单位成本</td><td>用量</td><td>成本</td><td>用量</td><td>成本</td><td>用量</td><td>成本</td><td>用量</td><td>成本</td><td>用量</td><td>成本</td></tr>
<tr><td>人工成本</td><td></td><td></td><td></td><td></td><td></td><td></td><td></td><td></td><td></td><td></td><td></td></tr>
<tr><td>制造费用</td><td></td><td></td><td></td><td></td><td></td><td></td><td></td><td></td><td></td><td></td><td></td></tr>
<tr><td>销管费用</td><td></td><td></td><td></td><td></td><td></td><td></td><td></td><td></td><td></td><td></td><td></td></tr>
<tr><td>利润</td><td></td><td></td><td></td><td></td><td></td><td></td><td></td><td></td><td></td><td></td><td></td></tr>
<tr><td>售价</td><td></td><td></td><td></td><td></td><td></td><td></td><td></td><td></td><td></td><td></td><td></td></tr>
<tr><td>备注</td><td colspan="12"></td></tr>
</table>

总经理： 经理： 分析员：

16-17　产品定价分析表

产品定价分析表

年　月　日　　　　　　　　编号：

产品名称规格：											
顾客类型说明：											
目前本产品销量：											
成本分析	成本项目	生产数量（PCS）及成本占比									
		10	%	20	%	30	%	100	%	200	%
	原料成本										
	物料成本										
	人工成本										
	制造费用										
	制造成本										
	毛利										
	合计		100		100		100		100		100

产品竞争状况	生产公司	产品名称	品质等级	售价	估计年销售量	市场占有率	备注
	1						
	2						
	3						
	4						
	5						
	6						
	7						

比较图	单位占有率								订价分析	订价	估计占有率	估计占有率	利用率	利润
								200						
								100						
								产品						
								10						
								20						
								30	决定售价：厂价零售价					

总经理：　　　　　　　　经理：　　　　　　　　分析者：

16-18　产品市场性分析表

产品市场性分析表

产品名称	推出日期	销售年数	获利率	市场占有率	价格	品质	外观	竞争产品	竞争产品差异性	产品改良状况	其他

16-19　产品营销分析表

产品营销分析表

<table>
<tr><td rowspan="8">产品分析</td><td>品质类别</td><td colspan="3">说明</td><td rowspan="8">竞争状况分析</td><td>厂牌</td><td>价格</td><td>等级</td><td>品质</td><td>外观</td><td>服务</td><td>信誉</td></tr>
<tr><td>功能</td><td colspan="3"></td><td></td><td></td><td></td><td></td><td></td><td></td><td></td></tr>
<tr><td>品质等级</td><td colspan="3"></td><td></td><td></td><td></td><td></td><td></td><td></td><td></td></tr>
<tr><td>外观</td><td colspan="3"></td><td></td><td></td><td></td><td></td><td></td><td></td><td></td></tr>
<tr><td>耐久性</td><td colspan="3"></td><td></td><td></td><td></td><td></td><td></td><td></td><td></td></tr>
<tr><td>故障率</td><td colspan="3"></td><td></td><td></td><td></td><td></td><td></td><td></td><td></td></tr>
<tr><td>使用难易</td><td colspan="3"></td><td></td><td></td><td></td><td></td><td></td><td></td><td></td></tr>
<tr><td></td><td colspan="3"></td><td></td><td></td><td></td><td></td><td></td><td></td><td></td></tr>
<tr><td rowspan="9">价格</td><td>产品名称
成本项目</td><td></td><td></td><td></td><td rowspan="6">市场动态</td><td colspan="7" rowspan="6">顾客评价
顾客转变状况</td></tr>
<tr><td>原料成本</td><td></td><td></td><td></td></tr>
<tr><td>辅助材料成本</td><td></td><td></td><td></td></tr>
<tr><td>人工成本</td><td></td><td></td><td></td></tr>
<tr><td>制造费用</td><td></td><td></td><td></td></tr>
<tr><td>制造成本</td><td></td><td></td><td></td></tr>
<tr><td>期间费用</td><td></td><td></td><td></td><td rowspan="3">评定</td><td colspan="7" rowspan="3"></td></tr>
<tr><td>总成本</td><td></td><td></td><td></td></tr>
<tr><td>获利率</td><td></td><td></td><td></td></tr>
</table>

16-20　产品降价申请表

产品降价申请表

编号：　　　　　　　　　　　　　　　　　　　　　　　　　　填写日期：

客户名称		订单号码		批号	
产品名称		规格		数量	
责任部门申请描述	申请降价额度				
	申请降价原因				
	申请人		审核		
处理决定	□不准许降价销售　□准许降价销售				
客户确认					
备注					

16-21　价格变动影响表

价格变动影响表

产品价格 / 销售单位	产品一			产品二			合计
	价格A	价格B	价格C	价格A	价格B	价格C	
收入							
销售成本							
毛利							
毛利总和							
营业费用							
营业利润							
其他费用							
净利							

16-22　定价方案审批表

定价方案审批表

标题	
内容 摘要	
附件	
相关 部门 签字	年　月　日
定价委员 会会签	年　月　日
营销委 员会主 任审批	年　月　日
公司 总裁 审批	年　月　日

第17章　促销管理表格

本章阅读索引：

17-01　促销企划表

促销企划表

<table>
<tr><td>促销主题</td><td colspan="2"></td></tr>
<tr><td rowspan="2">招募人员</td><td>招募构想</td><td></td></tr>
<tr><td>招募人员说明</td><td></td></tr>
<tr><td rowspan="3">展示会</td><td>地点</td><td></td></tr>
<tr><td>时间</td><td></td></tr>
<tr><td>方式</td><td></td></tr>
<tr><td>语言传播计划</td><td colspan="2"></td></tr>
<tr><td>样品工具计划</td><td colspan="2"></td></tr>
<tr><td>情报分析</td><td colspan="2"></td></tr>
</table>

17-02 促销工作计划表

促销工作计划表

产品名称	预计销售额	实际销售额	本月营业目标	配销方式	目前销售方式	销售客户	促销方法	方法说明	督导人员

17-03 K/A促销计划表

K/A促销计划表

营业所： 年 月 日

<table>
<tr><td colspan="2">客户名称</td><td></td><td>促销方案</td><td>预计陈列位置</td></tr>
<tr><td colspan="2">促销时间</td><td></td><td rowspan="12"></td><td rowspan="6"></td></tr>
<tr><td colspan="2">促销产品</td><td></td></tr>
<tr><td colspan="2">预估量
（促销期间）/箱</td><td></td></tr>
<tr><td colspan="2">销量/箱</td><td></td></tr>
<tr><td colspan="2">平时同期销量</td><td></td></tr>
<tr><td colspan="2">客户反应</td><td></td></tr>
<tr><td colspan="2">促销执行情况</td><td></td><td rowspan="7">效果预估
价格影响、竞争力、商品销售情况、形象、产品供给能力</td></tr>
<tr><td colspan="2">辅助物［DM、POP、陈列架（名称）］</td><td></td></tr>
<tr><td rowspan="5">费用预告</td><td colspan="2">产品搭赠折扣金额：</td></tr>
<tr><td colspan="2">促销人员费用：</td></tr>
<tr><td colspan="2">陈列位置费用（堆箱、端架、货架）：</td></tr>
<tr><td colspan="2">其他费用（条码、DM、店庆）：</td></tr>
<tr><td colspan="2">合计</td><td></td></tr>
</table>

注：本表由业务代表填写，产品经销方按年度预算审核。

17-04 客户促销计划表

客户促销计划表

月份： 日期：

客户名称	销售产品类别	预计销售额	实际销售额	预计访问次数		协同处理问题	目前配销方式	付款状况	负责人	促销方法
				每周	每月					

主管： 制表人：

17-05 促销活动申请表

促销活动申请表

区域： 申请人： 申请日期：

促销活动名称		促销产品	
促销日期		促销地点	
活动地点销售情况		本公司销售情况	
促销活动背景及目的			
促销活动内容			
促销效果预计			
费用预估			
需配合部门及相关物品			
部门经理批准：		市场部批准：	

17-06 促销安排表

促销安排表

区域： 申请人： 申请日期：

促销点	所在地	店主	促销类型	促销时间

营销副总： 市场部： 销售部： 省办事处：

17-07　促销专柜申请表

促销专柜申请表

卖场名称				开业时间	
地址				综合实力排名	
联系人		电话		传真	
主管单位		法人代表		邮编	
零售业态		人流最大时段		注册资金	
营业时间		去年总营业额		营业面积	
营业楼层				同类产品面积	
主要竞品名称					
月均销量					
费用					
陈列位置和大小					
平柜尺寸			立柜尺寸		
促销员人数		专（兼）职		工资待遇	
需附促销专柜位置分布平面图，建柜后需要有建柜协议					

17-08　促销品领用申请表

促销品领用申请表

日期：　　　　　　　　　　　　　　　　　　　　单号：

领用部门			申请人姓名	
使用区域			客户名称	
序号	促销品名称	规格	数量	用途

市场部批准：　　　　　　　　　　部门经理：　　　　　　　　　　经办人：

17-09 促销费用明细表

促销费用明细表

<table>
<tr><td colspan="4">1.堆头：______个，时间至____________，共计________元
2.试饮品：________个点，________件/天，计______件，共计________元
3.促销员：______名，________元/人每天，共计________元
4.促销品：气球______个，共计________元
手提袋______个，共计________元
其他：(1)________
(2)________
(3)________
(4)________
(5)________
(6)________
(7)________
(8)________
(9)________
(10)________
5.赠品：________产品，共______件，共计________元
6.其他费用请详列：________
____
合计金额：</td></tr>
<tr><td>填报人</td><td></td><td>审批</td><td></td></tr>
</table>

17-10 区域月份促销物品申请表

区域月份促销物品申请表

制表日期：

品名	单位	单价	订购数	金额/元	备注
合计金额					

市场部： 省级经理： 区域经理：

17-11　非常规促销品发放登记明细表

非常规促销品发放登记明细表

物资名称	终端店名/地址	店主姓名/电话	物资数量	发放时间	协议编号

17-12　门店赠品接收表

门店赠品接收表

编号：

赠品名称	规格/型号	数量	接收人	接收时间	赠品发放方法

注：本单两联，门店赠品接收人保留一联，公司保留一联。

17-13　赠品发放领取表

赠品发放领取表

编号：

赠品名称	赠送时间	规格型号	领取数量	领取人（顾客）姓名	联系方式	购物小票流水号码

17-14　门店赠品回收表

门店赠品回收表

编号：

赠品名称	规格/型号	回收数量	回收人签字	回收时间	回收原因

17-15　区域月份促销品发放反馈表

区域月份促销品发放反馈表

制表日期：

品名	单位	单价	原申请数	实发数	金额	备注
合计金额						

市场部：　　　　　　省级经理：　　　　　　区域经理：

17-16 促销总结表

促销总结表

1.促销主题及广告主题
印象度：
喜好度：
关联度：
2.促销时间及地点

3.海报文案
述说清楚：
简洁易懂：
文字张力：
新奇度：
4.促销用品及用途
不受欢迎的项目：
喜欢的项目：
价格：
比例和级差设计合理程度：
5.氛围布置要求
醒目：
形象：
6.促销品对奖方法
出错：
不方便：
7.物品控制出现的问题及改进建议

8.监控方式出现的问题及改进建议

9.效果及效率
每元效率：
促销点销量/总费用=
覆盖面：
促销城市/城市总数=
促销点数/资格网点总数=
消费者满意度：
经销商满意度：
广告效果：
10.其他

17-17　促销活动总结报告

促销活动总结报告

填表日期：　　　　　　　　　　　　　　　　　　　　　编号：

客户名称		促销区域	
促销活动名称		促销产品	
本次促销时间	从　月　日至　月　日	本次促销地点	约　　平方米
本次促销目标实现情况：			
现场气氛、顾客接受程度：			
本次促销存在的问题：			
当区业务员促销改进建议：			
促销实际总费用：			
实际销量及分销商意见：			
市场部意见：			

17-18 重点客户促销报告表

重点客户促销报告表

客户名称		法人代表	
促销活动针对部门：			
该部门的特点分析：			
促销经过：			
促销效果：			
注意事项：			
可能扩大促销的其他部门：			
促销活动对其他部门的影响：			
今后针对该客户的政策：			

17-19 临时促销员月度培养状况表

临时促销员月度培养状况表

区域（办事处）	临促编制计划人数	参加培训的临促人数	培训合格的临促人数	试用合格的临促人数	储备临促人数	备注
合计						

17-20　临时促销员储备名单

临时促销员储备名单

区域（办事处）	临促姓名	联系电话	性别	年龄	身份证号码	入职资料是否齐全	入职时间	招聘是否合格	培训是否合格	试用是否合格	是否可以正常使用

17-21　促销成果汇总表

促销成果汇总表

<table>
<tr><td colspan="2">客户名称</td><td colspan="2"></td><td colspan="2">年度计划促销次数</td><td colspan="2"></td></tr>
<tr><td>促销名称</td><td></td><td>编号</td><td></td><td>负责人</td><td></td><td>促销时间</td><td></td></tr>
<tr><td>促销品项</td><td></td><td>预估销量</td><td></td><td>预算费用</td><td></td><td>预算费用率</td><td></td></tr>
<tr><td>客户情况</td><td></td><td>实际销量</td><td></td><td>实际费用</td><td></td><td>实际费用率</td><td></td></tr>
<tr><td>申办单位</td><td></td><td>原零售价</td><td></td><td>现零售价</td><td></td><td>成交率</td><td></td></tr>
<tr><td>费用/成品领用明细</td><td colspan="7"></td></tr>
<tr><td>差异说明及活动评价</td><td colspan="7"></td></tr>
<tr><td>活动改进建议</td><td colspan="7"></td></tr>
<tr><td>品牌经理建议</td><td colspan="7"></td></tr>
<tr><td colspan="2">总经理：</td><td colspan="2">企划部经理：</td><td colspan="2">销售部经理：</td><td colspan="2">主管：</td></tr>
</table>

17-22　促销效率分析表

促销效率分析表

项目时间	促销额	客户数	促销人员数	每一客户促销额	每一销售员促销额	促销员工资额	每万元工资促销额	净利润促销额
本月								
去年同月								
和去年的比率								
今年总计								
每月平均								
摘要								

17-23　市场促销活动反馈表

市场促销活动反馈表

活动主题			
活动日期：　　　　年　　月　　日	活动效果	□显著　□一般　□没影响	
对销售的影响			
顾客的反应			
卖场的反应			
经（分）销商的反应			
执行中存在的问题			
对竞品的影响			
建议			

填表人：　　　　　　　　　　　　　　　　日期：

第18章 广告宣传推广管理表格

本章阅读索引：

18-01 广告费用预算表

广告费用预算表

媒体	广告效率	单位成本	有效篇幅	频率		平常月份广告预算	旺季月份广告预算	其他配合促销预算	合计
				平常	旺季				
合计									

18-02　年度广告预算表

年度广告预算表

<table>
<tr><td colspan="2" rowspan="2">项目</td><td colspan="3">第一季度</td><td colspan="3">第二季度</td><td colspan="3">第三季度</td><td colspan="3">第四季度</td><td rowspan="2">占预算比例</td></tr>
<tr><td>1</td><td>2</td><td>3</td><td>4</td><td>5</td><td>6</td><td>7</td><td>8</td><td>9</td><td>10</td><td>11</td><td>12</td></tr>
<tr><td rowspan="6">媒体发布费用</td><td>电视</td><td colspan="3"></td><td colspan="3"></td><td colspan="3"></td><td colspan="3"></td><td></td></tr>
<tr><td>报纸</td><td colspan="3"></td><td colspan="3"></td><td colspan="3"></td><td colspan="3"></td><td></td></tr>
<tr><td>广播</td><td colspan="3"></td><td colspan="3"></td><td colspan="3"></td><td colspan="3"></td><td></td></tr>
<tr><td>杂志</td><td colspan="3"></td><td colspan="3"></td><td colspan="3"></td><td colspan="3"></td><td></td></tr>
<tr><td>路牌</td><td colspan="3"></td><td colspan="3"></td><td colspan="3"></td><td colspan="3"></td><td></td></tr>
<tr><td>网络</td><td colspan="3"></td><td colspan="3"></td><td colspan="3"></td><td colspan="3"></td><td></td></tr>
<tr><td rowspan="9">制作费用</td><td>电视</td><td colspan="3"></td><td colspan="3"></td><td colspan="3"></td><td colspan="3"></td><td></td></tr>
<tr><td>报纸</td><td colspan="3"></td><td colspan="3"></td><td colspan="3"></td><td colspan="3"></td><td></td></tr>
<tr><td>广播</td><td colspan="3"></td><td colspan="3"></td><td colspan="3"></td><td colspan="3"></td><td></td></tr>
<tr><td>杂志</td><td colspan="3"></td><td colspan="3"></td><td colspan="3"></td><td colspan="3"></td><td></td></tr>
<tr><td>路牌</td><td colspan="3"></td><td colspan="3"></td><td colspan="3"></td><td colspan="3"></td><td></td></tr>
<tr><td>市场设备</td><td colspan="3"></td><td colspan="3"></td><td colspan="3"></td><td colspan="3"></td><td></td></tr>
<tr><td>POP、DM等</td><td colspan="3"></td><td colspan="3"></td><td colspan="3"></td><td colspan="3"></td><td></td></tr>
<tr><td>促销品</td><td colspan="3"></td><td colspan="3"></td><td colspan="3"></td><td colspan="3"></td><td></td></tr>
<tr><td>市场活动</td><td colspan="3"></td><td colspan="3"></td><td colspan="3"></td><td colspan="3"></td><td></td></tr>
<tr><td colspan="2">合计</td><td colspan="3"></td><td colspan="3"></td><td colspan="3"></td><td colspan="3"></td><td></td></tr>
</table>

18-03　年度广告费预算分解表

年度广告费预算分解表

部门名称：

<table>
<tr><td rowspan="2">项目</td><td rowspan="2">次数</td><td rowspan="2">单价</td><td rowspan="2">金额</td><td colspan="7">月份</td></tr>
<tr><td>1</td><td>2</td><td>3</td><td>4</td><td>5</td><td>…</td><td>12</td></tr>
<tr><td>报纸</td><td></td><td></td><td></td><td></td><td></td><td></td><td></td><td></td><td></td><td></td></tr>
<tr><td>电视</td><td></td><td></td><td></td><td></td><td></td><td></td><td></td><td></td><td></td><td></td></tr>
<tr><td>广播</td><td></td><td></td><td></td><td></td><td></td><td></td><td></td><td></td><td></td><td></td></tr>
<tr><td>厅内布置</td><td></td><td></td><td></td><td></td><td></td><td></td><td></td><td></td><td></td><td></td></tr>
<tr><td>印刷品</td><td></td><td></td><td></td><td></td><td></td><td></td><td></td><td></td><td></td><td></td></tr>
<tr><td>礼券</td><td></td><td></td><td></td><td></td><td></td><td></td><td></td><td></td><td></td><td></td></tr>
<tr><td>喷绘</td><td></td><td></td><td></td><td></td><td></td><td></td><td></td><td></td><td></td><td></td></tr>
</table>

续表

项目	次数	单价	金额	月份						
				1	2	3	4	5	…	12
挂旗										
包柱										
POP纸										
美工制作										
POP制作										
促销活动礼品										
周年庆典										
其他										
合计										

部门负责人签字： 制表人：

18-04 媒体年度计划安排表

媒体年度计划安排表

项目		第一季度			第二季度			第三季度			第四季度		
		1	2	3	4	5	6	7	8	9	10	11	12
电视	央视												
	卫视												
	地视												
报纸	广播报												
	晚报												
	娱乐报												
	体育（专业）												
广播	交通台												
	音乐												
	新闻												
	娱乐												
杂志	经济类												
	娱乐类												
	休闲类												
	女性												

续表

项目		第一季度			第二季度			第三季度			第四季度		
		1	2	3	4	5	6	7	8	9	10	11	12
路牌广告	霓虹灯												
	广告柱												
	广告塔灯												
网络	新闻类												
	搜索												
	教育												
	娱乐												
其他													

18-05　广告投入申请表

广告投入申请表

近2个月发货及回款状况（不足2个月以总量、时间为准）：
促销柜状况：
竞品销售促进和广告投入情况：
其他（效果预计等）：
简单描述当地媒体状况，并建议适合的投入方式及相关说明： 申请人：　　　　日期：
营销主管意见：
营销总监意见：

18-06 广告计划方案表

广告计划方案表

实施项目	负责人	预估费用	时间（月）											
			1	2	3	4	5	6	7	8	9	10	11	12
产品分析														
消费者购买分析														
市场规模和市场需求动向														
广告策略														
拟定广告表现计划														
广告制作														
媒体计划														
广告预算														

18-07 广告实施报表

广告实施报表

月份：

计划							实施			备注
目的			使用媒体	实施方法（期间）	预算	付款方式	广告代理商	期间	契约金额	
商品名	销售重点	目标								

18-08　大型展示会广告方案计划表

大型展示会广告方案计划表

实施项目	负责人	预估费用	时间（月）											
			1	2	3	4	5	6	7	8	9	10	11	12
展示会目录														
展示会邀请对象及人数														
展示会时间														
展示会主题														
展示会诉求														
展会地点及场地布置														
展示人员训练														
各项宣传广告及印刷物制作计划														
赠品														
预计达成效果														
费用														

18-09　分公司广告费申请报告

分公司广告费申请报告

分公司编号		总部编号	
分公司经办人		费用类别	□分公司计划外项目
联系电话			□分公司权限外项目
紧急程度	□紧急　□一般		□向总部申请费用支持
申报日期	年　月　日	批复日期	年　月　日

［关于××××××××××××××××的申请］

公司领导：

［申请的背景及原因］

因此，我分公司申请投放以下广告：

媒体类型：□电视　□广播　□户外　□网络　□杂志　□报纸　□其他，具体投放计划为如下表。

媒体名称	广告位置	广告规格	媒体指标	刊例价	折扣	次数	总金额

以上项目总额总共为______元，该费用（以下可以复选）

□是我分公司本月计划外项目；

□我分公司权限外项目；

□申请由集团承担______元，分公司自行承担______元。

妥否，请领导批示。

分公司

市场部经理：

财务经理：

总经理：

截止到月底，该分公司销售收入累计为______万元，可使用的广告费为______元，实际使用的广告费为______元；截止到目前，集团已经支持该分公司的广告费______元。（市场部行政助理填写）

领导批示：

18-10　制作横幅等宣传广告申请表

制作横幅等宣传广告申请表

申请时间：　　年　月　日

<table>
<tr><td>申请部门</td><td colspan="2"></td><td>联系人</td><td colspan="2"></td></tr>
<tr><td>申请事由</td><td colspan="5"></td></tr>
<tr><td>宣传广告</td><td colspan="5">横幅□　喷绘□　写真□　其他□</td></tr>
<tr><td>宣传内容</td><td colspan="5"></td></tr>
<tr><td>选用材料</td><td></td><td>规格</td><td></td><td>数量</td><td></td></tr>
<tr><td>安装具体位置</td><td colspan="2"></td><td>使用起止具体时间</td><td colspan="2"></td></tr>
<tr><td>申请部门领导
审核意见</td><td colspan="5">

签章：　　　　　年　月　日</td></tr>
<tr><td>财务处
审核意见</td><td colspan="5">

签章：　　　　　年　月　日</td></tr>
</table>

续表

主管领导审核意见	签章： 年 月 日
备注	宣传内容的电子稿一份通过电子邮件发送至××××××××××邮箱。

18-11 广告宣传图片设计、制作申请表

广告宣传图片设计、制作申请表

<table>
<tr><td colspan="3">地区： 申请人姓名及联系电话、QQ号：</td></tr>
<tr><td>安装环境：□室内 □户外</td><td colspan="2">使用期限：□一周以内 □一周以上</td></tr>
<tr><td colspan="3">发布费用：□免费 □收费，费用为： 期限为：</td></tr>
<tr><td>安装地点：</td><td>尺寸（厘米）：</td><td>数量：</td></tr>
<tr><td colspan="3">画面内容要求及理由：</td></tr>
<tr><td colspan="3">申请目的：□公司设计画面及效果图 □公司设计并制作</td></tr>
<tr><td colspan="3">申请日期： 达到时限： （请至少提前3天申请）</td></tr>
<tr><td colspan="3">材料：□写真 □普通喷绘 □高精度喷绘 □写真裱纸板 □写真裱KT板 □写真裱PVC板
□户外写真 其他</td></tr>
<tr><td colspan="3">示意图及其他要求如下：

特别说明：</td></tr>
<tr><td colspan="3">主任或代理商负责人签字： 年 月 日</td></tr>
<tr><td colspan="3">审批人签字： 年 月 日</td></tr>
<tr><td colspan="3">批准人签字： 年 月 日</td></tr>
<tr><td colspan="3">策划部确认签字： 年 月 日</td></tr>
<tr><td colspan="3">发货员签字： 年 月 日</td></tr>
</table>

18-12　灯箱片设置申请表

灯箱片设置申请表

市场：　　　　　　　　　　　　填表人：　　　　　　　　　　　　日期：

<table>
<tr><th>卖场名称</th><th>灯箱位置</th><th>数量</th><th>见光尺寸</th><th>实际尺寸</th><th>内或外打灯</th><th>有无合同</th><th>费用</th><th>现销量</th></tr>
<tr><td></td><td></td><td></td><td></td><td></td><td></td><td></td><td></td><td></td></tr>
<tr><td></td><td></td><td></td><td></td><td></td><td></td><td></td><td></td><td></td></tr>
<tr><td></td><td></td><td></td><td></td><td></td><td></td><td></td><td></td><td></td></tr>
<tr><td></td><td></td><td></td><td></td><td></td><td></td><td></td><td></td><td></td></tr>
<tr><td></td><td></td><td></td><td></td><td></td><td></td><td></td><td></td><td></td></tr>
<tr><td rowspan="3">其他要求</td><td>材质</td><td colspan="4"></td><td>封边</td><td colspan="2"></td></tr>
<tr><td>布线</td><td colspan="4"></td><td>灯光</td><td colspan="2"></td></tr>
<tr><td>到位时间</td><td colspan="7"></td></tr>
<tr><td colspan="9">邮寄地址、电话、联系人、邮编</td></tr>
<tr><td colspan="9">效果分析：

申请人：　　　　　　日期：</td></tr>
<tr><td colspan="9">经销商意见：</td></tr>
<tr><td colspan="9">营销主管意见：</td></tr>
<tr><td colspan="9">市场意见：</td></tr>
</table>

18-13　广告投放效果评估表

广告投放效果评估表

市场：　　　　　　　　　　　　　　　　　　　　　　　　日期：

广告投放方式	
执行监督结果	
是否按计划执行，其原因及对策	
消费者意见	
市场各类终端意见	
经（分）销商意见	
综合效果评估：	
建议：	

评估人：　　　　　　　　　　　　　　　审核：

18-14　广告宣传品需求申请单

广告宣传品需求申请单

申请区域			时间	
序号	广告宣传品	数量	要求发放日期	使用说明
1				
2				
3				
4				
5				
经销商名称		联系电话		
发货方式		发货地址		
客户签名		办事处经理签名		
大区经理签名		总经理签名		

18-15 户外广告发布申请表

户外广告发布申请表

申请人： 申请日期：

发布地点			
所属地区			
月销量/万元			
计划发布时间			
制作期限			
计划费用总额			
经销商承担费用额度			
制作类型			
制作尺寸			
制作数量			
广告大小比例图			
发送地址			
联系人及电话			
广告位地理位置说明			
广告位陈列位置说明			
广告位不利因素说明			
广告效果预测			
区域/办事处负责人意见			
品牌中心意见			
董事长/总经理意见			

18-16　日常宣传品领用制作申请表

日常宣传品领用制作申请表

申请人：　　　　　　　　　　　　　　　　　　　　填表日期：

<table>
<tr><td>事项名称</td><td colspan="5"></td></tr>
<tr><td>情况说明
制作数量
内容要求</td><td colspan="5"></td></tr>
<tr><td>发送地址</td><td></td><td>电话</td><td></td><td>收货人</td><td></td></tr>
<tr><td>要求发货时间</td><td colspan="5"></td></tr>
<tr><td>办事处负责人意见</td><td colspan="5"></td></tr>
<tr><td>品牌中心意见</td><td colspan="5"></td></tr>
<tr><td>董事长/总经理意见</td><td colspan="5"></td></tr>
<tr><td>备注</td><td colspan="5"></td></tr>
</table>

18-17 媒体广告（广播/电视）发布申请表

媒体广告（广播/电视）发布申请表

申请人： 填表日期：

发布媒体名称					
发布日期	年 月 日		样稿到市场期限		
计划费用总额			经销商承担费用额		
发布时间段位	段位1		段位2	段位3	
样带选择	版秒		版秒	版秒	
发送地址		电话		收货人	
媒体收视率					
辐射地区				辐射总人口	
该时段收视人群					
媒体发布不利因素					
发布时段单价	元/秒 元/秒		该时段广告产品类别		

排播表		1	2	3	4	5	6	6	8	9	10	11	12	13	14	15
	段1															
	段2															
	段3															
		16	17	18	19	20	21	22	23	24	25	26	27	28	29	30
	段1															
	段2															
	段3															

办事处或区域负责人意见	
营销策划意见情况说明	
运营部意见	
品牌中心意见	
董事长和总经理意见	

18-18 终端形象建设申请表

终端形象建设申请表

编号：

<table>
<tr><td rowspan="2">客户资料</td><td>申请单位</td><td colspan="2"></td><td>申请日期</td><td colspan="2"></td><td>电话</td><td></td></tr>
<tr><td>申请人</td><td colspan="2"></td><td>职位</td><td colspan="2"></td><td>手机号码</td><td></td></tr>
<tr><td rowspan="12">申请内容分类明细</td><td>专区申请</td><td colspan="7">◆申请终端名称（全称）：________
地址：________
负责人名称：________ 电话：________
◆背景墙____个，规格（高 × 宽）____，单价____元/平方米，小计____元
专柜____个，单价____元/个，合计____元</td></tr>
<tr><td rowspan="10">灯箱片、灯箱布、不干胶申请</td><td colspan="7">◆其中灯箱布____元/平方米，不干胶____元/平方米，灯箱片____元/平方米</td></tr>
<tr><td>店名</td><td>地址</td><td>材料</td><td>规格（高 × 宽）</td><td>数量</td><td>室内/外</td><td>金额</td></tr>
<tr><td></td><td></td><td></td><td></td><td></td><td></td><td></td></tr>
<tr><td></td><td></td><td></td><td></td><td></td><td></td><td></td></tr>
<tr><td></td><td></td><td></td><td></td><td></td><td></td><td></td></tr>
<tr><td></td><td></td><td></td><td></td><td></td><td></td><td></td></tr>
<tr><td></td><td></td><td></td><td></td><td></td><td></td><td></td></tr>
<tr><td></td><td></td><td></td><td></td><td></td><td></td><td></td></tr>
<tr><td colspan="7">注：灯箱片、灯箱布、不干胶可多店同时申请</td></tr>
<tr><td colspan="7"></td></tr>
<tr><td>专项申请</td><td colspan="7"></td></tr>
<tr><td colspan="2">合计费用</td><td colspan="7">可用市场费用额度共计________元，本次申请费用共计________元</td></tr>
<tr><td colspan="9">申请单位签名（盖章）： 年 月 日</td></tr>
<tr><td rowspan="2">审批</td><td colspan="4">大区经理意见：
签名： 年 月 日</td><td colspan="4">销售总监意见：
签名： 年 月 日</td></tr>
<tr><td colspan="8">总经理审批意见：
签名： 年 月 日</td></tr>
</table>

注：1. 申请时通过电子版形式填写（除签字处），若以上未列明分类项目的，则在专项申请栏填写；如有特殊说明可用附件说明。

2. 自接到经销商申请之日起，本公司将在七个工作日内予以回复。

3. 请将此表传真至本公司市场部。

第19章 渠道管理表格

本章阅读索引：

- 经销商资格申请表
- 目标准经销商评估表
- 新经销商发货申请表
- 区域经理渠道支持工作周志
- ×××渠道建设月工作总结
- 区域经理渠道拜访计划、总结表
- 年度×××渠道规划推进表
- 年度×××（分销商、代理商）销售指标完成情况表
- 年度×季度销售指标完成情况表
- ××渠道动态变化反馈表
- 年度×××代理支持档案
- 年度×××重点用户档案
- 分销商、代理商签约申请表
- 代分销（代理）业绩回顾表
- 代理商资信调查表
- 代理商考核表
- 业务代表渠道拜访计划、总结表
- 区域市场信息反馈表
- 第____季度____类客户计划销售目标
- 二批经销商档案表
- 直营终端档案表

19-01 经销商资格申请表

经销商资格申请表

请申请某某产品经销商的公司，真实、准确地填写以下内容，并保证对所填写内容的真实

（一）公司基本情况表

公司名称			申请时间		
申请授权类型	特约经销商□；经销商□；独家经销商□				
申请经销的产品					
申请经销授权的区域			承诺年销售额		
公司地址					
电话			传真		
邮编		电子信箱			
成立时间		注册资金		流动资金	

续表

公司状态所处	新成立□；创业期□；过渡期□；管理期□；繁荣期□				
公司性质		纳税人类别	一般纳税人□；小规模纳税人□		
法人代表		电话		手机	
总经理		电话		手机	

（二）公司组织结构描述及人员构成情况

公司组织机构描述（含分支机构情况）

____

____

公司业务人员描述如下。

销售人员______名：

技术支持人员______名：

施工人员______名：

（三）公司业务情况介绍

公司业务范围：

有无经销相关产品经验：有□；无□；刚刚开始□

公司主要经营方向：专做产品销售□；以产品销售为主，兼做批发□。其他：

以往主要销售的产品和供货商如下。

产品	品牌	供货商名称

公司以往产品销售情况：

（四）公司市场关系介绍

公司主要销售渠道及客户为哪些？

公司的业务覆盖范围：

主要的经营计划：

续表

（五）销售某某或同类型产品的情况和业绩 申请公司法定名称：　　　　　　　　　　　　法人签字： 公司盖章：　　　　　　　　　　　　　　　　日期：

19-02 目标准经销商评估表

目标准经销商评估表

加盟商姓名		加盟区域	省　　市　　县
评估人员		评估时间	
一、背景实力调查			
1.注册资本			评分标准
A	30万元以上		得3分
B	20万元以上		得2分
C	10万元以上		得1分
经调查评估，应得分数：　　分			
2.客户户口			评分标准
A	常住本地户口		得3分
B	从外地迁来本地三年以上		得2分
C	外来暂住户口		得1分
经调查评估，应得分数：　　分			
3.经营年数			评分标准
A	公司经营5年以上		得5分
B	公司经营3～5年之间		得4分
C	公司经营2～3年之间		得3分
D	公司经营2年以上		得2分
E	公司刚开业		得1分
经调查评估，应得分数：　　分			
4.上年度公司营业额			评分标准
A	200万元以上		得5分
B	100万～200万元		得4分
C	50万～100万元		得3分
D	20万～50万元		得2分

续表

E	20万元以下	得1分
经调查评估，应得分数：　　分		
5.上年度是否重点销售一家企业产品，单一产品销售量占总销售量的		评分标准
A	50%以上	得5分
B	30%～49%	得3分
C	30%以下	得1分
经调查评估，应得分数：　　分		
6.与当地政府、商界关系		评分标准
A	关系良好，且能获得当地特殊政策和商业优惠	得3分
B	关系一般，无不良记录	得2分
C	关系差，受当地政策和商业的限制	得1分
经调查评估，应得分数：　　分		
7.商业信誉		评分标准
信誉极佳，能准时结款，无任何风险		得5分
信誉较好，基本上可准时结款		得4分
信誉一般，虽拖款，但无风险		得3分
信誉较差，拖款很严重，结款很难		得2分
信誉很差，不但拖款，而且风险很高		得1分
经调查评估，应得分数：　　分		
8.行业知名度		评分标准
在当地××行业，人人皆知，具有很强的影响力		得5分
在当地××行业，排名前列，具有一定影响力		得4分
在当地××行业，有良好口碑，具一定市场份额		得3分
刚进入当地××行业		得2分
从未进入过当地××行业		得1分
经调查评估，应得分数：　　分		
9.写字楼状况		评分标准
自有写字楼，面积较大，有装修		得4分
租赁写字楼，面积较大，装修漂亮		得3分
租赁写字楼，面积较小，装修一般		得2分
无写字楼		得1分
经调查评估，应得分数：　　分		

续表

二、加盟商忠诚度		
10.上年度加盟产品数量		评分标准
A	1个	得4分
B	2个	得3分
C	3个	得2分
D	3个以上	得1分
经调查评估，应得分数：　　分		
11.上个加盟品牌的经营时间		评分标准
A	3年以上	得5分
B	2～3年	得4分
C	1～2年	得3分
D	1年以下	得1分
经调查评估，应得分数：　　分		
12.对本品牌产品的认识		评分标准
A	熟悉该行业产品，评价很高，具有信心	得5分
B	不熟悉该行业产品，但评价高，极具有信心	得4分
C	不熟悉该行业产品，但评价一般，尚具商业价值	得3分
D	不熟悉该行业产品，评价差，但尚愿试销	得1分
经调查评估，应得分数：　　分		
13.拟投入资金占其资金总额的比例		评分标准
A	80%以上	得5分
B	60%～80%	得4分
C	50%～60%	得3分
D	30%～50%	得2分
E	30%以下	得1分
经调查评估，应得分数：　　分		
14.对本品牌市场营销方案及合作条件认可与接受度		评分标准
A	对本品牌方案评价很高，可接受条件，很有信心	得5分
B	对本品牌方案评价较高，对合作条件无重大异议，较有信心	得4分
C	认为对本品牌方案值得一试，对合作条件无重大异议	得3分
D	对本品牌方案和合作条件信心欠足，但愿意尝试	得1分
经调查评估，应得分数：　　分		

续表

15.拟投入多大比例人员在本品牌业务上		评分标准
A	80%以上	得5分
B	60%～80%	得4分
C	50%～60%	得3分
D	30%～50%	得2分
E	30%以下	得1分
经调查评估，应得分数：　　分		
三、业务能力		
16.现有零售卖场数量		评分标准
A	8个以上	得5分
B	5～8个	得4分
C	3～5个	得3分
D	2～3个	得2分
E	1个	得1分
经调查评估，应得分数：　　分		
17.初期（前三个月）进入零售卖场数量		评分标准
A	6个	得4分
B	4～6个	得3分
C	2～4个	得2分
D	1个	得1分
经调查评估，应得分数：　　分		
18.仓库状况		评分标准
A	自有仓库，库存量丰富	得3分
B	租赁仓库，面积较大，库存量丰富	得2分
C	租赁仓库，面积较小，库存量较少	得1分
经调查评估，应得分数：　　分		
19.业务人员数量		评分标准
A	10人以上	得5分
B	6～9人	得4分
C	3～5人	得3分
D	2人	得2分
E	1人	得1分
经调查评估，应得分数：　　分		

续表

20.业务员月收入		评分标准
A	1500元以上	得5分
B	1000～1500元之间	得4分
C	700～1000元之间	得3分
D	400～700元之间	得2分
E	400元以下	得1分
21.合同每月单店最低订货额		评分标准
A	10万元以上	得5分
B	8万～10万元	得4分
C	5万～8万元	得3分
D	3万～5万元	得2分
E	3万元以下	得1分
总计分为：　　分以上为优秀，　　分以上为良好，　　分以上为一般，　　分以下为差		

19-03　新经销商发货申请表

新经销商发货申请表

区域：　　　　　　　　　　省份：　　　　　　　　　　日期：　　年　月　日

经销商资料	
公司名称：	
公司地址：	
法人代表：	联系人：
电话/传真：	手机：
供货价格：	信用额度：
付款方式：	经销商定位：
返利说明：	增值税发票：　□有　□无
营业执照：　有　无	税务登记证：　□有　□无
其他：	
区域负责人概述/日期：	
国内销售经理意见：	
国内渠道拓展部经理意见：	
营销中心总经理意见：	

注：信用额度在5万元以上的需经国内营销中心总经理审批。

19-04　区域经理渠道支持工作周志

区域经理渠道支持工作周志

年　月　日星期　　　　办事处：　　　　　　　　省份：

区域经理：　　　　　　　审核：

<table>
<tr><th rowspan="2">序号</th><th rowspan="2">工作对象（代理、客户）</th><th colspan="2">工作时间</th><th colspan="10">日常工作内容</th><th rowspan="2">存在问题</th><th rowspan="2">解决办法</th></tr>
<tr><th>开始</th><th>结束</th><th>A</th><th>B</th><th>C</th><th>D</th><th>E</th><th>F</th><th>G</th><th>H</th><th>I</th><th>J</th></tr>
<tr><td></td><td></td><td></td><td></td><td></td><td></td><td></td><td></td><td></td><td></td><td></td><td></td><td></td><td></td><td></td><td></td></tr>
<tr><td></td><td></td><td></td><td></td><td></td><td></td><td></td><td></td><td></td><td></td><td></td><td></td><td></td><td></td><td></td><td></td></tr>
<tr><td></td><td></td><td></td><td></td><td></td><td></td><td></td><td></td><td></td><td></td><td></td><td></td><td></td><td></td><td></td><td></td></tr>
<tr><td></td><td></td><td></td><td></td><td></td><td></td><td></td><td></td><td></td><td></td><td></td><td></td><td></td><td></td><td></td><td></td></tr>
<tr><td></td><td></td><td></td><td></td><td></td><td></td><td></td><td></td><td></td><td></td><td></td><td></td><td></td><td></td><td></td><td></td></tr>
<tr><td colspan="2">需向上级通报的问题</td><td colspan="8">1.
2.</td><td colspan="4">需向代理通报的问题</td><td colspan="2">1.
2.</td></tr>
</table>

注：A表示政策宣讲；B表示信息传递；C表示销售情况；D表示订货；E表示库存；F表示宣传品使用；G表示广告宣传；H表示行业开拓；I表示市场秩序；J表示市场动态。

19-05　×××渠道建设月工作总结

×××渠道建设月工作总结

年　月　　　　区域　　　　　　省区域　　　　　　经理

项目	主要内容
本月工作计划及工作目标	
本月渠道建设工作回顾	1.销售任务：本月完成销售额________元，季度完成率____% 2.渠道规划与发展 本月新发展代理商____家，新发展三方协议经销商____家 新增覆盖城市有________________________________ 分销商1发展经销商____家，发展率为____% 分销商2发展经销商____家，发展率为____% 3.出差：本月出差天数____天，出差城市有________________ 4.走访代理：本月走访代理____家，分别是________________ ________________________________ 5.走访用户：本月走访用户有____个，涉及行业有____________ 6.走访业界公司：本月走访业界公司____家，待考察公司____家 7.待考察公司是：________________________ 8.本月参加市场活动共____次，分别是________________

续表

<table>
<tr><td rowspan="1">本月渠道建设工作回顾</td><td>城市______，主题：______________________
城市______，主题：______________________
9.代理培训：本月参加或组织代理培训____次，培训性质为
□授权认证 □功能认证 □其他
10.代理业绩回顾：本月为代理做业绩回顾____次，回顾对象是______________
____
11.市场秩序检查：本月□是 □否 完成“市场秩序管理月报”
检查违规代理____家，处罚____家
销售协会□是 □否 开会，城市______
12.价格支持：共____次，支持代理为____________________________________
____
13.渠道支持（请回顾本月其他各项渠道支持工作）：</td></tr>
<tr><td>本月存在的问题</td><td></td></tr>
<tr><td>下月改进计划及工作目标</td><td></td></tr>
<tr><td>部门经理意见</td><td>部门经理： 日期：</td></tr>
</table>

19-06 区域经理渠道拜访计划、总结表

区域经理渠道拜访计划、总结表

区域： 省份： 区域经理：

<table>
<tr><td>出差城市</td><td colspan="2"></td><td>出差天数</td><td></td><td>同行人</td><td></td></tr>
<tr><td colspan="3">拜访代理</td><td colspan="4">拜访目的及主要任务</td></tr>
<tr><td colspan="3"></td><td colspan="4"></td></tr>
<tr><td colspan="3"></td><td colspan="4"></td></tr>
<tr><td colspan="3"></td><td colspan="4"></td></tr>
<tr><td colspan="3"></td><td colspan="4"></td></tr>
<tr><td rowspan="5">日程安排</td><td>时间</td><td>地点</td><td colspan="4">工作内容</td></tr>
<tr><td></td><td></td><td colspan="4"></td></tr>
<tr><td></td><td></td><td colspan="4"></td></tr>
<tr><td></td><td></td><td colspan="4"></td></tr>
<tr><td></td><td></td><td colspan="4"></td></tr>
<tr><td>审批</td><td colspan="2">渠道处经理：</td><td colspan="2">需准备的资料或物品</td><td colspan="2"></td></tr>
</table>

续表

拜访总结	任务完成情况（根据每次任务不同列出任务完成情况表）： 为代理解决的问题： 代理认同度： 待处理问题（可能成交项目、竞争对手及品牌等）及建议： 收获、体会（此栏不够，请另附纸）：
审批	渠道支持部经理

19-07 年度×××渠道规划推进表

年度×××渠道规划推进表

大区： 省份： 区域经理：

经理审核： 主管总经理审批：

城市级别	城市名称	年度						第一季度						第二季度						第三季度						第四季度					
		分销商		代销商		经销商		分		代		经		分		代		经		分		代		经		分		代		经	
		A	B	A	B	A	B	A	B	A	B	A	B	A	B	A	B	A	B	A	B	A	B	A	B	A	B	A	B	A	B
合计																															

注：表中“A”栏为规划数量，“B”栏为实际发展数量。经销商为签订三方协议的经销商。

19-08 年度×××（分销商、代理商）销售指标完成情况表

年度×××（分销商、代理商）销售指标完成情况表

大区： 省份：

区域经理： 经理审核：

代理名称	年度计划	年度销量	完成率	达到台阶	一季度			二季度			三季度			四季度		
					计划量	完成量	完成率	计划量	完成量	完成率	计划量	完成量	完成率	计划量	完成量	完成率
合计																

19-09 年度×季度销售指标完成情况表

年度×季度销售指标完成情况表

大区： 省份：

区域经理： 经理审核：

代理名称	年度销量目标	____季度			____月		____月		____月	
		计划量	完成量	完成率	计划量	完成量	计划量	完成量	计划量	完成量
合计										

19-10 ××渠道动态变化反馈表

××渠道动态变化反馈表

省份： 分销（代理）商： 日期：

代理商名称		类别	□商	□家
人员	1.公司负责×××的主要成员有如下变化： 管理人员（公司级主管）：________ 渠道主管行业主管：________ 市场人员（请填写人名）：________ 2.处理意见：			

续表

场所	1.经营场所的变化情况：□扩大　□缩小 2.新的地址： 通信地址： 电话：　　　　　　　　传真： 3.处理意见：
资信	1.财务状况已恶化：　　　　　　亏损金额（估计）： 2.已发生三角债：　　　　　　　具体情况： 3.流动资金存在严重短缺　　原因： 4.处理意见：
物流	1.产品已存在严重积压　　原因： 2.积压产品名称及数量： 3.处理意见：
业务	1.主要业务方向已转移　　业务方向： 2.已销售竞争对手的产品 厂商及产品名称： 3.处理意见：
法律问题	1.代理存在违法行为 具体表现： 2.代理存在法律纠纷与法律诉讼　□否　□是 具体情况： 3.处理意见：
市场秩序	1.代理存在严重价格违规情况 主要表现： 2.其他严重违规行为： 3.处理意见：

19-11　年度×××代理支持档案

年度×××代理支持档案

大区：　　　　　　　　　　　　省份：

区域经理：　　　　　　　　　　经理审核：

一、拜访记录

日期	拜访人及其职务	拜访内容	拜访效果	遗留问题	解决办法

二、业绩回顾记录

日期	参加人	上期问题的解决	本期提出的主要问题	解决措施	代理认同度

三、配合攻关记录

日期	用户名称	项目名称及购买数量	配合内容	攻关结果	待安排重点工作

四、价格支持记录

日期	用户名称	行业	支持过程中代理及××存在的问题	解决办法

五、宣传活动支持记录（有××出资）

日期	主题	宣传形式							费用来源及支持金额	宣传效果	存在问题	解决办法
		A	B	C	D	E	F	G				

注：A—活动；B—平面；C—电视；D—车身；E—路牌；F—店面；G—其他。

六、市场秩序问题记录

日期	违规现象	处理结果						解决办法
		A	B	C	D	E	F	

注：A—警告；B—扣罚违约金；C—停货；D—取消代理资格；E—取消市场秩序返点；F—沟通教育。

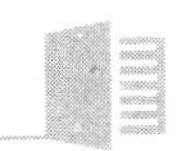

19–12　年度×××重点用户档案

年度×××重点用户档案

大区：　　　　　　省份：　　　　　　区域经理：　　　　　　经理审核：

一、用户基本情况

用户名称：　　　　　　　　　　　　　　对应渠道：

所属行业：□金融　□财税　□证券　□教育　□邮电　□保险　□公安　□铁路　□统计

□制造　□交通　□能源　□政府　□其他

二、沟通记录

日期	拜访人及其职务	沟通形式	沟通内容	近期主要项目及问题（如对手）	拟定对策	解决结果

三、购买记录

日期	项目名称	型号	数量	合同金额

19–13　分销商、代理商签约申请表

分销商、代理商签约申请表

分销商名称：　　　　　　省份：　　　　　　城市：　　　　　　申请时间：

公司名称	上年情况	签约产品	上年××产品销售额	所签台阶		公司类型	人数	所在城市

续表

签字及日期	区域经理（办事处）： 年　月　日	营销总监 审核： 年　月　日	总经理： 批准： 年　月　日

注：1.上年情况为A.签约分销商；B.签约代理商；C.非签约公司。

2.上年××产品销售额为上年签约代理完成×××销售额。

3.公司类型为A.零售商；B.系统集成商；C.渠道代理商；D.行业公司；E.其他。

19-14　代分销（代理）业绩回顾表

代分销（代理）业绩回顾表

每季度结束后一个月内由业务代表依照规划书对分销商进行业绩回顾，在“是”“否”选项下画√或×，有选×的选项时找出问题，请填好：“原因及分析”及“解决措施及推进时间、责任人”两项。

回顾项目及内容		是	否	原因及分析	解决措施及推进时间、责任人
销售及渠道建设	是否达到预计销量，完成率为___%				
	是否按渠道规划发展经销商				
	分销率是否达到80%，实际为___%				
	经销商合格率（达台阶一）是否达到80%				
	分销工作中重点问题的解决有效				
	对经销商的支持计划是否执行				
	对经销商的管理措施是否执行				
产品推广情况	是否新产品代理				
	有无针对新产品的策略及推广计划				
	新产品的销量是否达到计划要求				
	新产品推广过程有无问题				
市场推广情况	本季广告费用是否达到预计投放量				
	是否举办市场展示活动				
	媒体按计划刊发联想宣传文章				
资金运作情况	周转情况正常				
	进货额是否完成计划				
	是否按时还款（信誉金）				
	流动资金占用额是否达计划				
培训情况	本季度是否参加过公司举办的培训				
	代分销（代理）是否对下属人员进行了培训				
	您认为培训质量是否令人满意				

19–15 代理商资信调查表

代理商资信调查表

代理商： 调查人员： 调查结果：

一、经营者

1.家庭关系是否紧张（3分）	【A】否	【B】是
2.是否沾染赌博、酗酒等不良嗜好（3分）	【A】否	【B】是
3.是否对工作放任自流、不闻不问（3分）	【A】否	【B】是
4.经营人员是否努力工作，锐意进取（2分）	【A】是	【B】否
5.经营者之间是否存在财产争夺的隐患（3分）	【A】否	【B】是
6.经营者是否高高在上，脱离员工（2分）	【A】否	【B】是
7.是否为筹集资金而伤神（1分）	【A】否	【B】是
8.经营者之间是否存在面和心不和、相互掣肘的情况（2分）	【A】否	【B】是
9.经营者说话是否颠三倒四、朝令夕改（2分）	【A】否	【B】是
10.经营者是否难寻踪影（2分）	【A】否	【B】是
11.经营者是否整日面容憔悴、疲惫不堪（1分）	【A】否	【B】是
12.经营者是否制定出明确的经营指标（3分）	【A】是	【B】否
13.经营者对经营指标是否一无所知或一知半解（2分）	【A】否	【B】是
14.社会上是否有负面传闻（1分）	【A】否	【B】是
15.经营者打电话时员工是否经常窃窃私语、神秘兮兮（2分）	【A】否	【B】是
16.同行业者对其评价是否良好（2分）	【A】是	【B】否
17.员工对其评价是否良好（1分）	【A】是	【B】否
18.是否身体健康、体力充沛（2分）	【A】是	【B】否
19.经营者对本行业前景是否认同（2分）	【A】是	【B】否
20.经营者对本公司及产品是否认同（3分）	【A】是	【B】否
得分小计：		
二、企业内部管理		
1.员工是否崇尚团队精神，团结一致（2分）	【A】是	【B】否
2.员工是否服从上司领导，做到令行禁止（2分）	【A】是	【B】否
3.对分配的工作，员工是否按时按质完成（2分）	【A】是	【B】否
4.辞职率是否居高不下（2分）	【A】否	【B】是
5.员工中是否有人从事第二职业（1分）	【A】否	【B】是
6.员工上班纪律是否松懈（2分）	【A】否	【B】是
7.员工是否将牢骚、不满向企业外部人员倾诉（2分）	【A】否	【B】是
8.员工是否在已知总经理行踪情况下仍对询问故作不知（1分）	【A】否	【B】是
9.总经理不在时，员工是否表现出兴高采烈的表情（1分）	【A】否	【B】是
10.办公场所是否经常有身份不明的外来人员（1分）	【A】否	【B】是
11.办公区域、仓库是否杂乱无章，一片狼藉（2分）	【A】否	【B】是
12.员工是否每日无所事事（2分）	【A】否	【B】是
13.员工是否有不检点行为（1分）	【A】否	【B】是
14.员工是否违规操作，以中饱私囊（2分）	【A】否	【B】是
15.库存量是否急剧增减（2分）	【A】否	【B】是

16.管理人员能力是否胜任工作要求（2分）	【A】是	【B】否
17.管理人员是否受员工尊重和信任（2分）	【A】是	【B】否
18.管理人员是否用心培养员工（2分）	【A】是	【B】否
19.企业氛围是否积极向上、士气高昂（2分）	【A】是	【B】否
20.公司经营业绩是否良好（3分）	【A】是	【B】否
得分小计：		
三、财务状况		
1.资金实力是否雄厚、风险承担能力强（3分）	【A】是	【B】否
2.现金不足，是否提前回收货款以解决资金不足（3分）	【A】否	【B】是
3.是否为筹措资金低价抛售产品（2分）	【A】否	【B】是
4.是否有传闻其他债权无法索回借款（1分）	【A】否	【B】是
5.是否开始利用高息贷款（2分）	【A】否	【B】是
6.是否频繁更换商业银行（2分）	【A】否	【B】是
7.经营者和财务负责人是否经常奔走于各类金融机构（2分）	【A】否	【B】是
8.与业务银行关系是否紧张（2分）	【A】否	【B】是
9.业务银行是否对其采取强制性措施（2分）	【A】否	【B】是
10.与其他债权人关系是否紧张（2分）	【A】否	【B】是
得分小计：		

注：1.本调查报告共50条，每一条调查结果为【A】的，得满分；调查结果为【B】的，得0分；最终得分为累计之和。

2.对经营者的调查可通过与经营者交流的方式；对企业内部管理的调查可通过与员工的谈话、公司实际观察等方式；对财务状况的调查则可通过与财务人员及第三方的交流的方式。

19-16　代理商考核表

代理商考核表

代理商名称		考核人员		考核年度	
评价因素		评价要点	评分标准/分	考评得分	
市场拓展	1	市场拓展非常得力，分销商开发达成率100%	15		
	2	市场拓展得力，分销商开发达成率95%	11		
	3	市场拓展基本合乎要求，分销商开发达成率90%	7		
	4	市场拓展力度不够，分销商开发达成率仅达80%	4		
	5	市场拓展被动，分销商开发达成率不足80%	1		
销售额	1	业绩优秀，年度销售目标达成率100%	15		
	2	业绩优良，完成年度销售目标的95%	11		
	3	业绩尚可，完成年度销售目标的90%	7		
	4	业绩一般，仅完成年度销售目标的80%	4		
	5	业绩较差，年度目标达成率低于80%	1		

续表

评价因素	评价要点		评分标准/分	考评得分
配合度	1	主动配合公司有关政策，执行良好	15	
	2	基本能执行公司有关政策，未发生违规行为	11	
	3	尚能执行公司有关政策，发生1次违规行为	7	
	4	对公司部分政策有抵触行为，发生3次以上违规行为	4	
	5	拒绝执行公司有关政策，经常发生违规行为	1	
销售增长率	1	年度销售总额增长达30%	15	
	2	年度销售总额增长达20%	11	
	3	年度销售总额增长达10%	7	
	4	年度销售总额增长达5%	4	
	5	年度销售总额几乎没有增长，增长率尚不足5%	1	
消费者投诉	1	年度内未发生消费者投诉	15	
	2	年度内消费者投诉次数1次	11	
	3	年度内消费者投诉次数达2次	7	
	4	年度内消费者投诉次数达3次	4	
	5	年度内消费者投诉次数达4次及以上	1	
代理商投诉	1	年度内未发生下属代理商投诉	10	
	2	年度内下属代理商投诉次数2次及以内	8	
	3	年度内下属代理商投诉次数达5次	6	
	4	年度内下属代理商投诉次数达8次	4	
	5	年度内下属代理商投诉次数达10次及以上	1	
回款准时率	1	无须跟催，总能按约定时间准时或提前回款	15	
	2	年度内未延迟付款，准时率100%	11	
	3	年度内发生1次延迟付款	7	
	4	年度内发生2次延迟付款	4	
	5	年度内发生3次延迟付款	1	
综合得分				
年度评语				

19-17 业务代表渠道拜访计划、总结表

业务代表渠道拜访计划、总结表

大区： 省份： 业务代表：

<table>
<tr><td colspan="2">出差城市</td><td colspan="2"></td><td>出差天数</td><td></td><td>同行人</td><td></td></tr>
<tr><td colspan="4">拜访代理</td><td colspan="4">拜访目的及主要任务</td></tr>
<tr><td colspan="4"></td><td colspan="4"></td></tr>
<tr><td colspan="4"></td><td colspan="4"></td></tr>
<tr><td colspan="4"></td><td colspan="4"></td></tr>
<tr><td colspan="4"></td><td colspan="4"></td></tr>
<tr><td rowspan="5">日程安排</td><td>时间</td><td colspan="2">地点</td><td colspan="4">工作内容</td></tr>
<tr><td></td><td colspan="2"></td><td colspan="4"></td></tr>
<tr><td></td><td colspan="2"></td><td colspan="4"></td></tr>
<tr><td></td><td colspan="2"></td><td colspan="4"></td></tr>
<tr><td></td><td colspan="2"></td><td colspan="4"></td></tr>
<tr><td>审批</td><td colspan="3">渠道处经理：</td><td colspan="2">需准备的资料或物品</td><td colspan="2"></td></tr>
<tr><td>拜访总结</td><td colspan="7">任务完成情况：
为代理解决的问题：
代理认同度：
待处理问题（可能成交项目、竞争对手及品牌等）及建议：
收获、体会（此栏不够，请另附纸）：</td></tr>
<tr><td>审批</td><td colspan="7">渠道处经理</td></tr>
</table>

19-18 区域市场信息反馈表

区域市场信息反馈表

经销商名称： 类别：A□ B□ C□ 月 日至 月 日

产品陈列与库存			
总陈列面积	陈列面积	陈列位置	陈列面积比率/%

续表

单品陈列数量（注货号）

仓储面积	产品库存评估

终端宣传物料利用情况							
易拉宝		展示板		模特		平面广告	
数量	陈列情况	数量	陈列情况	数量	陈列情况	数量	展示情况

本月畅销的五款产品				
地区	货号	色号	数量/单位	原因分析

本月滞销的五款产品				
地区	货号	色号	数量/单位	原因分析

近期竞品畅销的产品				近期竞品开发的新产品			
品牌	品名	颜色	备注	品牌	品名	颜色	备注
			提供样品				提供样品
			提供样品				提供样品
			提供样品				提供样品

竞品当期促销政策（品牌1）	市场反映情况
竞品当期促销政策（品牌2）	市场反映情况

续表

<table>
<tr><th colspan="2">网络开发与维护</th></tr>
<tr><td>新增网络：二批（　）</td><td>新增网络：直营终端（　）</td></tr>
<tr><td>1.　　2.
3.　　4.
5.　　6.</td><td>1.　　2.
3.　　4.
5.　　6.</td></tr>
<tr><td colspan="2">现况分析及建议：</td></tr>
</table>

制表人：　　审核：　　批准：

19-19　第____季度____类客户计划销售目标

第____季度____类客户计划销售目标

事项	姓名				
上年度前季销售					
上年度本季销售					
本年度前季销售					
本年度本季销售					
本年度下季销售					
下季度第1月销售目标					
回款计划					
下季度第2月销售目标					
回款计划					
下季度第3月销售目标					
回款计划					

制定：　　审核：　　批准：

19-20　二批经销商档案表

二批经销商档案表

总代理名称		法人姓名		手机	
二批公司名称		法人姓名		手机	
二批公司地址		电话		传真	
二批商联系人		职务		手机	
主要经营品牌	主要经营商场、超市	品项	负责人姓名	电话/手机	地址
其他说明及建议：					

制表人：　　　　　　　　　　　　制表时间：　　年　月

19-21　直营终端档案表

直营终端档案表

<table>
<tr><td colspan="2">总代理名称</td><td colspan="2"></td><td colspan="2">法人姓名</td><td></td><td colspan="2">手机</td><td colspan="2"></td></tr>
<tr><td colspan="2">商场、超市名称</td><td colspan="2">地址</td><td colspan="2">联系人</td><td>电话</td><td colspan="2">责任业务员</td><td colspan="2">电话/手机</td></tr>
<tr><td colspan="2"></td><td colspan="2"></td><td colspan="2"></td><td></td><td colspan="2"></td><td colspan="2"></td></tr>
<tr><td colspan="6">其他竞品陈列单品数量及销售额</td><td colspan="5">竞品陈列单品数量及销售额</td></tr>
<tr><td rowspan="2">品牌</td><td rowspan="2">销售额（月）</td><td colspan="4">竞品品项</td><td colspan="5">品项及销售额（月）</td></tr>
<tr><td></td><td></td><td></td><td></td><td></td><td></td><td></td><td></td><td></td></tr>
<tr><td></td><td></td><td></td><td></td><td></td><td></td><td></td><td></td><td></td><td></td><td></td></tr>
<tr><td></td><td></td><td></td><td></td><td></td><td></td><td></td><td></td><td></td><td></td><td></td></tr>
<tr><td></td><td></td><td></td><td></td><td></td><td></td><td></td><td></td><td></td><td></td><td></td></tr>
<tr><td></td><td></td><td></td><td></td><td></td><td></td><td></td><td></td><td></td><td></td><td></td></tr>
<tr><td colspan="11">其他说明及建议：</td></tr>
</table>

制表人：　　　　　　　　　　　　制表时间：　　年　月

第20章 客户管理表格

本章阅读索引：

- 客户评级综合评定表
- 客户资信等级评估表
- 客户基本信息采集表
- 客户信用风险客观评估表
- 客户信用等级、信用额度、信用期限申请表（新客户）
- 客户信用等级、信用额度、信用期限申请表（老客户）
- 客户信用临时额度申请表
- 客户信用额度核定表
- 变更信用额度申请表
- 各类客户信息管理跟踪调查表
- 客户地址分类表
- 客户销售分析表
- 重点客户管理表
- 重要客户对策表
- 问题客户对策表
- 客户关系评估表
- 客户招待申请表
- 客户招待报告表
- 客户接待安排表
- 礼品馈赠计划表
- 礼品馈赠申请表
- 客户资料管理卡
- 新产品潜在客户追踪表
- 客户销货统计表
- 特殊客户申请表
- 客户投诉处理报告表

20-01 客户评级综合评定表

客户评级综合评定表

客户评级综合评定表 评定时间段：第　　季度			部门		区域主管	
			区域		商务助理	
			日期		审核	
客户姓名		公司名称				
项目 季度	销售额	回款额	备注			
一季度						
二季度						
三季度						
四季度						

续表

类	序	评定项目	好（10）	较好（8）	一般（5）	较差（3）	差（1）	附注
客户方面（由区域主管填写）	1	店面位置						
	2	经营面积						
	3	在当地商圈的影响力						
	4	客户的忠诚度与重视度						
	5	季度销售实现						
	6	资信履行						
	7	与公司补件与退货协同						
	8	与公司品质纠纷						
	9	促销配合与执行成效						
	10	店面形象维护						
	11	品牌宣传推广贡献						
	12	设计能力						
	13	业务人员的素质与管理						
	14	竞争应对能力						
	15	信息沟通传递的准确性						
	16	售后服务管理与能力						
	17	行业地位与声誉						
内部服务（由商务助理填写）	18	出样组合与适销性						
	19	店面形象维护						
	20	广告宣传协助						
	21	人员培训与提升						
	22	投诉解决						
	23	账务控制						
问题与改善	客户方面：			内部服务方面：				

注：VIP客户，满200分以上；A类客户，满150分以上；B类客户，满100分以上；C类客户，满80分以上。

20-02 客户资信等级评估表

客户资信等级评估表

<table>
<tr><td rowspan="3">客户资信等级评估表
评定时间段：第　　季度</td><td>部门</td><td></td><td>区域主管</td><td></td></tr>
<tr><td>区域</td><td></td><td>商务助理</td><td></td></tr>
<tr><td>日期</td><td></td><td>审核</td><td></td></tr>
<tr><td>客户姓名</td><td></td><td>公司名称</td><td colspan="2"></td></tr>
<tr><td colspan="5">经济指标：（　）VIP客户　（　）A类客户　（　）B类客户　（　）C类客户</td></tr>
<tr><td colspan="5">综合指标：（　）较好　（　）好　（　）一般　（　）差</td></tr>
<tr><td colspan="5">资信指标：
1.在行业内的资信口碑：
（50）较好　（30）好　（20）一般　（10）差
2.自身的支付实力：
（50）较好　（30）好　（20）一般　（10）差
3.每笔汇款单填写准确，按时到账：
是（50）　否（30）　不稳定（20）
4.通常办理付款的方式是：
（　）个人电汇（即时到账）　（　）电汇（约三天到账）请财务给出
5.订货返单频率：
（50）约每季度三次以上　（40）约每季度二次　（30）约每季度一次　（10）不稳定
6.每季度提货额
（50）上下季度差距为10%～30%　（40）上下季度差距为30%～50%　（30）上下月差距在50%以上
7.对我司品牌的忠诚度
（50）较好　（30）好　（20）一般　（10）差</td></tr>
<tr><td colspan="5">评估：依以上综合评估，该客户的资信等级属：（　）较好★★★★　（　）好★★★
（　）一般★★　（　）差★</td></tr>
<tr><td>审核</td><td>商务部经理：</td><td>营销总监：</td><td>财务：</td><td>总经理：</td></tr>
<tr><td colspan="5">备注：
1.本单由商务部经理牵头，在每季度末的25～30日间组织对主要客户的资信等级做评定与复核；即本单有效期为三个月；经复核通过可以继续延期
2.本单主要应用于与客户往来结算方式有特殊支持时的重要凭证
3.本单经评估审批后一式两份，一份交财务部、一份交商务部，共同执行</td></tr>
<tr><td colspan="5">--------------------------------------折---页--------------------------------------</td></tr>
</table>

续表

资信等级的星级服务标准：请财务提议！	
资信级别	服务措施
★★★★	可以享受在特殊情况下短时的延误付款（如临时加单、遇节假日出货等） 可以享受凭正确的电汇传真底单出货，即普通电汇（不能即时到账） 可以享受年内资金额度在50万元以下的资金周转延期付款 可以享受公司依客户具体情况列定的资金支持政策
★★★	可以享受在特殊情况下短时的延误付款（如临时加单、遇节假日出货等） 可以享受凭正确的电汇传真底单出货，即普通电汇（不能即时到账）
★★	按公司常规政策办理
★	列入调整目标
注：★★★★200分　★★★150分　★★100分　★60分	

编制：　　日期：　　审核：

审批：　　日期：

20-03　客户基本信息采集表

客户基本信息采集表

一、客户基本情况

1.客户名称（国别）：

注册地点/执照号：　　通信地址/邮编：

法人代表：　　注册资本：

电话：　　E-mail：　　传真：

2.客户所有制性质：

中国：国务院主管企业（　）　中外合作企业（　）

外商合资企业（　）　外商独资企业（　）

政府、事业单位（　）　民营、乡镇企业（　）

国外：国有（　）　上市公司（　）　私有（　）

世界五百强企业（　）　与公司业务密切企业（　）

3.是否政策性业务　是（　）　否（　）

4.已营业年限：（　　）年

二、客户财务情况

财务报表年份：＿＿＿＿＿＿　报表是否审计：是（　）　否（　）

总资产＝所有者权益+销售收入总额＝

流动比率＝流动资产/流动负债 ×100%＝

资产负债率＝负债总额/资产总额 ×100%＝

净资产收益率＝净利润/所有者权益 ×100%＝

经营性现金流量＝

部门：　　业务员：　　部门总经理：

20-04　客户信用风险客观评估表

客户信用风险客观评估表

客户名称：

评价要素	指标	分值	权重/%	分值×权重
财务数据	流动比率		10	
	资产负债率		10	
	净资产收益率		10	
	资产总额		5	
	销售收入总额		10	
	经营现金流量		5	
	合计		50	
非财务数据	国别		5	
	经营年限		5	
	所有制		7	
	质量认证		4	
	公司品牌		4	
	政策业务		5	
	合计		30	
主观数据	经营稳定性		4	
	人员总体素质		3	
	对本公司依存度		3	
	合同履约率		4	
	市场知名度		3	
	经营发展趋势		3	
	合计		20	

业务员：　　　　　　　　部门总经理：　　　　　　　　风险管理部经理：

注：分值为10分制。

20-05　客户信用等级、信用额度、信用期限申请表（新客户）

客户信用等级、信用额度、信用期限申请表（新客户）

客户名称：　　　　　　　　　　　　　　　　　　　　　　　　　　　　时间：____年__月__日

序号	评定内容			评定结果			
				A	B	C	D
1	品质特性评价	整体印象	A.公司为国内外上市公司，在业界享有很高声誉 B.成立3年以上，公司规模较大，员工素质较高，同业中形象良好 C.成立1年以上，公司规模较中等，员工素质较一般，同业中形象良好 D.成立未满1年，公司规模较小，员工素质较低，同业中形象较差	10	9	7	3
2		行业地位	A.在当地销售规模处于前三名 B.在当地销售规模处于前十名 C.在当地有一定销售规模，但排名在前十名以后 D.在当地处于起步阶段	10	8	5	0
3		负责人品德及企业管理素质	A.主要负责人品德及企业管理素质好 B.主要负责人品德及企业管理素质一般 C.主要负责人品德及企业管理素质差	10	6	0	
4		业务关系强度	A.计划以本公司为主供货商 B.计划以本公司为次供货商 C.只是偶尔在本公司提货	10	6	0	
5		发展潜力	A.业务发展方向和本公司高度一致，产品线与本公司主推产品一致，能完全配合本公司业务发展规划 B.业务发展的某个方向与本公司一致，有部分产品是本公司非主推产品，基本能配合本公司业务发展规划 C.业务发展方向与本公司不一致，产品并非本公司主推产品，无法配合本公司业务发展规划	10	5	0	
6		员工人数	A.人员稳定，从业人数100人以上 B.从业人数50～100人 C.从业人数少于30人或人员流动性大	10	7	0	
7		诉讼记录	A.无诉讼记录 B.有诉讼记录但已全部胜诉 C.有未决诉讼，或已胜诉但不能执行 D.有诉讼记录，败诉	10	8	3	0
8	未来月度平均采购额预计		A.100万元以上 B.50万～100万元 C.20万～50万元 D.0～20万元	20	16	10	5

续表

序号	评定内容		评定结果			
			A	B	C	D
9	资金结算方式	A.现金/银行存款 B.承兑汇票/即期支票 C.近期支票	10	7	6	0

得分合计		信用等级申请	
信用额度申请		信用期限申请	
申请人		营销经理意见	
财务总监意见			
总经办意见			

注：1.信用等级划分，得分90～100为AAA级；得分80～89为AA级；得分70～79为A级；得分60～69为B级；59分以下为C级。

2.信用期限30天、45天、60天和90天及其他××天。

3.信用额度每10万元一个档次，单个客户信用额度不得超过500万元。

20-06　客户信用等级、信用额度、信用期限申请表（老客户）

客户信用等级、信用额度、信用期限申请表（老客户）

客户名称：

时间：____年__月__日

序号	评定内容		得分/分
1	到期货款偿还状况	（1）到期货款未清还数占该客户月均销售额的10%以下 （2）到期货款未清还数占该客户月均销售额的10%～20% （3）到期货款未清还数占该客户月均销售额的20%～30% （4）到期货款未清还数占该客户月均销售额的30%～40% （5）到期货款未清还数占该客户月均销售额的40%～50% （6）到期货款未清还数占该客户月均销售额的50%～60% （7）到期货款未清还数占该客户月均销售额的60%～80% （8）到期货款未清还数占该客户月均销售额的80%～100% （9）到期货款未清还数占该客户月均销售额的100%以上	40 35 30 25 20 15 10 5 0
2	在本公司的采购状况	（1）在本公司的年采购额200万元以上且逐年增长 （2）在本公司的年采购额200万元以上并保持原状，或150万元以上200万元以下且逐年增长 （3）在本公司的年采购额200万元以上但逐年下降，或150万元以上200万元以下并保持原状 （4）在本公司的年采购额150万元以上200万元以下但逐年下降，或100万元以上150万元以下且逐年增长	30 27 24 21

续表

<table>
<tr><th>序号</th><th colspan="3">评定内容</th><th>得分/分</th></tr>
<tr><td>2</td><td colspan="2">在本公司的采购状况</td><td>（5）在本公司的年采购额100万元以上150万元以下并保持原状，或80万元以上100万元以下且逐年增长
（6）在本公司的年采购额80万元以上100万元以下但逐年下降，或50万元以上80万元以下并保持原状
（7）在本公司的年采购额50万元以上80万元以下但逐年下降，或40万元以上50万元以下且逐年增长
（8）在本公司的年采购额40万元以上50万元以下并保持原状
（9）在本公司的年采购额40万元以上50万元以下但逐年下降，或40万元以下</td><td>18
15
12
6
0</td></tr>
<tr><td>3</td><td rowspan="6">品质特性评价</td><td>整体印象</td><td>A.为国内外上市公司，在业界享有很高声誉
B.成立3年以上，公司规模较大，员工素质较高，同业中形象良好
C.成立1年以上，公司规模较中等，员工素质较一般，同业中形象良好
D.成立未满1年，公司规模较小，员工素质较低，同业中形象较差</td><td>5
3
2
0</td></tr>
<tr><td>4</td><td>行业地位</td><td>A.在当地销售规模处于前三名
B.在当地销售规模处于前十名
C.在当地有一定销售规模，但排名在前十名以后
D.在当地处于起步阶段</td><td>5
3
1
0</td></tr>
<tr><td>5</td><td>负责人品德及企业管理素质</td><td>A.主要负责人品德及企业管理素质好
B.主要负责人品德及企业管理素质一般
C.主要负责人品德及企业管理素质差</td><td>5
3
0</td></tr>
<tr><td>6</td><td>业务关系持续期</td><td>A.与本公司的业务关系持续1～2年
B.与本公司的业务关系持续2～12个月
C.与本公司的业务关系期少于2个月</td><td>5
3
1</td></tr>
<tr><td>7</td><td>业务关系强度</td><td>A.计划以本公司为主供货商
B.计划以本公司为次供货商
C.只是偶尔在本公司提货</td><td>5
3
0</td></tr>
<tr><td>8</td><td>发展潜力</td><td>A.业务发展方向和本公司高度一致，产品线与本公司主推产品一致，能完全配合本公司业务发展规划
B.业务发展的某个方向与本公司一致，有部分产品是本公司非主推产品，基本能配合本公司业务发展规划
C.业务发展方向与本公司不一致，产品并非本公司主推产品，无法配合本公司业务发展规划</td><td>5
3
0</td></tr>
<tr><td colspan="2">得分合计</td><td></td><td>信用等级申请</td><td></td></tr>
<tr><td colspan="2">信用额度申请</td><td></td><td>信用期限申请</td><td></td></tr>
<tr><td colspan="2">申请人</td><td></td><td>营销经理意见</td><td></td></tr>
</table>

续表

财务总监意见	
总经办意见	

注：1.信用等级划分，得分90～100为AAA级；得分80～89为AA级；得分70～79为A级；得分60～69为B级；59分以下为C级。

2.信用期限30天、45天、60天和90天及其他××天。

3.信用额度每10万元一个档次，单个客户信用额度不得超过500万元。

20-07　客户信用临时额度申请表

客户信用临时额度申请表

时间：　　年　月　日

客户名称		客户编码	
已定信用等级			
已定信用额度			
临时额度申请		有限时间	
申请原因	申请人：　　　日期：　　年　月　日		
营销经理意见			
财务总监			
总经办意见			
备注			

20-08　客户信用额度核定表

客户信用额度核定表

<table>
<tr><td>客户编号</td><td colspan="6"></td></tr>
<tr><td>客户名称</td><td colspan="6"></td></tr>
<tr><td>地址</td><td colspan="6"></td></tr>
<tr><td>负责人</td><td colspan="6"></td></tr>
<tr><td>部门别</td><td>以往交易已兑现额</td><td>最近半年平均交易额</td><td>平均票期</td><td>收款及票据金额</td><td>原信额</td><td>新申请信额</td></tr>
<tr><td></td><td></td><td></td><td></td><td></td><td></td><td></td></tr>
<tr><td colspan="3">主办信用综合分析研判（包括申请表复查、商业道德、经营盈亏分析、偿债能力、核定额度、附带应注意事项等）</td><td colspan="2">信用额度核定或审查意见</td><td colspan="2">签章及日期</td></tr>
<tr><td colspan="3" rowspan="5"></td><td>主办信用</td><td></td><td colspan="2"></td></tr>
<tr><td>业务主任</td><td></td><td colspan="2"></td></tr>
<tr><td>区经理</td><td></td><td colspan="2"></td></tr>
<tr><td>总公司</td><td></td><td colspan="2"></td></tr>
<tr><td>生效日期</td><td colspan="3"></td></tr>
</table>

20-09　变更信用额度申请表

变更信用额度申请表

业务员：　　　　　　　　　　　　　　　　　　　　日期：

<table>
<tr><td colspan="2">客户名</td><td colspan="4"></td><td colspan="2">编号</td><td colspan="3"></td><td colspan="2">负责人</td><td colspan="2"></td></tr>
<tr><td colspan="2">地址</td><td colspan="4"></td><td colspan="2">电话</td><td colspan="3"></td><td colspan="2">传真</td><td colspan="2"></td></tr>
<tr><td colspan="3">与本公司交易日期</td><td colspan="12"></td></tr>
<tr><td rowspan="2">往来记录</td><td>年</td><td></td><td></td><td></td><td></td><td></td><td></td><td></td><td rowspan="2">前六个月</td><td>月</td><td></td><td></td><td></td><td></td></tr>
<tr><td>销售额</td><td></td><td></td><td></td><td></td><td></td><td></td><td></td><td>销售额</td><td></td><td></td><td></td><td></td></tr>
<tr><td colspan="15">原信用额度及办法</td></tr>
<tr><td colspan="15">拟变更的信用额度及办法</td></tr>
<tr><td colspan="8">经理批示</td><td colspan="7">主管批示</td></tr>
</table>

调查人：

20-10　各类客户信息管理跟踪调查表

各类客户信息管理跟踪调查表

序号	客户等级	负责人	公司名称	电话	邮件	国家及地区	每年购买需求量	对什么产品关心	每月联系客户次数	客户性格分析	家庭状况	客户困难	客户信誉度

注：客户等级分为A、B、C三类，A类指重点客户、B类指潜力客户、C类指一般客户。

20-11　客户地址分类表

客户地址分类表

序号	客户名称	编号	地址	与公司之间的距离	经营类别	不宜拜访时间	备注

20-12　客户销售分析表

客户销售分析表

年度：

产品 / 销售额 / 客户名称	A产品	B产品	C产品	D产品	E产品	F产品	G产品	合计
合计								

审核：　　　　填写：　　　　编制：

20-13　重点客户管理表

重点客户管理表

序号	销售额前10名		销售增长率前10名		销售利润率前10名	
	客户名称	销售额	客户名称	增长率	客户名称	利润率

重点管理客户	销售额目标	将其设为重点客户的原因	实现目标的行动措施
客户服务部经理建议			
总经理建议			

20-14　重要客户对策表

重要客户对策表

序号	客户名称	负责人	销售情况	问题所在	应对策略
1					
2					
3					
扩大重要客户数量的基本方针	1. 2.				
备注					

20-15　问题客户对策表

问题客户对策表

序号	客户名称	负责人	销售范围	所在位置	恶化趋势	问题表现	应对策略
备注							

20-16　客户关系评估表

客户关系评估表

客户名称：　　　　　　　　　　　　　　　　　　　　　　编号：

评估指标	指标权重	得分	等级	得分依据	备注
合计			标准分		
评估结果及建议	□发展关系 □维持关系 □终止关系				

20-17　客户招待申请表

客户招待申请表

<table>
<tr><td colspan="2">申请人</td><td></td><td>部门</td><td colspan="3"></td><td colspan="3">申请日期</td><td colspan="3"></td></tr>
<tr><td colspan="2">客户名称</td><td></td><td>宴请场所</td><td colspan="3"></td><td colspan="3">宴请日期</td><td colspan="3"></td></tr>
<tr><td colspan="3">客户方面同席人员</td><td></td><td>招待费用预算</td><td>会议</td><td colspan="2">用餐</td><td>交通</td><td colspan="2">礼品</td><td>其他</td><td>合计</td></tr>
<tr><td colspan="3">本公司同席人员</td><td></td><td>金额/元</td><td></td><td colspan="2"></td><td></td><td colspan="2"></td><td></td><td></td></tr>
<tr><td colspan="3">招待事宜安排人员</td><td></td><td>实际支出额/元</td><td></td><td colspan="2"></td><td></td><td colspan="2"></td><td></td><td></td></tr>
<tr><td colspan="3">招待目的</td><td></td><td>费用说明</td><td colspan="8"></td></tr>
<tr><td colspan="3">注意事项</td><td colspan="10"></td></tr>
<tr><td colspan="3">客户服务部
经理审核</td><td></td><td>总经理
审核</td><td colspan="3"></td><td colspan="3">财务部
审核</td><td colspan="2"></td></tr>
</table>

20-18　客户招待报告表

客户招待报告表

<table>
<tr><td>客户名称</td><td></td><td>招待日期</td><td></td><td>报告人</td><td></td></tr>
<tr><td>招待目的</td><td></td><td>招待地点</td><td></td><td>报告时间</td><td></td></tr>
<tr><td rowspan="4">客户同席人员名单</td><td rowspan="4"></td><td rowspan="7">支出费用报告</td><td>项目</td><td>金额/元</td><td>备注</td></tr>
<tr><td>会议</td><td></td><td></td></tr>
<tr><td>用餐</td><td></td><td></td></tr>
<tr><td>住宿</td><td></td><td></td></tr>
<tr><td rowspan="3">本公司同席人员名单</td><td rowspan="3"></td><td>礼品</td><td></td><td></td></tr>
<tr><td>交通费</td><td></td><td></td></tr>
<tr><td>合计</td><td></td><td></td></tr>
<tr><td rowspan="3">想要搜集的信息</td><td rowspan="3"></td><td colspan="2">注意事项</td><td colspan="2"></td></tr>
<tr><td colspan="2">接待效果</td><td colspan="2"></td></tr>
<tr><td colspan="2">如何用于今后的活动</td><td colspan="2"></td></tr>
<tr><td>客户服务部经理审核</td><td></td><td>总经理审核</td><td></td><td>财务部审核</td><td></td></tr>
</table>

20-19　客户接待安排表

客户接待安排表

<table>
<tr><td>来访客户</td><td></td><td>来访日期时间</td><td></td></tr>
<tr><td>客户人数</td><td></td><td>离开日期时间</td><td></td></tr>
<tr><td>客户背景、爱好及来访目的</td><td colspan="3"></td></tr>
<tr><td>公司接待人员</td><td></td><td>公司出席谈判人员</td><td></td></tr>
<tr><td>参观安排</td><td colspan="3"></td></tr>
<tr><td>会议室安排</td><td></td><td>投影仪（是否用）</td><td></td></tr>
<tr><td>入住安排（人员姓名、日期、酒店、结算方式）</td><td colspan="3"></td></tr>
<tr><td>订餐</td><td></td><td>订车</td><td></td></tr>
<tr><td>费用申请</td><td></td><td>直接上级签字</td><td></td></tr>
<tr><td>其他要求</td><td colspan="3"></td></tr>
<tr><td>申请人</td><td></td><td>日期</td><td></td></tr>
<tr><td>部门主管签字</td><td></td><td>日期</td><td></td></tr>
<tr><td>营销副总经理审批</td><td></td><td>日期</td><td></td></tr>
</table>

20-20　礼品馈赠计划表

礼品馈赠计划表

客户名称	从事行业	负责人	姓名	合作现状	馈赠目的	礼品名称	礼品数量	预算价值/元	备注

经理：　　　　主管：　　　　填表人：　　　　填写日期：　　年　月　日

20-21　礼品馈赠申请表

礼品馈赠申请表

礼品馈赠申请部门			礼品管理部门			
馈赠日期	馈赠对象	礼品收受人员	礼品名称	数量	价值/元	备注

填表人	部门主管	礼品管理人员	办公室主任	副经理

20–22　客户资料管理卡

客户资料管理卡

<table>
<tr><td colspan="2">公司名称</td><td colspan="2"></td><td>电话</td><td></td><td>传真</td><td></td></tr>
<tr><td colspan="2">地址</td><td colspan="5"></td><td>邮编</td><td></td></tr>
<tr><td colspan="2">企业类型</td><td colspan="2"></td><td colspan="2">注册资金</td><td colspan="3"></td></tr>
<tr><td colspan="2">营业内容</td><td colspan="7">内销：　　%；外销：　　%</td></tr>
<tr><td rowspan="8">营业概况</td><td>内外销比</td><td colspan="7"></td></tr>
<tr><td>营业性质</td><td colspan="7"></td></tr>
<tr><td>信用状况</td><td colspan="7"></td></tr>
<tr><td>营业状态</td><td colspan="7"></td></tr>
<tr><td>员工人数</td><td colspan="7"></td></tr>
<tr><td>淡旺季分布</td><td colspan="7"></td></tr>
<tr><td>最高每月购买额</td><td colspan="7"></td></tr>
<tr><td>平均每月购买额</td><td colspan="7"></td></tr>
<tr><td rowspan="4">主要负责人概况</td><td>姓名</td><td>职务</td><td>电话</td><td colspan="2">性格特点</td><td colspan="3">嗜好</td></tr>
<tr><td></td><td></td><td></td><td colspan="2"></td><td colspan="3"></td></tr>
<tr><td></td><td></td><td></td><td colspan="2"></td><td colspan="3"></td></tr>
<tr><td></td><td></td><td></td><td colspan="2"></td><td colspan="3"></td></tr>
<tr><td colspan="2">使用本公司主要产品</td><td colspan="7"></td></tr>
<tr><td colspan="2">首次交易时间</td><td colspan="7"></td></tr>
<tr><td rowspan="2">备注</td><td colspan="3" rowspan="2"></td><td>总经理</td><td>经理</td><td>主管</td><td colspan="2">制卡</td></tr>
<tr><td></td><td></td><td></td><td colspan="2"></td></tr>
</table>

20–23　新产品潜在客户追踪表

新产品潜在客户追踪表

<table>
<tr><td rowspan="2">编号</td><td rowspan="2">产品名称</td><td colspan="2">潜在客户</td><td colspan="4">计划采购时间</td><td rowspan="2">预算金额</td><td rowspan="2">报价表号码</td><td rowspan="2">竞争者</td><td rowspan="2">结果</td></tr>
<tr><td>客户名称</td><td>接洽人（电话）</td><td>一个月内</td><td>三个月内</td><td>六个月内</td><td>一年内</td></tr>
<tr><td></td><td></td><td></td><td></td><td></td><td></td><td></td><td></td><td></td><td></td><td></td><td></td></tr>
<tr><td></td><td></td><td></td><td></td><td></td><td></td><td></td><td></td><td></td><td></td><td></td><td></td></tr>
<tr><td></td><td></td><td></td><td></td><td></td><td></td><td></td><td></td><td></td><td></td><td></td><td></td></tr>
<tr><td></td><td></td><td></td><td></td><td></td><td></td><td></td><td></td><td></td><td></td><td></td><td></td></tr>
</table>

20-24 客户销货统计表

客户销货统计表

日期：

客户编号	客户名称	销货金额	退货金额	销货净额	欠款额	备注

经理： 主管： 制表：

20-25 特殊客户申请表

特殊客户申请表

申请人： 客户数目：

厂商名称	负责人	经营项目	去年交易金额	本年预计金额	拟给予价格与产品	批示

批示： 审核：

20-26　客户投诉处理报告表

客户投诉处理报告表

年　月　日

投诉受理日	年　月　日上午、下午　时　分
投诉受理方式	1.信　2.传真　3.电话　4.来访　5.店内　6.微信　7.APP
投诉内容	内容分类：1.品质（有杂物）　2.品质（故障）　3.品质（损坏） 4.品质（其他）　5.数量　6.货期　7.态度　8.服务
投诉见证人	
地址	
处置紧急度	1.紧急　2.急　3.普通
承办人	
处理日	
地址	
处置紧急度	1.紧急　2.急　3.普通
承办人	
处理日	
处理内容	
费用	
保障	
原因调查会议	
原因调查人员	
原因	1.严重原因　2.偶发原因　3.疏忽大意　4.不可抗拒原因
记载事项	
检讨	

报告人：　　　　　　　　签章：

第21章 销售业务过程管理表格

本章阅读索引：

- 年度销售计划表
- 市场年度销售计划表
- 月工作计划及执行结果说明
- 周销售计划及执行结果说明
- 客户联络计划表
- 客户拜访计划表
- 客户拜访记录表
- 客户拜访日报表
- 日拜访记录表
- 销售合同专用章申请书
- 资信调查表（合同签订前）
- 合同评审记录表
- 销售合同评审表
- 合同登记表
- 销售合同跟踪记录表
- 销售合同执行跟踪表
- 销售合同执行协调书
- 销售合同偏差处理报告
- 风险发货申请报告
- 销售合同执行月度记录表
- 合同变更申请单
- 合同变更通知单
- 月货款回收统计表
- 欠款通知函
- 欠款催收函
- 欠款确认函
- 延期付款协议书
- 产品发货明细单
- 销售退货通知单
- 销售退货评审单
- 客户退货报告
- 销售档案借阅申请表
- 销售档案资料销毁审批表

21-01 年度销售计划表

年度销售计划表

客户名称：　　　　　　　　　　　　　　　　　　　　　　年　月　日

	上年度计划			本年度计划			策略
	计划	实际	达成率	计划	实际	达成率	
一月							
二月							

续表

	上年度计划			本年度计划			策略
	计划	实际	达成率	计划	实际	达成率	
三月							
……							
十二月							
合计							

制表：

21-02　市场年度销售计划表

市场年度销售计划表

地区：　　　　　　　　　　　　　　　　　　　　　　　　　　　单位：元

项目	计划销售量	计划销售金额总数	计划边际利润率	备注
上年度本公司预期				
竞争对手预期				
损益平衡点基准				
资产周转率基准				
纯利润基准				
附加价值基准				
事业发展计划基准				
决定计划				
本年度公司预期				

注：
损益平衡点基准=（固定费用预计+计划销售利润）/计划边际利润率×100%
计划边际利润率=1-（变动费用预计/销售总额×100%）
资产周转率基准=计划资产×一年周转次数
纯利润基准=计划年度税前净利/计划销售总额对税前纯利率×100%
附加价值基准=（计划人员数量×每人附加价值目标）/计划附加价值率×100%

经理：　　　　主管：　　　　填表人：　　　　制表日期：　　年　月　日

21-03　月工作计划及执行结果说明

月工作计划及执行结果说明

月份：　　月　　　　　　　　　　　　　　　　　　　　　　　　制表日期：　年　月　日

部门		单位		计划人	
本月原预计营业额		实际累计营业额		达标率	%
本月预计可达成营业额		实际达成营业额		达标率	%
本月预计收款额		实际收款额		达标率	%
本月预计开发新客户数		实际开发新客户数		达标率	%
本月预计拜访客户数		实际拜访客户数		达标率	%

日期	星期	工作计划内容	计划完成时间	实际完成时间	实际完成情况说明
1					
2					
3					
4					
5					
6					
7					
…					
31					

主要工作计划说明	主要工作计划执行成果说明

注：本表分为两部分，每月25日前需编写下月工作计划及营业预计提交上级主管，上个月25日再将执行结果说明填写完成，连同上上个月的本表一并再提交上级主管。

21-04　周销售计划及执行结果说明

周销售计划及执行结果说明

周起止日期：　　年　月　日～　　年　月　日

制表日期：　　年　月　日　　　　　　　　　　　　　提报人：

部门		填表人		计划人	
本周原预计营业额		本月实际累计营业额		达标率	%
本周预计可达成营业额		本周实际达成营业额		达标率	%
本周预计收款额		本周实际收款额		达标率	%
本周预计开发新客户数		本周实际开发新客户数		达标率	%
本周预计拜访客户数		本周实际拜访客户数		达标率	%

日期	星期	工作计划内容	计划完成时间	实际完成时间	实际完成情况说明
	一				
	二				
	三				
	四				
	五				
	六				
	日				

主要工作计划说明	主要工作计划执行成果说明

21-05　客户联络计划表

客户联络计划表

序号	客户名称	地址	联系方式	联络人员	联络时间	联络目的	联络地点

21-06 客户拜访计划表

客户拜访计划表

序号	日期	客户名称	具体时间	负责人	针对部门	备注

21-07 客户拜访记录表

客户拜访记录表

制表： 填写日期：

客户名称		
详细地址		
拜访对象		
注意事项	成长率	
	信用度	
	总利润率	
	综合评价	
	顺序评核	
	业界地位	
	其他	
已解决的问题		
以后应注意的事项		

21-08　客户拜访日报表

客户拜访日报表

日期	星期	填表人	主管	部门经理	经理

费用项目	金额/元	备注
合计		

客户	面谈者	商谈计划（选择）	面谈概要	成果（选择）
		a　b　c		A　B　C　D　E
		a　b　c		A　B　C　D　E
		a.初次拜访 b.处理问题 c.建立关系	A.商谈成功　B.有希望 C.再度访问　D.无希望 E.继续观察	

本日拜访数目	本日处理问题	本日未处理问题	同行者

21-09　日拜访记录表

日拜访记录表

分公司：　　　　　　　　　　　　　　　　填表人：

序号	拜访日期	客户姓名	联系电话	客户行业	客户级别	有无需求	在用品牌	是否建档	建档编号	需求机型	需求台量	需求日期	工作结论	当天非拜访工作
1	月　日											月		
2	月　日											月		
3	月　日											月		
4	月　日											月		
5	月　日											月		
6	月　日											月		
7	月　日											月		
8	月　日											月		

注：1.“有无需求”栏，直接填“有”或“无”。若无，则后面栏目除“是否建档”和“建档编号”外，其他栏不填。

2.“工作结论”栏指：确定与本公司签单；已与本公司签单；已丢单；需继续跟踪。对应分别填写：“能签、已签、丢单、跟单”。

21-10 销售合同专用章申请书

销售合同专用章申请书

总裁办公室：

（申请单位）现有持有有效法人委托书的销售人员____名，现因销售工作需要申请销售合同专用章____枚。

请协助办理！

（申请单位）
（负责人签名）

年 月 日

21-11 资信调查表（合同签订前）

资信调查表（合同签订前）

顺序号：

★需方单位名称（全称）：			
★需方单位地址：			
营业执照号码		开户银行	
经济性质		★账号	
注册资金		★法定代表人或负责人	
需方单位概况及项目资金来源：			
是否初次合作：			
历次合作回款情况（我方或第三方是否有违约情况发生）：			
是否有可靠资信：			
★联系人姓名		★联系人电话	
★填表单位			
★填表人姓名		★填表日期	

注：1. 本表一式两份，由合同签订人员填写。一份报合同评审组作为合同评审依据，另一份交市场总部。

2. 有★标记的为常规项目。

3. 需方营业执照复印件附后。

21-12　合同评审记录表

合同评审记录表

编号：　　　　　　　　　　　　　　　　　　　　　　顺序号：

□初次评审　　□修订

合同编号		需方单位	
评审方式		评审日期	
评审负责人		评审单位	
产品技术部门意见： 评审人：　　　　日期：		生产部门意见： 评审人：　　　　日期：	
采购部门意见： 评审人：　　　　日期：		销售部门意见： 评审人：　　　　日期：	
法律事务专员意见： 法律事务专员：　　　　日期：		财务经营部意见： 评审人：　　　　日期：	
市场总部意见： 评审人：　　　　日期：		其他相关部门意见： 评审人：　　　　日期：	
评审结论			
  审批人：　　　　日期：			

注：本表一式两份，由合同签订部门负责填写。一份报市场总部，另一份由合同签订部门随合同归档。

21-13 销售合同评审表

销售合同评审表

<table>
<tr><td>客户名称</td><td></td><td>联系人</td><td></td><td>预备合同编号</td><td></td></tr>
<tr><td>联系电话</td><td></td><td>联系地址</td><td></td><td>邮政编码</td><td></td></tr>
<tr><td>合同类型</td><td colspan="5">□一般 □特殊 □传真 □口头</td></tr>
<tr><td>评审方式</td><td colspan="5">□传审 □会审</td></tr>
<tr><td colspan="3" rowspan="2">评审内容</td><td colspan="3">评审</td></tr>
<tr><td>部门</td><td>评审人</td><td>日期</td></tr>
<tr><td colspan="3">各项要求是否接受</td><td></td><td></td><td></td></tr>
<tr><td colspan="2">1.技术要求</td><td>□是 □否</td><td></td><td></td><td></td></tr>
<tr><td colspan="2">2.质量要求</td><td>□是 □否</td><td></td><td></td><td></td></tr>
<tr><td colspan="2">3.交货期</td><td>□是 □否</td><td></td><td></td><td></td></tr>
<tr><td colspan="2">4.交货方式</td><td>□是 □否</td><td></td><td></td><td></td></tr>
<tr><td colspan="2">5.付款方式</td><td>□是 □否</td><td></td><td></td><td></td></tr>
<tr><td colspan="2">6.验货方式</td><td>□是 □否</td><td></td><td></td><td></td></tr>
<tr><td colspan="2">7.其他</td><td>□是 □否</td><td></td><td></td><td></td></tr>
<tr><td colspan="2">8.是否具有满足订单要求的能力</td><td>□是 □否</td><td></td><td></td><td></td></tr>
<tr><td colspan="6">评审结论：

审批人：
日期： 年 月 日</td></tr>
</table>

21-14 合同登记表

合同登记表

编号： 顺序号：

<table>
<tr><td>序号</td><td>合同编号</td><td>需方单位</td><td>主要产品名称、型号</td><td>金额/万元</td><td>签订日期</td><td>货款回收记录</td><td>备注</td></tr>
<tr><td></td><td></td><td></td><td></td><td></td><td></td><td></td><td></td></tr>
<tr><td></td><td></td><td></td><td></td><td></td><td></td><td></td><td></td></tr>
<tr><td></td><td></td><td></td><td></td><td></td><td></td><td></td><td></td></tr>
<tr><td></td><td></td><td></td><td></td><td></td><td></td><td></td><td></td></tr>
<tr><td colspan="8">单位名称： 填表人： 主管： 填表日期：</td></tr>
</table>

注：本表由签订合同的部门负责填写，一式两份，每月25日前报市场总部。

21-15　销售合同跟踪记录表

销售合同跟踪记录表

客户：　　　　　　　　　　　　　　　　　　　　　　　　填报日期：

合同经办人						
合同主要内容约定					执行情况	
产品	型号	价格	金额/元	交货期	交货情况	付款情况

其他主要约定及其执行情况记录 （本表填不下可加附页）			
内容	内容约定	执行情况	原因和处理记录
运费及承担			
结算形式			
结算期			
其他内容			

记录人：

21-16　销售合同执行跟踪表

销售合同执行跟踪表

销售人员：　　　　　　　　　　　　　　　　　　　　　　　　编号：

客户名称						
合同编号				合同金额	元	
预付款	日期		金额	元	比例	%
发货	发货日期					
	货运公司					
	货运单号					
	经办人					
	回单签章					

续表

退货	退货日期			
	退货数量			
	退货原因			
	处理办法			
	查收人			
回款	应收账期			
	应收金额			
	实收金额			
	欠款金额			
	累计欠款			
发票	发票金额			
	发票号码			
	领票人			
	对方签收			

21-17 销售合同执行协调书

销售合同执行协调书

填报时间： 年 月 日

买方		合同编号	
合同执行偏差内容综述：			
协调描述：			
协调内容：			

21-18　销售合同偏差处理报告

销售合同偏差处理报告

填报时间：　　年　月　日　　　　有关附件　有□　　无□

<table>
<tr><td>买方</td><td></td><td>合同编号</td><td></td></tr>
<tr><td colspan="4">合同执行偏差内容综述：</td></tr>
<tr><td colspan="4">偏差执行处理建议：</td></tr>
<tr><td colspan="4">领导处理决定：</td></tr>
<tr><td colspan="4">执行决定过程及结果：</td></tr>
</table>

21-19　风险发货申请报告

风险发货申请报告

<table>
<tr><td>申请单位</td><td></td><td>经办人</td><td></td><td>申请时间</td><td></td></tr>
<tr><td>要货单位</td><td colspan="3"></td><td>办事处主任签字</td><td></td></tr>
<tr><td>发货理由</td><td colspan="5"></td></tr>
<tr><td>客户经营现状</td><td colspan="5"></td></tr>
<tr><td>客户的财务状况，尤其是资产和负债状况</td><td colspan="5"></td></tr>
<tr><td>存在风险说明</td><td colspan="5"></td></tr>
<tr><td>业务办意见</td><td colspan="5"></td></tr>
<tr><td>销售公司领导意见</td><td colspan="5"></td></tr>
<tr><td>股司领导意见</td><td colspan="5"></td></tr>
</table>

21-20 销售合同执行月度记录表

销售合同执行月度记录表

<table>
<tr><td>合同经办人</td><td colspan="5"></td></tr>
<tr><td colspan="6">合同执行情况记录</td></tr>
<tr><td>序号</td><td>合同单位</td><td>正常执行与否</td><td>有偏差已处理结束</td><td>有偏差未处理结束</td><td>备注</td></tr>
<tr><td></td><td></td><td></td><td></td><td></td><td></td></tr>
<tr><td></td><td></td><td></td><td></td><td></td><td></td></tr>
<tr><td></td><td></td><td></td><td></td><td></td><td></td></tr>
<tr><td></td><td></td><td></td><td></td><td></td><td></td></tr>
<tr><td></td><td></td><td></td><td></td><td></td><td></td></tr>
<tr><td></td><td></td><td></td><td></td><td></td><td></td></tr>
<tr><td colspan="6">如为非正常执行合同，需续填下表</td></tr>
<tr><td colspan="6">合同非正常执行情况记录</td></tr>
<tr><td>序号</td><td>合同单位</td><td>偏差事实</td><td>协调处理参与人</td><td>偏差处理有关资料</td><td>备注</td></tr>
<tr><td></td><td></td><td></td><td></td><td></td><td></td></tr>
<tr><td></td><td></td><td></td><td></td><td></td><td></td></tr>
<tr><td></td><td></td><td></td><td></td><td></td><td></td></tr>
<tr><td></td><td></td><td></td><td></td><td></td><td></td></tr>
<tr><td></td><td></td><td></td><td></td><td></td><td></td></tr>
<tr><td></td><td></td><td></td><td></td><td></td><td></td></tr>
</table>

21-21 合同变更申请单

合同变更申请单

单位______________

编号： 顺序号：

<table>
<tr><td>合同号_________________订货单位_________________________</td></tr>
<tr><td>合同变更内容：</td></tr>
</table>

续表

<table>
<tr><td colspan="4">相关事项（在相关项后的括弧内打“√”）
1.提出更改单位：用户（　）　本实体（　）
2.变更依据：传真（　）　用户手稿（　）　协议（　）
电报（　）　电话记录（　）　补充合同（　）
其他：
3.通知本实体的：技术部门（　）　采购部门（　）　计划部门（　）
生产部门（　）　库管部门（　）　交付部门（　）
其他：
4.通知相关部门：</td></tr>
<tr><td>拟制</td><td></td><td>申请日期</td><td></td></tr>
<tr><td>审核</td><td></td><td>批准</td><td></td></tr>
<tr><td>备注</td><td colspan="3"></td></tr>
</table>

注：1.本表一式两份，由签订合同部门负责填写，报送市场总部一份。
2.合同签订单位负责向档案室归档。

21-22　合同变更通知单

合同变更通知单

单位____________

编号：　　　　　　　　　　　　　　　　　　　　顺序号：

<table>
<tr><td colspan="5">合同号______________订货单位______________________</td></tr>
<tr><td colspan="5">合同变更内容：</td></tr>
<tr><td>通知部门</td><td></td><td></td><td></td><td></td></tr>
<tr><td>签字</td><td></td><td></td><td></td><td></td></tr>
<tr><td>日期</td><td></td><td></td><td></td><td></td></tr>
</table>

注：1.本表一式多份，由合同签订部门负责填写，并报送相关部门和市场总部。
2.合同签订单位负责向档案室归档。

21-23　月货款回收统计表

月货款回收统计表

单位：　　　　　　　　　　　　　　　　　　　　　　　　　　　　　单位：元

序号	合同号	客户名称	产品名称	签订日期	付款方式及时间	合同总额	已开发票		货发但未开发票		已收货款		应收账款	到期应收款	迟收货款		本月发生迟收情况	货款回收率	合同签订人	代表处协助签订人	合同批准人	备注
							金额	时间	金额	时间	金额	时间			金额	发生日						

填表单位：　　　　　　　主管领导：　　　　　　　填表人：　　　　　　　填表日期：

填表要求

1. 各单位应准确、翔实地填写此报表，填表数据统计截止日期为每月25日
2. “付款方式及时间”一栏应具体注明
3. 货款回收率的计算方法为：本年度已收货款/（已收货款+迟收货款）×100%
4. 对有迟收货款合同应详细注明原因。此表应于每月25日前上报市场总部商务部、数据网络事业部及宽带接入事业部应同时报送经营财务部
5. “应收账款”=“已开发票金额”-“已收货款金额”
6. “到期应收款”为已到合同收款期但未收回的货款

21-24　欠款通知函

欠款通知函

市场总部、总裁办公室法律事务专员：

________公司与我公司____年__月__日签订合同，他方合同号为__________，我方合同号为__________。合同约定我部向该公司提供______货物/服务，该批货物/服务总价为__________元人民币。

该批货物/服务我部已按合同约定提供，该公司迄今未通知我部货物验收不合格/服务质量不合格。

该公司付款情况如下（单位：万元人民币）

项目	第一次	第二次	第三次	第四次
到期日				
应付金额				
实付金额				
逾期金额				
逾期合计				

依据该公司与我公司签订的合同，上述款项已逾期未支付。

年　月　日

21-25　欠款催收函

欠款催收函

本传真可能含有保密信息，仅供收件人使用。未经允许，请毋对其进行利用、公开或复制。如果您不是传真的收件人，请尽快与我们联系并归还本传真。

To（收件人）:
Cc（抄送）:
FAX（收件传真号）:
Date（日期）:
Page（s）（页数）:

From（发件人）:
FAX（发件传真号）:
Re（关于）:

贵公司与我公司____年__月__日签订合同，贵方合同号为________，我方合同号为__________。合同约定我公司向贵公司提供____货物/服务，该批货物/服务总价为______元人民币。

该批货物/服务我公司已按合同约定提供，贵公司迄今未通知本公司货物验收不合格/服务质量不合格。

贵公司付款情况如下（单位：万元人民币）。

项目	第一次	第二次	第三次	第四次
到期日				
应付金额				
实付金额				
逾期金额				
逾期合计				

依据贵公司与本公司签订的合同，上述款项已逾期未支付，望贵公司尽快支付。
如对本传真内容存有任何异议，请于____年____月____日前书面通知本传真发件人，本公司将从速派人与贵公司友好协商解决。
如届时未获答复，本公司将不得不遗憾地引用合同违约责任条款及争议解决条款处置。
如蒙尽快回复，将不胜感谢！

××股份有限公司
年 月 日

21-26 欠款确认函

欠款确认函

To（收件人）：
Cc（抄送）：
FAX（收件传真号）：
Date（日期）：
Page（s）（页数）：

From（发件人）：
FAX（发件传真号）：
Re（关于）：

贵公司与本公司____年__月__日签订合同，贵方合同号为________，我方合同号为________。合同约定贵公司向本公司提供____货物/服务，该批货物/服务总价为______元人民币。
该批货物/服务本公司已按照合同接受/验收，货物/服务质量符合合同规定。
我公司目前付款情况如下（单位：万元人民币）。

项目	第一次	第二次	第三次	第四次
到期日				
应付金额				
实付金额				
逾期金额				
逾期合计				

由于合同外原因，本公司如期支付上述逾期款项存有困难，请求贵公司准予延期支付。
如蒙贵公司同意，本公司将指派人员与贵公司洽商签订延期还款协议。

此致

××股份有限公司！（签字盖章）
年 月 日

21-27 延期付款协议书

延期付款协议书

甲方：××股份有限公司
乙方：

鉴于：

1.甲乙双方于____年__月__日签订合同，双方在合同中约定，甲方向乙方提供（货物/服务），该批货物（服务）总价为________元人民币。该合同甲方编号为________，乙方编号为________，该合同以下简称“合同”。

2.乙方在合同项下的付款情况如下（单位：万元人民币）。

项目	第一次	第二次	第三次	第四次
到期日				
应付金额				
实付金额				
逾期金额				
逾期合计				

3.甲方已完全、适当地履行合同义务，乙方对此并无任何异议。

4.乙方请求延期支付上表所列逾期款项（以下简称“逾期款项”），甲方同意在本协议约定的条件下，接受乙方此一请求。

就此情况，经双方经协商一致，签订协议如下。

1.乙方将分期，在本条约定的截止日之前，按照下表（以下简称“还款时间表”）载明的金额偿还合同项下的款项。

项目	第一期	第二期	第三期	第四期
截止日				
还款金额				
延期合计				

2.乙方按照还款时间表，在每期截止日之前偿还的款项（以下简称“延期款项”），无论是否超过合同约定的付款期限，甲方均不再要求支付违约金。

3.乙方未按照还款时间表还款，自截止日次日（含）起，超过截止日的金额（以下简称“再次逾期款项”）每日应支付____%的逾期付款违约金。

4.根据第3条计算得出的再次逾期款项应支付的违约金低于按照合同约定的计算方法乙方应支付的违约金数额时，甲方有权选择采用两者中较高的一个。

5.乙方应在本协议生效日（含）起5日内向甲方提供不低于逾期款项金额110%的还款担保。

6.在下列情况下，甲方有权解除本协议。

（1）再次逾期款金额项超过逾期款项金额的50%。

（2）乙方未按照本协议提供还款担保。

7.本协议解除，甲方有权按照合同要求乙方支付逾期付款违约金。延期款项仍可以计入逾期款项中。

8.本协议一式两份，具有相同法律效力，双方各执一份。

9.与本协议理解、执行有关的一切纠纷，由甲方住所地有管辖权的人民法院管辖。如合同关于司法管辖权的约定与本条的约定不符，应以本条的约定为准。

10.本协议自双方签字盖章之日起生效。

甲方：××股份有限公司　　　　乙方：

（签字盖章）　　　　（签字盖章）

年　月　日　　　　年　月　日

21-28　产品发货明细单

产品发货明细单

客户名称		订单号		□一次交货 □分批交货
客户地址		交货日期		
产品名称	产品编号	数量	单价	金额

仓库：　　　　主管：　　　　核准：　　　　填单：

21-29　销售退货通知单

销售退货通知单

编号：

销售点		客户		退货日期	
产品名称	规格型号	退货数	退货原因	实收数	责任分厂
运输费用			销售部登记		
退货人		承运人		收货人	

注：“销售退货通知单”一式四联，一联销售部留存，一联分厂物流留存，一联质量部留存，一联生产计划部留存。

21-30 销售退货评审单

销售退货评审单

分厂　　　　日期：

产品型号	退货数量	退货原因	回用产品责任区分					报废产品责任区分					报废单价	报废损失区分					备注
			分厂原因	销售原因	呆滞品	更改	其他	分厂原因	销售原因	呆滞品	更改	其他		分厂原因	销售原因	呆滞品	更改	其他	

统计（流转员）：　　　　批准（分厂负责人）：

21-31 客户退货报告

客户退货报告

日期：　　　　客户名称：　　　　客户代码：

销售单号码	产品名称	产品代码	数量	是否付款	价格	退货原因
建议处理办法： 销售员签名：　　日期：						
处理意见： 经理签名：　　日期：						

注：1.销售人员核查产品是否符合退货标准并确认产品为过往销售产品。

2.客户经理审核并批准退货申请报告。

3.司机凭退货报告在客户处收取退货，并确认符合退货申请报告的规定，完成签收手续。

4.仓库管理员按照退货申请报告核收产品，在退货申请报告上签收。

5.分支机构财务人员凭签收的退货申请报告进行财务处理。

21-32　销售档案借阅申请表

销售档案借阅申请表

申请部门		申请人	
借阅原因			
借阅档案名称		档案编号	
审批		日期	

21-33　销售档案资料销毁审批表

销售档案资料销毁审批表

申请部门		申请人	
销毁原因			
销毁档案名称		档案编号	
审核		批准	

第22章 销售团队管理常用表单

本章阅读索引：

22-01 未参加例会赞助单

未参加例会赞助单

________：

您好！在____年__月__日的工作中，您因________________________________，违反了例会管理制度，特处予____元的赞助。

希望您得到成长！

××有限公司

赞助收取人：

年 月 日

22-02 晨会主持安排表

晨会主持安排表

月份：

值班日期	姓名	部门	岗位	备注

22-03　值日主任帮助成长统计表

值日主任帮助成长统计表

日期	姓名	部门	岗位	事由	赞助数额

22-04　营销会议记录单

营销会议记录单

（会议名称）	
时间	
地点	
出席人	
缺席人	
主持人	
记录人	
会议发言记录：	
主持人（签名）：	记录人（签名）：
备注：	

22-05　营销人员工作日志

营销人员工作日志

年　月　日

姓名		部门		岗位	
时间	工作内容		备注		
上午					
下午					
明日工作计划					

22-06 客户拜访计划

客户拜访计划

年 月 日

序号	客户名称	客户类型	拜访目的	预计时间	联系人	备注

批准： 审核： 填表：

22-07 客户拜访报告

客户拜访报告

<table>
<tr><td>客户名称</td><td></td><td>客户类型</td><td></td></tr>
<tr><td>拜访目的</td><td></td><td>拜访时间</td><td></td></tr>
<tr><td>接洽人</td><td></td><td>联系方式</td><td></td></tr>
<tr><td>客户拜访记录</td><td colspan="3"></td></tr>
<tr><td>问题点及改善对策</td><td colspan="3"></td></tr>
<tr><td>后续行动</td><td colspan="3"></td></tr>
</table>

主管： 拜访人：

22-08 拜访日报表

拜访日报表

日期： 制表：

<table>
<tr><td rowspan="3">项次</td><td rowspan="3">访问客户</td><td colspan="4">访问时间</td><td colspan="6" rowspan="2">访问目的</td><td colspan="3" rowspan="2">结果</td><td colspan="3" rowspan="3">下次计划行动</td></tr>
<tr><td colspan="2">到达</td><td colspan="2">离开</td></tr>
<tr><td>时</td><td>分</td><td>时</td><td>分</td><td>收款</td><td>订货</td><td>开发</td><td>服务</td><td>介绍</td><td>其他</td><td>收款</td><td>订货</td><td>其他</td></tr>
<tr><td></td><td></td><td></td><td></td><td></td><td></td><td></td><td></td><td></td><td></td><td></td><td></td><td></td><td></td><td></td><td></td><td></td><td></td></tr>
<tr><td></td><td></td><td></td><td></td><td></td><td></td><td></td><td></td><td></td><td></td><td></td><td></td><td></td><td></td><td></td><td></td><td></td><td></td></tr>
<tr><td></td><td></td><td></td><td></td><td></td><td></td><td></td><td></td><td></td><td></td><td></td><td></td><td></td><td></td><td></td><td></td><td></td><td></td></tr>
<tr><td></td><td></td><td></td><td></td><td></td><td></td><td></td><td></td><td></td><td></td><td></td><td></td><td></td><td></td><td></td><td></td><td></td><td></td></tr>
</table>

续表

<table>
<tr><td>总结</td><td colspan="2">今日访问家数______　今日销售收款总额______
本月累计访问家数______　本月销售收款总额______
明日计划访问家数______　计划收款额______</td><td>市场情报</td><td></td></tr>
<tr><td rowspan="2">工作检讨及建议</td><td rowspan="2"></td><td>竞争者情报</td><td colspan="2"></td></tr>
<tr><td>批示</td><td colspan="2"></td></tr>
</table>

企划部：　　销售部经理：　　销售部主管：　　制表人：

22-09　部门销售管理月报

部门销售管理月报

客户编号	客户名称	销售额	销售折扣	收款金额			收款余额	债权余额	毛利	毛利率	回收率	计划达成率	
				现金	票据	扣除						销售	毛利

22-10　个人月份销售实绩统计表

个人月份销售实绩统计表

姓名	销售额	销货退回	销货退让	销货报损	销货净额	成本	毛利	个人费用				部门分摊	净利益	收款记录			绩效
								津贴	旅费	其他	合计			应收	实收	未收	

22-11 部门销售业绩分析报告

部门销售业绩分析报告

月度/季度/年度

人员状况＼部门		一部	二部	三部	营业大厅	零售
销售员	人数					
	教育					
	技能					
客户	数量					
	水平					
	潜在客户					
促销活动	商品企划					
	广告					
	促销					
	技术服务					
销售管理	销售事务					
	交货运送					
	回收管理					
供货厂商						
综合评价						

22-12 销售部目标完成情况分析表

销售部目标完成情况分析表

目标项目	必达	挑战	实际完成	年累计	完成率	年累计完成率	备注
销量							
回款							
终端							
毛利润							

22-13　销售目标管理分类分析表

销售目标管理分类分析表

1.销量——产品分析

销量——产品分析

制表：

产品类别	型号	数量	年累计	占总销量比率	与上月比率
合计					
合计					
合计					

注：简要分析说明产品类型变化，备下月计划产品。

2.销量——采购类型

销量——采购类型

制表：计划员

采购类型	型号	数量	年累计	占年销比例
监控车				
现款				
未销监控				

续表

采购类型	型号	数量	年累计	占年销比例
外采				

3. 销量——按销售人员分

销量——按销售人员分

制表人：

姓名	任务量	销售量	完成目标比例	完成年度比例
×××				
年累计				

4. 回款率分类表

回款率分类表

制表人：

项目	成本金额	销售额	回款额	应收款
金额				
年累计				
完成占月目标率				
完成占年目标率				

5. 已回款明细

已回款明细

制表： 日期：

销售人员	车型	底盘号	开票日期	入库日期	在途时间	出库时间	库存时间	回款时间	回款天数	周期天数

6.应收款明细

应收款明细

责任人	车型	底盘号	开票日期	入库日期	在途时间	出库时间	库存时间	回款时间	回款天数	周期天数